中国人民大学研究报告系列

中国省市文化产业发展指数报告

2015

REPORT ON DEVELOPMENT INDEX OF CULTURAL INDUSTRIES IN CHINESE PROVINCES, AUTONOMOUS REGIONS AND MUNICIPALITIES

主 编 彭 翊

中国人民大学出版社
· 北京 ·

总 序

陈雨露

当前中国的各类研究报告层出不穷，种类繁多，写法各异，成百舸争流、各领风骚之势。中国人民大学经过精心组织、整合设计，隆重推出由人大学者协同编撰的“研究报告系列”。这一系列主要是应用对策型研究报告，集中推出的本意在于，直面重大社会现实问题，开展动态分析和评估预测，建言献策于咨政与学术。

“学术领先、内容原创、关注时事、咨政助企”是中国人民大学“研究报告系列”的基本定位与功能。研究报告是一种科研成果载体，它承载了人大学者立足创新，致力于建设学术高地和咨询智库的学术责任和社会关怀；研究报告是一种研究模式，它以相关领域指标和统计数据为基础，评估现状，预测未来，推动人文社会科学研究成果的转化应用；研究报告还是一种学术品牌，它持续聚焦经济社会发展中的热点、焦点和重大战略问题，以扎实有力的研究成果服务于党和政府以及企业的计划、决策，服务于专门领域的研究，并以其专题性、周期性和翔实性赢得读者的识别与关注。

中国人民大学推出“研究报告系列”，有自己的学术积淀和学术思考。我校素以人文社会科学见长，注重学术研究咨政育人、服务社会的作用，曾陆续推出若干有影响力的研究报告。譬如自 2002 年始，我们组织跨学科课题组研究编写的《中国经济发展研究报告》、《中国社会发展研究报告》、《中国人文社会科学发展研究报告》，紧密联系和真实反映我国经济、社会和人文社会科学发展领域的重大现实问题，十年不辍，近年又推出《中国法律发展报告》等，与前三种合称为“四大报告”。此外还有一些散在的不同学科的专题研究报告也连续多年，在学界和社会上形成了一定的影响。这些研究报告都是观察分析、评估预测政治经济、社会文化等领域重大问题的专题研究，其中既有客观数据和事例，又有深度分析和战略预测，兼具实证性、前瞻性和学术性。我们把这些研究报告整合起来，与人民大学出版资源相结合，再做新的策划、征集、遴选，形成了这个“研究报告系列”，以期放大规模效应，扩展社会服务功能。这个系列是开放的，未来会依情势有所增减，使其动态成长。

中国人民大学推出“研究报告系列”，还具有关注学科建设、强化育人功能、推进协同创新等多重意义。作为连续性出版物，研究报告可以成为本学科学者展示、交流学术成果的平台。编写一部好的研究报告，通常需要集结力量，精诚携手，合作者随报告之连续而成为稳定团队，亦可增益学科实力。研究报告立足于丰厚素材，常常动员学生参与，可使他们在系统研究中得到学术训练，增长才干。此外，面向社会实践的研究报告必然要与政府、企业保持密切联系，关注社会的状况与需要，从而带动高校与行业企业、政府、学界以及国外科研机构之间的深度合作，收“协同创新”之效。

为适应信息化、数字化、网络化的发展趋势，中国人民大学的“研究报告系列”在出版纸质版本的同时将开发相应的文献数据库，形成丰富的数字资源，借助知识管理工具实现信息关联和知识挖掘，方便网络查询和跨专题检索，为广大读者提供方便适用的增值服务。

中国人民大学的“研究报告系列”是我们在整合科研力量，促进成果转化方面的新探索，我们将紧扣时代脉搏，敏锐捕捉经济社会发展的重点、热点、焦点问题，力争使每一种研究报告和整个系列都成为精品，都适应读者需要，从而铸造高质量的学术品牌、形成核心学术价值，更好地担当学术服务社会的职责。

前 言

文化产业作为文化、科技和经济深度融合的产物，凭借其独特的产业价值取向、广泛的覆盖领域和快速的成长方式在全球蓬勃发展。据联合国统计，全世界文化创意经济现在每天创造220亿美元产值，并以10%的速度递增。文化创意经济渐成浪潮，并伴随着经济全球化席卷世界。我国的文化产业自20世纪80年代中期以来蓬勃兴起，已经历了20多年的发展历程。总体看来，文化产业增长势头强劲，对国民经济的贡献率不断上升、促进作用日益凸显。文化产业发展水平已经逐渐成长为衡量国家竞争力的重要依据。

党的十八大报告提出，要推动文化产业快速发展，到2020年全面建成小康社会，文化产业成为国民经济支柱性产业，可见党和国家对文化产业的发展愈加重视。因此，以指数化形式对我国各省市文化产业发展进行直观的分析和评价，厘清地区文化产业发展优势与短板，是非常有益而且必要的，本书即是因应这样的现实而诞生的。

在此，需要特别说明的是，本书书名及正文中的“省市”是指除台湾省、香港特别行政区、澳门特别行政区之外的22个省、5个自治区和4个直辖市。

本书是集体智慧的结晶。编委会成员如下：

主任委员：

牛维麟　中国人民大学文化产业研究院院长

副主任委员：

彭　翊　中国人民大学文化科技园管委会办公室主任、中国人民大学文化产业研究院执行院长

编委：

曾繁文　中国人民大学文化产业研究院院长助理

郭林文　中国人民大学文化产业研究院助理研究员

黄丽丽　中国人民大学文化产业研究院助理研究员
陈　维　中国人民大学文化产业研究院助理研究员
王　晴　中国人民大学文化产业研究院助理研究员
罗娟容　中国人民大学文化产业研究院助理研究员
宋洋洋　中国人民大学创意产业技术研究院助理研究员
李方丽　中国人民大学创意产业技术研究院助理研究员
李　丽　中国人民大学创意产业技术研究院助理研究员
张　浩　中国人民大学创意产业技术研究院助理研究员
裴娜颖　中国人民大学创意产业技术研究院助理研究员
邱子亿　中国人民大学创意产业技术研究院助理研究员
经　蕊　中国人民大学创意产业技术研究院助理研究员

全书由彭翊负责审定。

最后，希望本书能够使读者开卷有益，为政府相关部门提供决策参考依据，为产业研究人员提供一份基础资料，同时也恳请各界人士批评指正！

本书编委会

2015年5月

目 录

第一章　2013—2014年中国文化产业发展概况

党的十八大报告指出，要将文化产业培育成为国民经济支柱性产业，这是对文化产业发展描绘的新愿景。党的十八届三中全会通过的《中共中央关于全面深化改革若干重大问题的决定》再次提出了推进文化体制机制创新的目标任务，强调加快完善文化管理体制和文化生产经营机制，建立健全现代公共文化服务体系和现代文化市场体系。党的十八届四中全会审议通过的《中共中央关于全面推进依法治国若干重大问题的决定》指出，“制定文化产业促进法，把行之有效的文化经济政策法定化，健全促进社会效益和经济效益有机统一的制度规范”。这有助于促进协同管理和改善文化执法状况，意味着我国文化产业的发展即将进入一个政府宏观调控有法可依的新的历史阶段。在党和政府持续大力推动下，我国文化产业发展不断取得新突破，初步构建起相对完善的现代文化产业体系，文化产业发展格局逐步得到优化，文化和科技、文化和金融、文化创意和相关产业融合成效显著，文化消费环境、水平的提升对文化产业发展的驱动作用不断凸显。

一、现代文化产业体系趋于完善

近几年，我国现代文化产业体系不断趋于完善，形成了产业业态新型化、市场主体多元化和政策环境宽松化等多方面的发展特征：文化产业实现快速稳定发展，产业规模持续扩大；文化产业园区数量进一步增长，同时在内涵发展上取得了初步成效，集群效应日益明显；中央及地方各级政府有关文化产业政策密集出台，对文化产业发展起到了重要的推动作用。

（一）文化产业发展规模持续扩大

从总体情况来看，2014 年国家统计局举行的第三次全国经济普查数据显示，2013 年我国文化产业增加值为 21 351 亿元，占 GDP 的比值为 3.63%，离“十二五”期间文化产业增加值占 GDP 比重达到 5%的目标尚有一定距离。其中，文化产业法人单位增加值为 20 081 亿元，比上年增加 2 010 亿元，增长 11.1%，比同期 GDP 现价增速高 1 个百分点；而 2012 年和 2011 年文化产业增加值同比增速分别为 16.5%和 21.96%，比同期 GDP 现价增速分别高 6.8 个百分点和 4 个百分点，可见近三年我国文化产业发展速度呈现小幅下降趋势，和 GDP 增速的差距也逐渐缩小，但发展速度依然较快。

广播电视电影服务获得蓬勃发展。据国家广播电影电视总局发布的 2013 年全国广播影视经济指标数据，2013 年全国广播电视行业总收入达 3 734.88 亿元，比 2012 年增长 14.26%。其中，电视剧销售额 2013 年达 100.09 亿元，比 2012 年的 86.73 亿元增长 15.4%；国内电影票房收入 217.69 亿元，比 2012 年的 170.73 亿元高出 27.51%。据统计，截至 2013 年底，全国有线广播电视用户数由 2012 年的 21 508.97万户，增长到 22 893.80 万户，增长率为 6.44%；数字电视用户数由 2012 年的 14 303.07 万户，增长到 17 159.69 万户，增长率为 19.97%；广播电视从业人数由 2012 年的 82.04 万人增长到 84.43 万人，增长率为 2.92%。

新闻出版产业主要经济指标保持较快增长。中国新闻出版研究院发布的《2013 年新闻出版产业分析报告》显示，2013 年全国出版、印刷和发行服务实现营业收入 18 246.4 亿元，较 2012 年增加 1 611.1 亿元，增长 9.7%；利润总额 1 440.2 亿元，较 2012 年增加 122.8 亿元，增长 9.3%；不包括数字出版的资产总额为 17 207.7 亿元，增长 9.4%；所有者权益（净资产）为 9 023.2 亿元，增长 10.5%。这表明在建设社会主义文化强国和推动文化产业成为国民经济支柱性产业的总体要求下，新闻出版产业继续保持平稳较快增长。

动漫产业继续保持快速增长的态势。《动漫蓝皮书：中国动漫产业发展报告（2014）》显示，近年来，中国动漫产业快速发展。2011 年中国动漫产业总产值为 621.72 亿元，2012 年为 759.94 亿元，2013 年发展速度有所减缓，总产值达 870.85 亿元，较 2012 年增长 14.59%。2013 年，全年备案公示的国产电视动画片剧目数量为 465 部、327 955 分钟，全国制作完成的国产电视动画片共 358 部、204 732分钟，在备案数量增长率走向最低的同时，投资生产完成率创下最高纪录（62.4%）。

网络游戏业尤其是移动游戏实现爆发式增长。易观国际发布的《2013 年中国网络游戏产业发展报告》显示，2013 年中国网页游戏市场规模首次突破 150 亿元，达到 169.5 亿元人民币，较 2012 年增长 73%；中国网页游戏用户规模达到 8 300 万人，同比增长 15.3%。2013 年，中国移动游戏市场高速成长，前三季度的市场规模分别为：21.68 亿元、28.73 亿元、38.89 亿元，保持季度环比 30%左右的高速增长。2013 年第 4 季度，市场规模已经达到 49.52 亿元，较第 3 季度环比增长 27.3%。全年中国移动游戏市场规模达到 138.8 亿元，对比 2012 年 54.28 亿元的市场规模，实现同比 155.7%的爆发式增长。

文化产品和服务出口规模不断扩大，在全球文化市场上的份额逐步提高，文化贸易逆差逐渐缩小。图书版权进出口比从 2003 年的 9：1降至 2013 年的 1.7：1。《中国文化发展报告（2013）》显示，2010—2013 年中国文化产品出口贸易额逐年攀升，年均增幅达 17.2%，文化产品出口除总量保持增势以外，产品结构也呈现出新的发展趋势和特点：视听媒介和印刷品占出口总值的比重日益下降，分别由 2010 年的 31%和 15%下降至 2013 年上半年的 9%和 14%，相比之下，视觉艺术品“异军突起”，比重由 45%升至 68%，占据中国出口文化产品的半壁江山。

综合以上分析可知，近年来我国文化产业发展较快，而全国文化产业的发展和地方政府的大力推进息息相关。地方政府为促进当地文化产业大发展大繁荣，采取了一系列措施，并取得了令人瞩目的成就。

北京市政府为了保证北京市文化产业的高效发展，采取了一系列相应举措。例如，完善文化产业政策，推进重点文化产业集聚区建设，着力建设文化要素市场，培育合格的市场主体，筛选储备一批重点文化产业项目，提高文化的开放水平，等等，取得了显著的发展成效。2013 年北京市文化创意产业实现增加值 2 406.7 亿元，增速为 9.1%，高于 GDP 将近 1.5 个百分点；占地区生产总值的比重为 12.3%，和 2012 年持平。全市规模以上文化创意企业实现收入 10 022 亿元，同比增长 7.6%，目前文化创意产业作为北京市支柱产业已经排到了全行业的第二位。①

上海以中国（上海）自由贸易试验区建设为契机，推进改革创新试点，实施重大项目带动、文化产业创新融合、文化“走出去”等战略，推动文化产业快速发展。2013 年上海文化产业实现增加值 1 387.99 亿元，同比增长 8.1%，增幅高出同期地区生产总值 0.4 个百分点；占地区生产总值的比重达 6.43%。文化产业已经成

---

① 参见《2013 年北京市文化创意产业实现增加值 2 406.7 亿元》，见中国文化产业艺术网，2014-03-04。

为上海的支柱性产业之一，成为“创新驱动发展、经济转型升级”的重要力量。①

（二）文化产业集群效应日益凸显

近年来，我国文化产业园区获得了快速发展，由中宣部、文化部、新闻出版广电总局等国家文化行政管理部门认定的文化产业园区已成规模，初步形成了文化产业集群效应，各类产业园区有效推动了文化产业发展。下面以文化部截至2013年底认定的国家级文化产业示范（试验）园区为例，总结我国文化产业园区的发展情况。

从整体上看，国家级文化产业示范（试验）园区在2013年取得了又好又快的发展。发展规模方面，园区的文化产业从业人数和公司注册资本大幅增加，年收入和利润增长较快。2013年园区内企业收入总额为2 287.4亿元，平均收入为163.4亿元，其中6家以文化旅游为主导产业的示范园区年总收入为987.5亿元；园区运营公司注册资本高达137.36亿元，运营公司总人数为5.44万；园区内企业共获得自主知识产权5 932项。融资渠道方面，园区获得的政府专项资金额稳步上涨，上市公司数量增多。公共服务方面，园区投入的孵化资金额不断增加，企业孵化和争取政府专项资金服务日臻完善。基础设施方面，用地面积、建筑面积和新增基础设施建设投入资金均增加到较大规模。发展潜力方面，研发投入资金额数量较为庞大。

同时，部分国家文化产业示范园区中存在盈利能力低、收入增长潜力小、获得政府专项资金不均衡、上市企业数量较少、研发资金投入不足、无形资产难以支持抵押贷款、文化科技融合程度不深、政策落实困难、产业链不完善、人才缺乏、知识产权保护力度不够等方面的问题，需要进一步健全园区文化产业政策法规体系、推动现有文化产业发展政策切实落地执行、建立园区多元化投融资机制、推进园区的国内外交流合作、搭建园区人才培养孵化平台、加大文化产业领域知识产权保护力度、推进重大项目建设与文化企业上市、加强园区宣传和品牌建设。

（三）各级政府扶持力度持续加大

近两年，国家密集出台了多项支持、促进文化产业发展的政策。2014年3月3日，国务院发布《关于加快发展对外文化贸易的意见》，提出加快发展对外文化贸易，拓展我国文化发展空间、提高对外贸易发展质量。2014年3月14日，国务院

① 参见《上海发布2014年文化产业发展报告》，见东方文创网，2015-02-03。

发布了《关于推进文化创意和设计服务与相关产业融合发展的若干意见》，提出推进文化创意和设计服务等新型、高端服务业发展，促进与实体经济深度融合。2014 年 3 月 17 日，文化部、中国人民银行、财政部联合印发《关于深入推进文化金融合作的意见》，文件指出，将建立文化金融合作部际会商机制，合力推动文化与金融深度融合。2014 年 7 月 11 日，文化部、工业和信息化部、财政部联合发布《关于大力支持小微文化企业发展的实施意见》，为解决小微文化企业在经营、成本、融资、人才、市场环境等方面面临的许多困难制定了有针对性的发展举措。2014 年 8 月 8 日，文化部和财政部联合发布《关于推动特色文化产业发展的指导意见》，提出发展区域性特色文化产业带、建设特色文化产业示范区、打造特色文化城镇和乡村、健全各类特色文化市场主体、培育特色文化品牌、促进特色文化产品交易等重点任务。这一系列政策的密集出台，进一步优化了文化产业的发展环境，将推动文化产业实现更好更快发展（见表 1—1）。

表 1—1　　2014 年国务院及相关部委发布的文化产业主要政策文件

发布时间	发布单位	政策
2014 年 3 月	国务院	《关于加快发展对外文化贸易的意见》
2014 年 3 月	国务院	《关于推进文化创意和设计服务与相关产业融合发展的若干意见》
2014 年 3 月	文化部、中国人民银行、财政部	《关于深入推进文化金融合作的意见》
2014 年 7 月	文化部、工业和信息化部、财政部	《关于大力支持小微文化企业发展的实施意见》
2014 年 8 月	文化部、财政部	《关于推动特色文化产业发展的指导意见》

全国各地文化行政部门因地制宜地结合中央精神和地方实际，陆续制定出台了各项政策规划，加快项目建设，形成了全国各地文化产业快速发展的良好局面。如北京市出台了文化创意产业提升规划，黑龙江省出台政策扶持文化产业项目，湖北省编制产业规划、推动厅局合作、下发了《关于深入推进湖北省文化金融合作的实施意见》等。这些政策规划的出台，进一步丰富和完善了各地文化产业政策体系。可以说，全国各地文化产业政策规划体系已初具框架。

以湖北省为例，近几年，湖北省推出多项举措，全面促进文化产业的创新发展。第一，编制产业规划，积极推动厅局合作。2014 年，湖北省编制的《湖北省文化产业发展战略规划》，为湖北省未来的文化产业发展奠定了良好的基础。第二，大力推进文化金融融合，扶持龙头文化企业。围绕《关于深入推进文化金融合作的意见》，2014 年 8 月湖北省文化厅与中国人民银行武汉分行、省财政厅联合制定下发了《关于深入推进湖北省文化金融合作的实施意见》，提出了21条指导意见，为文化产业与金融业的有效对接创造了条件。第三，进一步拓展文化项目，并且强化园区示范。湖北共有39个项目被纳入文化部《2014中国文化产业重点项目手册》，包括襄阳、荆州、随州、武汉、十堰等地区，并涵盖了11个重点产业门类。此外，湖北省拥有国家文化金融扶持项目、国家文化出口重点项目、省优势文化产业项目各5个，中国文化产业服务平台项目有154个。湖北省文化厅于2013年底出台了《湖北省文化产业示范园区管理暂行办法》，且随后启动了首批省级文化产业示范园区评选活动，全面推动文化产业园区发展。第四，搭建交易平台，营造良好的政策环境。2014年11月，湖北举办了以“品位、多彩、经典、民族”为主题的中国（湖北）文化艺术品博览会，邀请海内外知名艺术品经营机构、私人博物馆、拍卖行、文物商店等各类展商参加。2014年9月，湖北省文化厅还与省商务厅共同制定落实《省人民政府关于加快发展对外文化贸易的实施意见》，创造了良好的政策环境，加强宏观引导和政策扶持，在发展理念、市场培育、管理体制等方面加大务实创新和推动力度。

近年来，黑龙江省政府一直很重视文化产业的发展，为促进文化产业的发展出台了相关政策。2014年7月，黑龙江省政府出台的《黑龙江省文化产业重点项目扶持资金管理办法（试行）》，明确规定扶持资金由省级财政安排，专项用于支持省政府确定的文化产业重点项目。《办法（试行）》规定，列入省政府年度重点推进的文化产业项目和全省文化创意产业重点项目，将通过贷款贴息、股权投资、融资奖励、项目补贴等方式，分别获得不低于200万元、300万元、500万元的扶持资金，集中用于支持列入省政府年度重点推进的文化产业项目和全省文化创意产业重点项目，其中，对与旅游、时尚、创意等产业结合紧密，凸显对俄文化贸易和地域文化特色，具有自主研发和原创优势，市场潜力大、成长性好、附加值高、品牌效应明显，两年内能够产生现金流、增加值，实现税收的特色优质项目予以优先支持。2014年10月，黑龙江省文化厅、中国人民银行哈尔滨中心支行、黑龙江省财政厅联合印发了贯彻落实国家三部委《关于深入推进文化金融合作的意见》的《实施意见》，从开发适合文化产业发展特点和融资需求的信贷产品与服务、创新完善文化金融合作服务体系、建立健全深化文化金融合作的保障机制等方面提出了15条合作意见和工作要求，着力破解文化企业融资难题。2014年11月28日，黑龙江文化金融服务中心在哈尔滨揭牌，该中心是全国首家省级文化金融专业服务机构。中心设立融资担保公司、文创银行、文化小贷公司、文化产业发展基金、文化产权交易所、版权评估公司、文化金融研究院等机构，形成一条完整的文化产业金融服务链，并引入券商、风投基金，从融资担保、股权投资、企业改制、多层次资本市场融资等方面为文化企业发展服务，促进文化企业与金融机构对接，有效解决中小微文化企业融资难、融资贵等问题。

二、文化产业格局逐步优化

在国家的宏观调控指导和产业转型升级的内生需求下，我国文化产业发展格局逐步优化：通过传统的文化产业转型升级、新兴文化产业的快速发展，文化产业结构逐渐趋于合理；在政府政策支持和创新创业环境的持续优化下，大批小微文化企业迅速发展壮大；在文化和创意融合得到国家层面高度重视的背景下，极具创新性、观赏性和趣味性的文化产品大量涌现并得到消费者喜爱。

（一）文化产业结构逐渐趋于合理

在当前我国经济普遍面临下行压力的背景下，加快转变经济增长方式、调整产业结构已经迫在眉睫，文化产业同样如此。通过传统文化产业转型升级、新兴文化产业的加快发展，文化产业在一定程度上改变了过去粗放式发展、同质化竞争的不良局面，初步实现了集约化、差异化发展，发展质量进一步提升。

（1）传统文化产业转型升级。文艺演出、文化艺术、印刷出版、文化会展等传统文化产业通过和创意、科技的融合，大大提升了产品的生产力、表现力和传播力。以文艺演出为例，其转型升级主要体现在三个方面：第一，挣脱过去形式单一、场景单调的桎梏，积极创新演出形式，涌现出实景演出、3D 灯光秀演出、水秀演出等一批形式新颖、场面宏大的演出项目，极大地丰富了观众的感官享受；第二，深入挖掘各地特色的民俗风情或公众耳熟能详的历史典故，通过现代的表现手法包装成文艺演出项目，具有地方特色、文化内涵丰富的文艺演出项目不断涌现，解决了过去演出项目普遍存在的缺乏特色、内涵和影响力的问题；第三，改变了过去文艺演出项目“单打独斗”的方式，采取和文化旅游相结合的策略，演艺项目大量设在旅游景区，融合旅游地的特色文化，和旅游景区、餐饮、住宿等一起，为游客提供“吃、住、行、游、购、娱”的多样化服务，最大限度地吸引游客。

（2）新兴文化产业全面提速。数字出版、动漫游戏、移动互联网、数字电影等新兴文化产业因满足了以规模庞大、消费能力和意愿较强的青少年为主要消费对象的娱乐需求，发展迅猛。以数字出版产业为例，据中国新闻出版研究院发布的《2013 年新闻出版产业分析报告》，2013 年中国数字出版产业中，互联网广告、网络游戏、手机出版分别以 1 100 亿元、718.4 亿元、579.6 亿元占据收入前三名；在各类业务板块中，电子书增长最快，从 2006 年到 2013 年，我国电子书收入年均增长率为 78.16%；互联网期刊收入增长比较平稳，从 2006 年到 2013 年，年均增长率为 12.69%；数字报纸的收入从 2006 年到 2013 年处于下滑趋势；手机出版增长较快，并且基数较大；网络广告的增长也非常迅速，与平面媒体广告下滑形成了鲜明对比。再看动漫游戏产业，近年来我国的动漫游戏产业在世界大发展的浪潮下，保持了良好的发展势头，国产动漫游戏作品不仅在数量上出现了大幅度增长，在质量上也得到进一步提升，一批优秀的动漫游戏企业和品牌崭露头角，动漫游戏产业链日益完善；从全国各个地区发展情况来看，北京、上海、江苏、浙江等地都比较重视动漫游戏产业的发展，区域性的动漫游戏产业基地已经逐渐形成。

（二）大批小微文化企业迅速发展

近年来，我国小微文化企业发展迅猛，在活跃文化市场、激发产业活力、促进文化创新、增加社会就业、丰富文化供给、满足人民精神文化需求等方面发挥了积极作用，成为推动我国文化发展的重要力量。

2014 年 7 月，文化部联合工信部和财政部发布了《关于大力支持小微文化企业发展的实施意见》，指出要“充分认识发展小微文化企业的重要意义，积极营造有利于提高小微文化企业创新能力、扩大发展规模、促进企业可持续发展的良好环境，进一步解放文化生产力，激发全社会文化创造活力”，并强调“支持小微文化企业发展，是全面深化改革战略部署的一项具体任务，是实现文化产业成为国民经济支柱性产业战略目标的重要举措和促进小微企业健康发展战略任务的重要组成部分”。

国家统计局公布的第三次经济普查数据显示，小微文化企业虽然经营能力相对较弱，但单位数量多，吸纳就业能力强。2013 年末，全国共有小微文化企业（指企业法人单位，不含个体工商户）77.3 万个，占全部文化企业的 98.5%。其中，小型文化企业 16.8 万个，占 21.4%；微型企业 60.5 万个，占 77.1%。2013 年，我国小微文化企业从业人员 979.9 万人，占全部文化企业从业人员的 63.3%。小微文化企业平均每亿元资产容纳从业人员 196 人，远高于大中型企业 125 人的平均水平。

（三）创新性的文化产品大量涌现

满足人民群众日益提升的审美需求，离不开文化产品在创作立意上创新，以及文化产品质量的提升。当前的文化消费中，存在着大量粗制滥造的文化产品，不是消费者不愿消费，而是消费者无法从劣质商品中选择到可以消费的产品。当然，近两年也涌现出一批观众喜闻乐见的文化产品或节目。以电视电影节目为例，近两年明星真人秀、汉字听写、国产原创小成本电影等形式新颖的电视电影节目赢得了观众的青睐。

1. 明星真人秀成井喷态势

2013 年，电视娱乐节目新增 13 档之多；2014 年，国内电视综艺更是进入了“大爆炸”时代。湖南卫视、江苏卫视和浙江卫视纷纷推出了多档真人秀节目，明星们纷纷卸下光环，走进普通人的日常生活。

其中，湖南卫视在内地电视圈综艺节目上依然独占鳌头，2013 年推出的亲子互动真人秀节目《爸爸去哪儿》掀起收视狂潮，2014 年的《爸爸去哪儿 2》与前一季相比更是全面升级，在旅行地点的选择和内容的设置上都更加用心。2014 年 10 月湖南卫视的招标会上，《爸爸去哪儿 3》得到 5 亿元冠名费。除了《爸爸去哪儿 2》之外，《花儿与少年》《两天一夜》《明星到我家》《奔跑吧兄弟》等也是以明星作噱头的真人秀节目。明星真人秀节目的泛滥，可以看作是在行业监管和观众审美疲劳的双重压力下，各电视台从“草根选秀”集体转型的共同选择。另外，《十二道锋味》《一年级》也应势而出。其中，《十二道锋味》更是为谢霆锋量身打造的一档美食节目，谢霆锋邀请到范冰冰、陈奕迅、高圆圆等多位明星，一同开启世界美食之旅。《一年级》是湖南卫视打造的校园真人秀，宋佳、陈学冬担任学校老师，陪伴一年级的萌娃共同成长。

2014 年的真人秀节目做成电影版再次成为一景，从荧屏到银幕的拍摄、上映周期越来越短。《爸爸去哪儿 2》大电影在春节期间上映，斩获了近 2 亿元的票房。《奔跑吧兄弟》大电影票房更是强势破 4 亿元，再次证明了“奔跑吧兄弟”这一品牌的超强影响力，也让业内再一次注意到高收视与高票房的转换，综艺电影的现状和前景再一次引起热议。①

2. 汉字听写开启文化新方向

2013 年末，主打汉字听写的节目《中国汉字听写大会》迅速抢占电视荧屏，也在 2013 年的央视招标会上赢得不错的成绩。由央视制作的《中国汉字听写大会》，首播之后一夜爆红，迅速抢占被选秀和相亲节目占领的电视荧屏。汉字听写类节目自开播以来，在中小学生、青年人中掀起了一场汉字书写高潮。汉字听写类节目的兴起，传播了文化正能量。2014 年初，《中国汉字听写大会》节目组又打造了《中国成语大会》，河南卫视也顺势打造了《汉字英雄》《成语英雄》节目，为中

---

① 参见《〈爸爸去哪儿 2〉大电影票房近 2 亿 观众凭什么为综艺电影乖乖埋单?》，见大公娱乐，2015-02-28。

国文化的电视化和传播开启了文化新方向。

电子产品的普及，使输入法“打字”成了人们写作、交流的主要方式，纸上写字的机会越来越少，很多人都出现过“提笔忘字”的现象。汉字听写类节目的走红让国人开始思考“汉字危机”，这不仅会激起国人对汉字文化传承的忧虑，也必将带动国人对中国传统文化的关注。

3. 小成本电影迎来春天

2014 年中国电影总票房达 296.39 亿元，同比增长 36.15%。[1] 一批国产原创电影不断带来视觉冲击。春节档的《西游记之大闹天宫》以 10.43 亿元收官，《分手大师》《心花路放》《亲爱的》《北京爱情故事》《同桌的你》《匆匆那年》《智取威虎山》等电影均取得不错的成绩。

令人欣喜的是，2014 年小成本电影迎来春天，类似《同桌的你》《匆匆那年》等中小成本影片以观众喜闻乐见的故事和精准的类型定位，突出重围。《同桌的你》延续青春片热潮，从一开始便精确定位了核心受众，并将营销重点倾斜到新媒体上，借助微博、人人网等社交媒体平台，在新媒体平台上引发话题热度，主创人员直接与目标人群进行互动。影片用超 4 亿元的票房再一次打破了以往中国电影只有大片才能卖座的市场格局，营销宣传在其中发挥了至关重要的作用。而在题材选择、新媒体话题性营销和发行模式上，《同桌的你》也为国产中小成本电影提供了又一成功的新模式。

三、文化产业融合发展成效显著

继文化和科技融合、文化和金融融合之后，文化和创意融合、文化创意和设计服务业与相关产业的融合发展成为近两年的热点话题。融合发展进一步成为文化产业的重点发展方向，并取得了显著的发展成效。

（一）文化与科技融合发展取得新成绩

作为推动文化产业发展的“驱动力”——文化科技的融合创新，贯穿于各种新兴业态和新商业模式之中，呈现出勃勃生机及远大前景。文化科技融合以先进科技为基础、创新文化为内涵、市场需求为导向的产业模式，与传统文化产业相比，更注重前沿性、创意性和科技性，代表着文化产业未来的主要方向，发挥着引领产业

① 参见《2014 年中国电影总票房 296.39 亿元 同比增 36.15%》，载《新京报》，2015-01-12。

转型升级的特殊作用，在文化产业中的引领作用愈加突出。

随着数字产业的发展，科技与文化融合打通视频化、语音技术和娱乐产业之间的关联。以移动互联网为例，2014 年中国智能手机用户首次达到 5.19 亿人，庞大的用户基数为移动互联相关产业发展带来巨大商机，新兴产业形态也随之应运而生。其中，微信、易信、往来等代表性移动社交媒体，在 2014 年扩大了和电商的合作规模，带动了互联网新一轮网购的狂潮。随着智能手机的普及，手机游戏成为人们利用闲暇、碎片化时间娱乐的最佳工具。游戏开发者为消费者提供了愈发丰富的手游产品以及更加愉悦的用户体验，因此吸引了大批的手机用户，“手游”逐渐成为网游业新的“淘金”重点。如“天天爱消除”“全民飞机大战”等手机游戏已成为年轻手机用户打发碎片时间的常用方式，这是腾讯在移动游戏领域精细布局的结果。

国家级文化和科技融合示范基地是科技部等国家部委推动文化科技融合的重要抓手。依托国家高新技术园区、国家可持续发展实验区等建立国家级文化和科技融合示范基地（以下简称“基地”），是贯彻落实党的十七届六中全会和十八大精神的一项重要举措。继认定首批 16 家基地之后，2013 年 12 月科技部、中宣部、文化部、新闻出版广电总局四部门联合认定第二批 18 家基地，包括：南京、广州、长春、大连、南昌、宁波、昆明、洛阳、厦门、福州、鄂尔多斯、横店、桂林、承德、无锡、太原、绵阳、贵阳。综合首批的 16 家基地，现共有 34 家国家级文化和科技融合示范基地。

2013 年，34 家基地中，除鄂尔多斯 87 000 平方千米和绵阳 20 281 平方千米外，其余 32 家覆盖区域面积达到 4 460.51 平方千米，共集聚产业园区 221 个、企业 641 369家，累计吸纳就业人员 19 061 630 人。与 2012 年相比，基地区域范围、园区数量、企业数量、吸纳就业人员数量都实现了稳步增长，为基地发展奠定了良好的基础。经济发展方面，基地实现总体增加值 59 088.21 亿元，较 2012 年的 52 563.4亿元增长 12.41%，销售收入、纳税总额、税后利润等也实现了稳步增长，呈现出良好的发展态势。

2013 年，34 家基地累计投入研发经费 3 082.08 亿元，较 2012 年的 2 511.69 亿元增长 22.71%，其中，文化企业研发经费投入 518.14 亿元，较 2012 年的 449.1 亿元增长 15.37%。34 家基地累计拥有专利数量 32 899 件，较 2012 年的 28 007 件增长 17.47%。从版权数量来看，34 家基地累计拥有版权 94 752 件，较 2012 年的 82 413 件增长 14.97%。基地文化企业中，国家高新技术企业共有 2 459 家，较 2012 年的 1 969 家增长 24.89%。基地内容创意与研发人员共 79.81 万人，较 2012

年的67.79万人增长17.73%。

目前，基地共有国家级、省级创新机构（工程技术中心、企业技术中心、公共实验室）超过500家，承担的国家级、省部级项目超过600个，涉及领域包括文化高端设备制造、广播电视信息融合、数字出版、网络信息集成传播、云服务、网络文化信息安全等各个方面，能够有效提升文化科技创新能力。基地累计有文化科技专业孵化器、公共服务平台超过300个，在孵各类中小文化科技类企业超过23 000家，有效发挥了科技在文化产业中的支撑作用。

（二）文化与金融融合发展走出新途径

为贯彻落实党的十八届三中全会“鼓励金融资本、社会资本、文化资源相结合”的要求，深入推进文化与金融合作，推动文化产业成为国民经济支柱性产业，2014年3月25—26日，文化部、中国人民银行、财政部在江苏无锡联合召开全国文化金融合作会议。这标志着由文化部、中国人民银行、财政部等部门共同建立的文化金融合作部际会商机制正式启动。

自2010年文化部、中国人民银行、财政部等九部门《关于金融支持文化产业振兴和发展繁荣的指导意见》实施以来，文化金融合作成果丰硕。政府部门、金融机构和文化企业等发挥各自优势，汇聚力量，积极探索推动文化产业发展的有效途径。文化部积极开展组织协调工作，搭建文化产业信贷项目库。银行机构充分发挥融资融智功能，逐步建立了以部行合作机制为代表的覆盖全国的政银合作机制，为文化企业搭建了便捷的融资平台，同时也深化了文化部门转变政府职能、促进和服务产业发展的具体实践。金融机构的积极作为，拓宽了文化企业的融资渠道，为文化企业的发展注入了强大动力，提供了有力支撑。与此同时，金融机构的投入也获得了可喜的市场回报，金融服务的天地更宽。文化与金融合作实现了双赢。①

（1）众筹模式成为新的资本途径。2013年，中国文化企业在传统融资渠道之外有了新的途径，出现了众筹模式。众筹，这个因文化而生的创意融资模式，在发展中与文化创意产业始终密不可分。对于小型文化企业来说，众筹是一种有效的募集资金的途径。对于大型的文化企业来说，通过众筹方式来做营销宣传和市场调研，也是一种新型的方式。众筹平台在国内的发展正在逐步进入大众视野，一批涉及影视、艺术、文学、科技研发、教育培育等多元化创新模式的众筹项目也快速涌

---

① 参见《文化金融合作部际会商机制正式启动》，载《中国文化报》，2014-03-26。

现，其中包括债券、股权、捐赠、回报等四类主要模式。如动画电影《大鱼海棠》通过众筹融资近 160 万元，动漫电影《十万个冷笑话》众筹超过 137 万元，专注于音乐众筹项目的网站“乐童音乐”用了 47 天完成了募资额为 102 万元的项目“荒岛唱机”。天娱传媒的《快乐男声》主题电影在 20 天内成功在众筹网上筹得 501 万元，创下了中国电影众筹融资金额纪录，天娱传媒与众筹网的跨领域合作是国内互联网金融与商业娱乐的一次成功跨界联姻。这也表明众筹与文化产业的深度融合，将成为文化金融发展的新模式。

（2）文化产权交易所快速发展。近几年，各地文化产权交易所快速涌现，省级文化产权交易所主要有江苏、湖北、广东、北京、上海、天津等，市级文化产权交易所主要有南京、深圳等。各地文化产权交易所提供的服务大同小异，以上海文化艺术产权交易所（以下简称“上海文交所”）为例，上海文交所是依托全国文化资源，集文化产权交易、文化投融资服务、文化企业孵化、文化产业信息发布为一体的专业化综合性服务平台。上海文交所与信托、保险、银行、租赁、担保和基金等机构合作，对市场中拥有渠道价值和市场份额的机构进行辅导，将下游与上游产业结合，利用文交所的职能，协助企业实现发展的目的，业务涉及电影制作、发行，文化艺术品投资，文化旅游，文化景区建设，文化贸易，版权运营，网络新媒体，数字技术，院线投资，私募基金和文化企业贷款担保等服务；通过数字技术实现文化产品和服务的传播，利用金融资源与文化市场有效链接，基于文交所集成化的运营体系，推动文化产品交易、企业改制、资产重组、融资并购、创意成果转化，探索建立文化产业多层次资本市场和金融服务体系。

（三）文化创意与相关产业融合迈上新台阶

2014 年国务院下发了《关于推进文化创意和设计服务与相关产业融合发展的若干意见》。《意见》指出，“推进文化创意和设计服务等新型、高端服务业发展，促进与实体经济深度融合，是培育国民经济新的增长点、提升国家文化软实力和产业竞争力的重大举措，是发展创新型经济、促进经济结构调整和发展方式转变、加快实现由‘中国制造’向‘中国创造’转变的内在要求，是促进产品和服务创新、催生新兴业态、带动就业、满足多样化消费需求、提高人民生活质量的重要途径”。《意见》提出了加快文化创意和设计服务与制造业、数字内容产业、建筑业、旅游业、特色农业、体育产业、文化产业融合发展七个重点任务。

各地积极响应中央的发展战略，结合自身的特色资源，积极推进文化创意和设计服务与相关产业融合发展，重点打造以文化创意和设计服务业为主导产业的文化产业园区。以最近被评为第三批国家级文化产业试验园区的湖北武昌长江文化创意设计产业园为例，园区依托文化创意产业发展基础和老城区的特色文化氛围，以文化创意设计为主题，以传媒设计、工程设计、创意体验、艺术设计等产业为主导业态，按照“一心两轴四区”布局建设。“一心”即武昌长江文化创意设计产业园区总部。“两轴”即“长江—沙湖—楚河—东湖”生态水轴、“中南路—中北路”设计文轴。“四区”即园区的四大功能组团，分别为：东湖西岸传媒设计产业集聚区，规划面积约44公顷，重点发展新闻传媒、移动终端、动漫网游等传媒产业；世界工程设计产业集聚区，规划面积约28公顷，重点发展工程勘察设计、工业设计、建筑设计等设计产业；楚河汉街创意生活体验区，规划面积约34公顷，重点发展演艺娱乐、旅游休闲、商贸服务等高端文化及关联业态；武昌古城艺术设计产业集聚区，规划面积约45公顷，重点发展文化旅游、艺术品创作与交易等相关产业，展示千年古城文化精髓。

经过持续建设发展，武昌长江文化创意设计产业园已成为湖北省文化厅重点扶持、推介的标杆性园区。截至2013年底，园区入驻企业共1 632家，其中文化企业1 300余家，占园区企业总数的81.5%；实现产业总值120亿元，增加值36亿元，税收14.6亿元；区内有9家企业被评为湖北省文化产业示范基地，30家企业被命名为文化创意设计重点企业。园区文化创意与工程设计深度融合，产业特色鲜明、聚集效应明显，中铁第四勘察设计院集团有限公司、中南电力设计院、中交第二航务工程勘察设计院、中南建筑设计院、中煤国际工程集团武汉设计研究院等龙头企业扎堆汇集，并以武汉工程设计产业联盟的形式组成联合舰队，向着具有国际影响力的“工程设计之都”目标全力进军。

四、文化消费驱动作用日益凸显

当前中国经济进入新常态，意味着我国经济长期性转型升级的开始，意味着目前我国经济“三驾马车”中以投资为主导的经济发展方式难以为继，消费日益成为拉动经济增长的主导性因素。增加文化消费总量，提高文化消费水平，是文化产业发展的内生动力，是推动文化产业发展必须紧紧抓住的关键环节和重要着力点。随着我国文化消费环境的日趋完善、文化消费水平的不断提高，文化消费总量快速增长，已成为颇具特色的消费热点和扩大内需的重要抓手点。所以，把握文化消费这个繁荣活跃文化市场的根本问题，探索通过文化市场的繁荣推进文化产业的发展，是推动社会主义文化大发展大繁荣、迈向文化强国的重要内容。

(一) 文化消费环境不断优化

近年来，国家为改善文化消费环境，做了大量工作，包括：加大文化消费补贴力度；高标准建设或改造剧院、博物馆、文化馆等文化基础设施，并向公众免费开放；发展覆盖主要城市的文艺演出院线，支持全国文化票务网络建设等。同时，全国各地积极配合优化文化消费服务环境，通过文化消费补贴、开展公共服务体系建设等工作，取得了显著成效。

以北京为例，全国第一个由省级政府出台的针对文化消费的规范性文件——《北京市人民政府关于促进文化消费的意见》于 2014 年 12 月 30 日发布。《意见》分为四个部分，共计 17 条，围绕“市场主导，政府推动”“需求引领，创新驱动”“融合发展，产业联动”“资源共享，辐射带动”四项原则，提出了加强文化消费供给、培育文化消费理念、引导文化消费行为、丰富文化消费业态、拓展文化消费空间五个方面的重点任务，同时还提出通过财税、金融、补贴、项目支持等方式，整合文化创意产业的社会资源，如通过政府购买服务、消费补贴等途径，支持文化企业提供更多文化产品和服务。这些措施将加大对政府部门力量和社会资源的整合力度，全面促进文化消费。

2013 年，北京举办“首届北京惠民文化消费季”。自 9 月 3 日启动以来的 45 天，共有 2 654.3 万消费人次，成交金额高达 52.3 亿元。52 亿多元的背后，是 9 大专项活动、9 大展销板块和 16 个区县活动组成的文化盛宴。① 2014 年北京第二届惠民文化消费季累计吸引了 3 772.5 万消费人次，消费金额达 101.8 亿元，较 2013 年增长了 94%；文惠卡面向百姓免费申领发放共计 131.54 万张，交易额 6.46 亿元，为消费者文化消费节省金额达 8 364.54 万元。② 供给与需求、厂商和消费者、产品与资金间的无缝对接，充分调动了文化消费主体的积极性。惠民文化消费季一经推出，就引起了各地关注。广东省、重庆市、天津市、甘肃省、安徽省等纷纷效仿北京的做法，也举办了惠民文化消费活动。2014 年 9 月，安徽也推出了自己的惠民文化消费季。参与惠民文化消费季的商家与中国银联合作，为刷卡消费客户提供立减折扣，取得了很好的效果。惠民文化消费季期间，安徽省 2 304 万人次参与文化消费，总额达 90.43 亿元，较 2013 年同期增长 43%。③

---

① 参见《52 亿背后的消费逻辑》，载《光明日报》，2013-11-21。

② 参见《第二届北京惠民文化消费季成交金额超百亿》，见人民网，2014-12-04。

③ 参见《文化惠民消费季共消费 90.43 亿元》，见中安在线—安徽商报，2014-12-30。

（二）文化消费水平再创新高

按照国际经验，人均GDP超过3 000美元时，文化消费快速增长；接近或超过5 000美元时，文化消费则出现井喷态势。2013年，我国人均GDP已经达到6 629美元，文化消费市场潜力巨大。统计数据显示，2013年我国文化消费规模为11 897.4亿元，和2012年（10 388.0亿元）相比，增长了14.5%，可见我国文化消费整体规模保持了高速增长的状态。[①] 从2004年到2013年，城镇居民家庭人均文教娱乐服务消费支出由1 032.8元增长至2 294.0元，10年内提高122.1%；农村居民人均文教娱乐服务消费支出则由247.6元增长至485.9元，10年内提高96.2%。

从文化消费规模来看，根据《中华人民共和国文化部2013年文化发展统计公报》，截至2013年底，全国共有公共图书馆3 112个，比2012年末增加36个；公共图书馆实际使用房屋建筑面积1 158.45万平方米，比2012年末增长9.5%；图书总藏量74 896万册，增长8.8%；供读者使用的电子阅览终端11.63万台，增长14.6%。截至2013年末，全国共有艺术表演团体8 180个，比2012年末增加859个；从业人员26.09万人，增加1.88万人；艺术表演团体演出165.11万场，比2012年增长22.3%；国内观众90 064万人次，增长8.8%。文化艺术场馆建设和展览、演出的举办都极大地促进了文化消费水平的不断提高。

根据国家新闻出版广电总局2013年统计数据，全国新华书店系统、出版社自办发行单位出版物总销售199.33亿册（张、份、盒）、2 346.15亿元，与2012年相比数量增长4.87%，金额增长8.62%。我国电影票房从2003年的11亿元，增长到2014年的296.39亿元，与2013年相比，增长36.15%，稳居世界第二大电影市场。在2014年上映的388部影片中，进口片80部，产出票房134.84亿元，308部国产片贡献了161.55亿元的票房，占总额的54.51%。其中，66部票房过亿的影片中，国产影片36部，占比54.55%，而年度票房前20名中，国产片则刚好占据一半的席位。

（三）文化消费不平衡现象仍存在

中国人民大学创意产业技术研究院继编制《中国文化消费调查报告（2013）》后，2014年再次开展了覆盖全国31个省市的文化消费专项调查，并在此基础上编制了《中国文化消费调查报告（2014）》，试图从总体情况、区域差异、城乡差异、

① 参见《“中国文化消费指数”公布 存超3万亿文化消费缺口》，见人民网—人民日报，2013-11-13。

性别差异、年龄差异、教育差异、消费结构、国内外产品偏好等角度系统勾勒我国文化消费的现状。报告显示，文化消费存在东中西部区域和城乡之间明显的不平衡现象。

1. 文化消费区域不平衡

2014年，东部地区文化消费指数整体优于中西部地区，除安徽、江西外，全国前10名中有8个省市来自东部地区。2013年，除山西、四川、重庆外，全国前10名中有7个省市来自东部地区。

另外，东部地区人均文化消费支出高于中西部地区，达到442.7元，而中部地区和西部地区人均文化消费支出分别为370.8元和306.5元。东部地区人均文化消费意愿支出也高于中西部地区，并且东中西部地区人均文化消费意愿支出均高于文化消费实际支出，东部地区、中部地区、西部地区人均文化消费意愿支出分别为819.7元、700.3元和587.7元。东部地区凭借较强的支付能力、完善的文化基础设施、便利的交通条件等优势，文化消费情况持续好于中西部地区。

2. 文化消费城乡不平衡

城镇居民文化消费水平远高于农村居民文化消费水平，尤其是文化消费环境、文化消费能力和文化消费满意度优势比较明显，但农村居民文化消费意愿比较强烈，文化消费市场成长空间更大。

城镇地区居民人均消费总支出高于农村地区。其中，城镇地区居民人均消费总支出为2 346.24元，农村地区居民人均消费总支出为2 034.2元。城镇地区文化消费水平高于农村地区。城镇地区人均文化消费支出410.7元，农村地区人均文化消费支出384.5元，分别占各自消费总支出的24.4%和26.4%。城镇地区居民文化消费意愿支出为746.6元，占其消费总支出的48.0%；农村地区文化消费意愿支出为732.2元，占其消费总支出的57.7%，说明农村居民愿意将更多的钱花在文化产品上。

（四）文化消费倾向性比较明显

《中国文化消费调查报告（2014）》显示，消费者在进行文化消费选择时，有较为明显的倾向性。从文化行业倾向性来看，最受消费者欢迎的五大产品类别分别是电影、电视/广播、图书/期刊/杂志、网络文化活动、文化旅游；从文化产品产地倾向性来看，消费者更喜欢国外的电影和动漫作品，但更喜欢国产的游戏和文化旅游产品。

1. 文化产品所属行业倾向性分析

从文化行业的消费倾向性来看，文化行业中最受消费者欢迎的五大产品分别是电影、电视/广播、图书/期刊/杂志、网络文化活动、文化旅游。其中，电影、电视/广播、图书/期刊/杂志是60%左右的消费者主要消费的文化行业，动漫、工艺美术品、艺术收藏品等不太受普通消费者欢迎。另外，文化旅游、图书/期刊/杂志、电影、文化娱乐活动、网络文化活动占据消费支出的前五名。文化旅游、图书/期刊/杂志、电影、文化娱乐活动的平均每人每月消费支出在55元以上，其中文化旅游平均消费支出更是高达70.1元。而电视/广播、文艺演出、工艺美术品和动漫平均每人每月消费支出不到20元。但是，将受访者的文化行业消费实际支出和文化行业消费意愿支出进行对比，可以发现艺术收藏品、旅游、图书/期刊/杂志、电影、娱乐活动平均每人每个月的消费缺口较大，说明这五个行业市场成长空间较大。

2. 文化产品所属地区倾向性分析

根据文化行业的消费特点，结合文化消费领域相关专家意见，课题组选取了电影、游戏、动漫、文化旅游等四类文化行业进行居民文化行业国内外偏好分析。

根据数据分析结果，受访者更喜欢国外电影作品，且喜欢国外电影的人数比例比喜欢国内同类产品的高达32%；而国内游戏比国外更受欢迎，喜欢国内游戏的人数比例比喜欢国外游戏的人数比例超出26.6%；受访者中高达82.2%更偏好日本动漫，其次是中国动漫、美国动漫、欧洲动漫；受访者偏好国内文化旅游的比例达56%，偏好国外文化旅游的比例为4.5%，对国内外文化旅游均偏好的比例为39.5%，可见对国内文化旅游的偏好高于对国外同类产品。

第二章 2013—2014年中国省市文化产业发展指数

本章简单介绍中国省市文化产业发展评价体系的指标体系、数据来源和计算方法。在此基础上，对2013、2014年中国省市文化产业发展指数结果进行描述性分析，并总结2013—2014年中国省市文化产业发展指数总体情况。

一、中国省市文化产业发展评价体系简介

《中国省市文化产业发展指数2014》详细介绍了中国省市文化产业发展评价体系的理论基础、设计原则、理论模型、结构框架、数据来源、计算方法等内容。为了避免重复，同时便于读者理解指数体系的基本内容，本部分简要介绍指标体系、数据来源和计算方法。

(一) 中国省市文化产业发展指数的结构框架

1. 总框架

以联合国教科文组织提出的亚太区域国家文化产业评价框架为基础，根据文化产业金字塔模型确定文化产业的产业链结构，再综合钻石评价体系及中国国情进行测度变量的选取，我们构建出中国省市文化产业发展评价体系，以科学的量化标准，全面衡量各省市文化产业发展水平。

中国省市文化产业发展评价体系从文化产业的投入、驱动、产出三个环节出发，在揭示文化产业发展的内在因素与动力的基础上，综合考虑了经济、社会、政治等影响，结合三大理论基础，构建了产业生产力、产业影响力、产业驱动力3个一级评价指标，文化资源、文化资本、人力资源、经济影响、社会影响、市场环境、公共环境、创新环境等8个二级评价指标，并选取46个测度变量进行实证研究（见图2—1）。

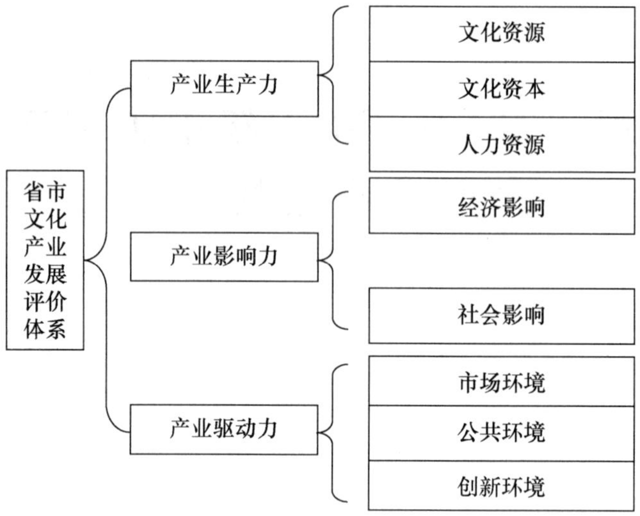

图 2—1　指标总框架图

2. 各子框架细述

(1) 产业生产力框架。

产业生产力框架主要衡量文化产业内部生产要素的投入情况，主要包括三个方面：文化资源、文化资本和人力资源。

第一，文化资源。

文化资源主要指狭义上的文化资源，包括有形的物质资源（物质文化遗产、图书馆、博物馆、电影院与档案馆等）和无形的精神资源（人类口头和非物质文化遗产等），可分为场馆类资源（文化娱乐场所、艺术表演场馆、艺术馆、图书馆、博物馆等）、人文类资源（非物质文化遗产等）和文化产业基地/园区三类。

第二，文化资本。

文化资本是任何与文化及文化活动有关的有形及无形资产，它是决定经济增长的一种关键性生产要素和最终解释变量。①

第三，人力资源。

人力资源（智力资源）是发展文化产业的核心要素，因为文化产业属于智力密集型产业，文化产业的竞争常常表现为优秀人才资源的竞争。

(2) 产业影响力框架。

产业影响力框架主要衡量文化产业的产出状况，通过经济、社会两方面的影响来体现。

---

① 参见高波、张志鹏：《文化资本：经济增长源泉的一种解释》，载《南京大学学报》，2004 (5)。

第一，经济影响。

经济方面的影响，主要从文化产业的经济规模、收入水平和集聚效应三个角度来考虑。规模主要指其总产出，主要表现形式为总量指标；收入水平主要指文化产业人均收入；集聚效应用于考察区域文化产业集群产生的效应。

第二，社会影响。

社会影响，这主要指文化产品与服务对市民或消费者的影响，体现在文化参与、文化形象等方面。

（3）产业驱动力框架。

外部发展环境对于文化产业发展与持续发展起到至关重要的作用，因而我们提出文化产业发展驱动力模型，用其来评价政府在市场体系、公共服务、创新机制几个方面所作的努力，进而为政府后续政策的制定提供参考与数据支持。考虑到我国国情以及收集数据的难易程度，本模型拟从市场环境、公共环境和创新环境三个方面来构造产业的驱动力。

第一，市场环境。

市场环境指企业生产经营活动所处的社会经济环境中不可控制的因素，主要有法律、市场需求、市场供给、产品流通等方面的因素。

第二，公共环境。

公共环境主要指公共管理部门和公共服务部门为整个产业提供的发展环境。

第三，创新环境。

文化产业要快速发展与传播，高度依赖于相关技术的发展。创新环境主要考虑区域文化产业的技术投入水平和创新能力。

（二）中国省市文化产业发展指数的计算方法

1. 指标数据的来源

中国省市文化产业发展指数指标的构成分为两大类：定量指标与定性指标。

定量指标指来源于《中国文化文物统计年鉴》《中国统计年鉴》《中国旅游年鉴》《中国广播电视年鉴》《中国出版年鉴》《中国版权年鉴》《中国广告年鉴》，以及文化部、国家统计局发布的定期报告等的客观统计数据，通过直接计算法（对研究对象用直接的计数、点数和测量等方法，登记各单位的具体数值，加以汇总）或间接推算法（借助社会经济现象之间的平衡关系、因果关系、比例关系或利用非全面调查资料进行推算的方法）获得。

定性指标则通过调研获得，整个调研的方案由两个主要部分构成：问卷调查部分和访谈部分。问卷设计主要包括两个部分，一个是对市民(文化产品消费者)的抽样，一个是对当地文化企业(文化产品生产者)的抽样，文化企业和市民是文化市场供需的主体。

(1) 对市民的抽样设计如下：

抽出各省（自治区）的地级市，再抽取区（县）、街道、居民户。

首先抽取省市。针对各省（自治区）的城市所采取的抽样方法是，第一阶段在该省（自治区）所有地级市中，抽出省会城市和非省会城市，考虑到省会城市在每省（自治区）经济、政治、文化方面的重要性和代表性，必须调研；非省会城市按人口规模进行PPS抽样，考虑到每省（自治区）的地级市数量不一样，辖20个地级市以上（包括20个）的省（自治区）再抽三个地级市，辖10～19个地级市的省（自治区）抽两个地级市，辖10个以下地级市的省（自治区）抽一个地级市。

经过上述步骤抽出调研城市后，对每个城市的市民所采取的抽样方法是：首先，确定每个城市行政划分的区（县），采用简单随机抽样的方法抽取几个区（县），每个城市抽取的区（县）数目根据该市所辖区（县）数目而定，按1/2的比例抽取，根据PPS抽样原则，实行不等概率抽样，即区（县）的人口规模越大，被抽中的可能性就越大；其次，从所抽区（县）中随机抽出街道，同样进行不等概率抽样，考虑到调研的可操作性和样本量以及专家的建议，项目组规定了每个区（县）所抽街道的数目；最后在抽取出的街道中对居民户进行简单随机抽样。

具体抽样流程如图2—2所示。

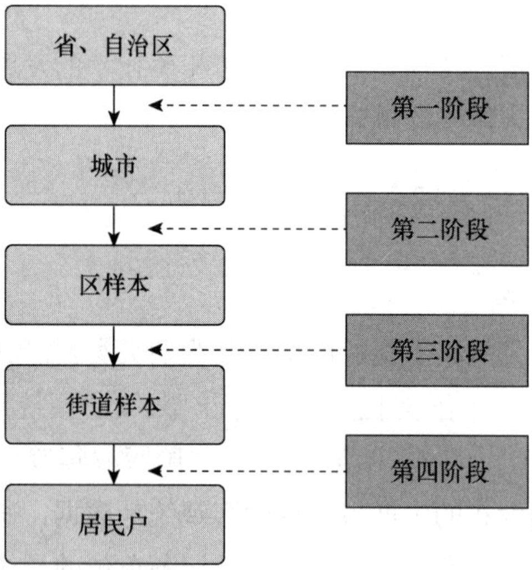

图2—2　市民抽样流程图

对抽取到的市民，采用计算机辅助电话调查（CATI）系统，以电信局号码作为抽样框，随机生成电话号码的后四位，由访问员进行访问。并利用CATI系统的配额控制模块，控制样本的性别年龄配额，以保证最终的样本构成特征接近于总体人口的构成特征。

（2）对文化企业的抽样设计如下：

文化企业指按照工业标准从事生产、再生产、储存以及分配文化产品和服务等一系列活动的企业或公司。项目组原计划企业和市民采用同样的抽样方法，但由于并不是一个省（自治区）人口多，文化产业就发达，综合考虑统计数据的获取途径和调研成本，项目组决定按人均 GDP 进行各省（自治区）的企业抽样。

具体抽样方法如下：考虑到省会城市在各省（自治区）经济、政治、文化方面的重要性和代表性，必须调研；非省会地级城市按人均 GDP 进行 PPS 抽样，考虑到各省（自治区）的地级市数量不一样，辖 20 个以上（包括 20 个）地级市的省（自治区）按分层抽样方式，把各省的地级市按人均 GDP 从高到低排列，平均分为三层，每层内通过随机抽样抽一个地级市，共抽三个地级市，再在每个城市的文化园区和文化企业随机抽取 33 个样本；以同样方法，辖 10～19 个地级市的省（自治区）抽两个，辖 10 个以下地级市的省（自治区）抽一个。以广东为例，其具体流程如图 2—3 所示。

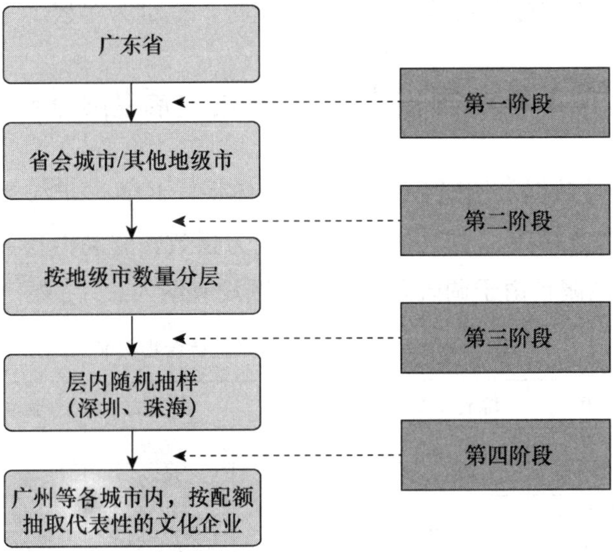

图 2—3 企业抽样流程图

对企业的访问也采用电话调查的形式，由访问员对企业经理级别以上的高层管理人员进行访问。督导在现场全程监督和指导访问员，并借助系统严格控制问卷质量和数据的真实性。

访谈部分主要通过专家法来确定访谈对象，对该年度全国文化产业发展影响力较大的地区和企业进行调研，与地区政府领导和企业管理人员访谈，了解其发展思路、成效、困难等相关信息，与数据调查部分的信息相互补充，这能够帮我们更好地了解地区文化产业发展情况。

2. 指标的无量纲化方法

中国省市文化产业发展指数的计算方法是定权累加法，权重是由指数自身的设计框架和专家的意见相结合确定的，目前国际主流评价体系如“联合国电子政府的评价”等都是采取定权累加，我们通过不同计算方法测算，结合专家意见，最终确立定权累加这一方法。中国省市文化产业发展指数指标无量纲化数学模型为：

$$X_i'=[X_i-\mathrm{Min}(X_i)/\mathrm{Max}(X_i)-\mathrm{Min}(X_i)]\times 40+60$$

式中，X_i'是单项指标标准值，X_i是单项指标实际值，$\mathrm{Max}(X_i)$ 是单项指标各城市最大值，$\mathrm{Min}(X_i)$ 是单项指标各城市最小值。

指数合成模型为：

$$Y=\sum_{j=0}^{m}X_j/m$$

式中，Y 是评价对象的综合指数，X_j是评价指标，权重为等权。

二、2013 年中国省市文化产业发展指数结果分析

将 2013 年统计数据及调研数据代入指标体系，并通过定权累加的方法，得到各省市文化产业综合指数、生产力指数、影响力指数、驱动力指数，部分结果如表 2—1 所示，其中港澳台由于调研采集数据问题没有纳入。

表 2—1　　2013 年中国部分省市文化产业综合指数表

排名	城市	综合指数	生产力	影响力	驱动力	变异系数
1	北京	79.5	79.0	80.5	78.8	0.012
2	广东	78.1	83.9	78	72.3	0.074
3	上海	78.0	77.1	83.4	73.4	0.065
4	浙江	77.7	77.8	80.3	74.9	0.035
5	江苏	77.5	78.8	78.2	75.7	0.021
6	山东	77.1	80.3	76.2	74.7	0.038
7	天津	75.6	70.6	74.8	81.5	0.073
8	福建	75.4	72.3	77.2	76.8	0.036
9	四川	75.4	77.5	71	77.6	0.050
10	辽宁	74.5	74.2	73.4	76.0	0.018

说明：(1) 表中数据均为四舍五入情况，全书同；(2) 表中“福建”和“四川”对应的“综合指数”均为 75.4，但由于这是四舍五入后的结果，也即小数点后面不止一位，所以二者“综合指数”排名实际并不同，全书其他处指数相同但排名不同的情况同此原因。

（一）总体分析

1. 区域发展依然不平衡

从区域的聚类分析结构来看，文化产业发展仍然存在不均衡的现象，东部及沿海地区的综合表现远高于其他地区，综合指数前十名除了四川是西部省份以外，其他全部集中于东部及沿海地区（见图 2—4）。北京市综合指数连续四年保持第一，广东、上海、浙江和江苏处于前五位内，排序有些小变化。生产力指数排序和 2012 年相比有一定的变化，河北和河南进步较大且跃居前十名。影响力与 2012 年相比并无大的变化，但是产业驱动力有一些区位的变化比较大，原因在于现在各省（自治区、直辖市）、地方政府都非常重视文化产业的发展，支持力度增强，对于文化企业和市民的感受来说，宏观的文化产业发展环境优化速度提高较快。

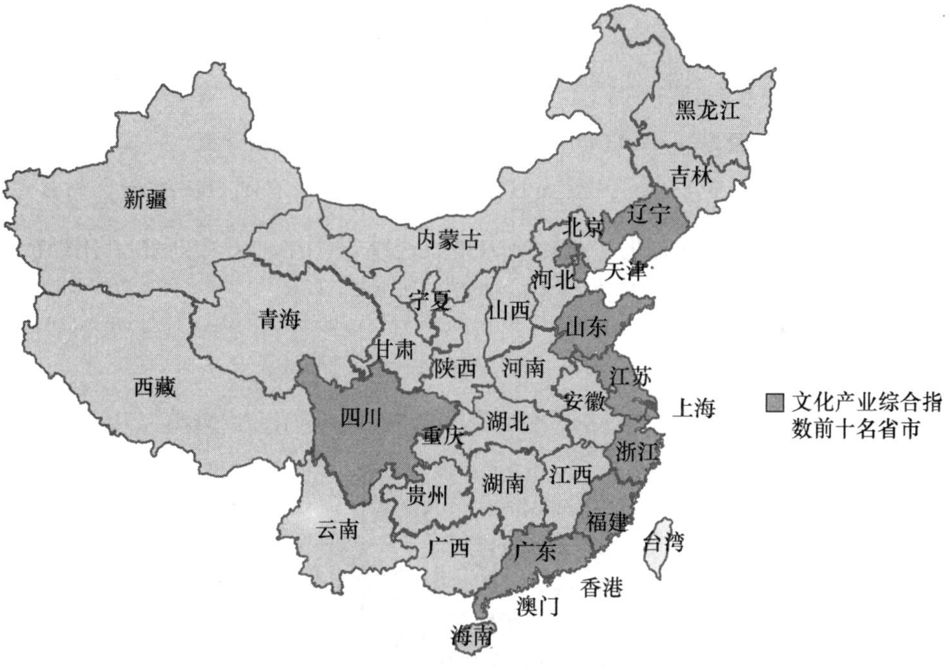

图 2—4　2013 年中国省市文化产业综合指数前十名

文化产业生产力（资源投入水平）方面，东部地区凭借海量文化资源和巨大的文化资本投入、文化人才资源投入，在前十中占据八个席位，其中，河北首次挺进前十（见图 2—5）。中西部地区中，河南由于文化产业投入水平增幅较大，位列第九名；四川也由第十名上升至第六名。

文化产业影响力方面，东部沿海地区文化产业经济效益极为显著，前十位的省市中，除了安徽、陕西外，其他均来自东部沿海较发达地区（见图 2—6）。北、上、

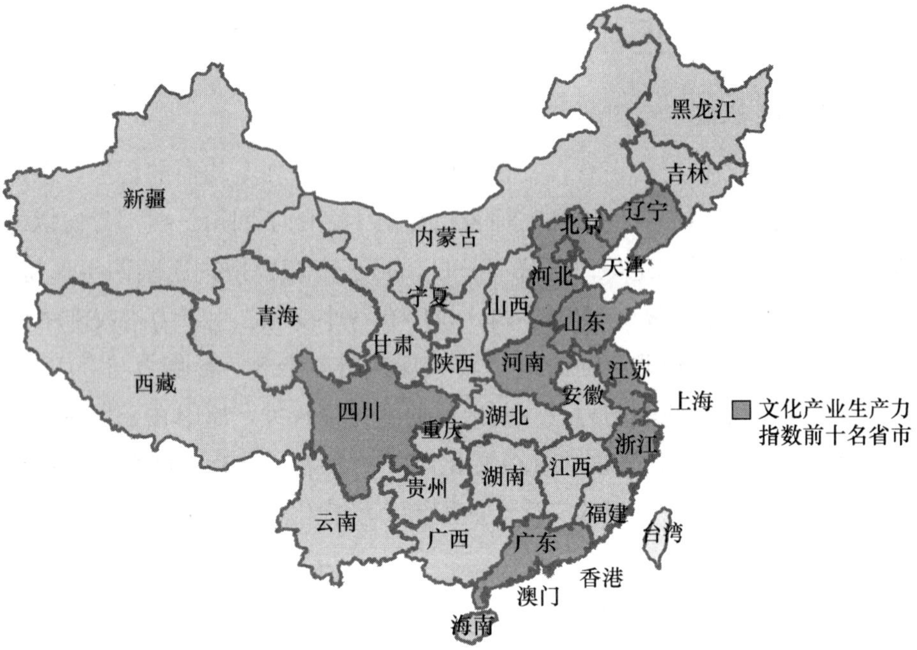

图 2—5　2013 年中国省市文化产业生产力指数前十名

广、苏、浙、鲁等地文化产业产值都已超过 1 000 亿元，其中，广东更是以 2 799 亿元的产值遥遥领先。上海文化产业影响力指数连续三年第一，山东由于在经济影响和社会影响方面均有较好的表现，进步较大，进入前十名。

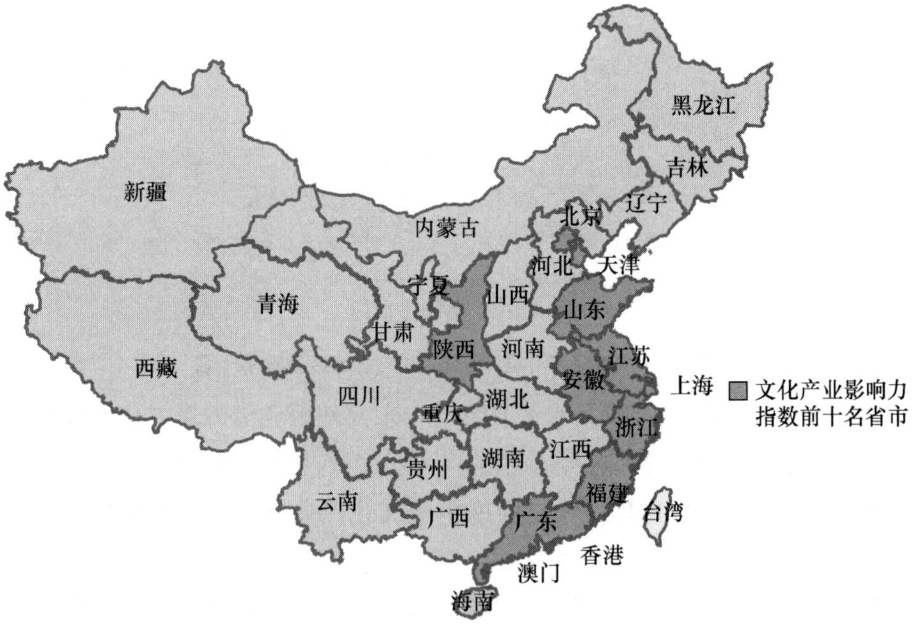

图 2—6　2013 年中国省市文化产业影响力指数前十名

文化产业驱动力方面，与 2012 年相比部分地区序位变化较大。中西部地区由于政府高度重视与支持，发展仍旧较为迅速，其中，广西地区在 2013 年一年的时间里，通过改善公共环境和科研环境，排名有了较大幅度的提高。值得一提的是，天津连续三年驱动力指数排名第一（见图 2—7）。

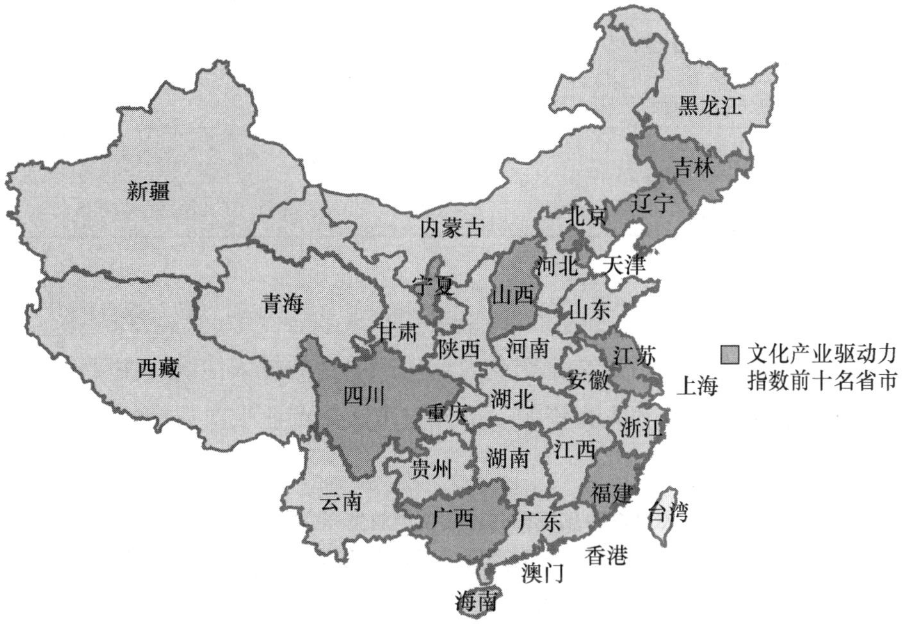

图 2—7　2013 年中国省市文化产业驱动力指数前十名

2. 各省市文化产业发展整体均衡性提升

通过各地区指数的变异系数可以看出多数省市文化产业发展指数变异系数适中，文化产业发展均衡度有所提升。只有部分省市变异系数偏大，文化产业发展不均衡，其中，上海、广东等排名前几位的省市和宁夏、广西等排名相对靠后的省市变异系数偏大，影响了其文化产业的进一步发展。

3. 区域结构特征——聚类分析的结果

聚类分析以发展指数为基本信息，对生产力、影响力、驱动力三个要素指数进行聚类，聚合为三类时达到较好的组间区分。第一类包含北京、广东、上海、浙江、江苏、山东，其发展指数最高，除驱动力指数优势一般外，生产力指数和影响力指数都有非常明显的优势，均衡度普遍较高，这里将其定义为强势地区。第二类包含天津、四川等 14 个省份，生产力指数和影响力指数都一般，但均衡度较低，表明此类内部各省份仍处于快速变化中，此处将其定义为普通地区。第三类省份，发展指数和各一级指数均较低，生产力指数均衡度较高，驱动力指数有明显的分化趋势，此类省份在整体上处于弱势，定义为劣势地区（见表2—2）。

表2—2　　2013年中国省市文化产业发展指数聚类特征表

类别	省市	特征值	生产力	影响力	驱动力	综合指数
强势	北京、广东、上海、浙江、江苏、山东	均值	79.5	79.4	75.0	78.0
		均衡度	0.031	0.032	0.030	0.011
普通	天津、四川、福建、辽宁、河北、陕西、安徽、河南、江西、湖南、湖北、山西、云南、吉林	均值	72.4	73.0	75.3	73.6
		均衡度	0.030	0.028	0.031	0.017
劣势	内蒙古、重庆、宁夏、广西、贵州、黑龙江、新疆、甘肃、西藏、海南、青海	均值	67.6	69.8	71.9	69.8
		均衡度	0.021	0.026	0.038	0.020

（二）文化产业生产力

文化产业生产力主要衡量文化产业内部生产要素的投入情况，主要包括三个方面：文化资源、文化资本和人力资源。部分省市文化产业生产力指数情况如表2—3所示。

表2—3　　2013年中国部分省市文化产业生产力指数表

省市	生产力	生产力排名	文化资源	文化资源排名	文化资本	文化资本排名	人力资源	人力资源排名	变异系数
广东	83.9	1	81.1	1	76.3	11	100.0	1	0.146
山东	80.3	2	73.4	8	100.0	1	81.6	3	0.160
北京	79.0	3	81.1	2	73.1	24	78.7	5	0.053
江苏	78.8	4	76.5	5	83.9	2	80.4	4	0.046
浙江	77.8	5	75.3	6	78.7	5	84.5	2	0.058
四川	77.5	6	78.7	4	76.7	9	74.6	7	0.027
上海	77.1	7	79.2	3	73.6	21	74.2	8	0.041
河北	74.8	8	72.5	11	78.9	4	77.7	6	0.045
河南	74.5	9	73.6	7	77.6	7	74.0	9	0.029
辽宁	74.2	10	73.3	9	81.9	3	69.3	17	0.086

1. 区域特征明显

（1）广东省文化产业生产力水平具有领先优势。

广东省文化产业生产力排名第一，在人力资源方面，其他省市的数值与它具有较大差距，且其文化资源和人力资源均位列全国第一，但其文化资本方面相对不足，需要进一步提高。

（2）东部地区的总体排名较高。

在文化产业生产力排名前十的省市中，除了四川、河南，其他均为东部地区省市。其中，山东、北京、江苏、浙江分列第 2～5 位，整体优势明显。

（3）省市之间差距明显。

各省市之间文化产业生产力指数差距明显，其中，排名第一的广东省与排名末位的省份之间差距将近 20 分。

2. 区域结构特征——聚类分析的结果

聚类分析以生产力指数为基本信息，对文化资源、文化资本、人力资源三个要素指数进行聚类，聚合为三类时达到较好的组间区分。第一类为广东、山东、江苏、浙江，其生产力指数均值最高，文化资本和人力资源要素指数有非常明显的优势，均衡度一般，这里将其定义为强势地区。第二类包含北京、四川、上海等 21 个省份，各要素指数一般，均衡度较低，表明此类内部各省市仍处于快速变化中，此处将其定义为普通地区。第三类包含青海、新疆、贵州、西藏、宁夏、海南 6 个省份，生产力指数和要素指数较低，指数均衡度较高，此类省份在整体上处于弱势，定义为劣势地区（见表 2—4）。

表 2—4　　　　2013 年中国省市文化产业生产力指数聚类特征表

类别	省市	特征值	文化资源	文化资本	人力资源	生产力
强势	广东、山东、江苏、浙江	均值	76.6	84.7	86.6	80.2
		均衡度	0.043	0.126	0.105	0.033
普通	北京、四川、上海、河北、河南、辽宁、湖南、陕西、福建、云南、安徽、湖北、山西、天津、江西、黑龙江、吉林、重庆、广西、内蒙古、甘肃	均值	71.4	75.3	71.1	72.1
		均衡度	0.057	0.031	0.047	0.043
劣势	青海、新疆、贵州、西藏、宁夏、海南	均值	65.3	70.7	65.7	66.5
		均衡度	0.015	0.009	0.012	0.009

3. 部分省市文化产业生产力发展不均衡

通过各地区生产力指数的变异系数可以看出大部分省市文化产业生产力指数变异系数适中，均衡性较高。山东、广东、辽宁、内蒙古和广西等省份变异系数偏大，发展相对更为不均衡，影响了其文化产业的进一步发展。而山西、河南、湖南、江西等中部地区均衡度较高。

（三）文化产业影响力

文化产业影响力框架主要衡量文化产业的产出状况，通过经济、社会两方面的影响来体现。部分省市文化产业影响力指数情况如表 2—5 所示。

表 2—5　　2013 年中国部分省市文化产业影响力指数表

省市	影响力	影响力排名	经济影响	经济影响排名	社会影响	社会影响排名	变异系数
上海	83.4	1	87.3	1	79.4	1	0.067
北京	80.5	2	87.1	2	74.0	9	0.115
浙江	80.3	3	83.8	5	76.8	2	0.062
江苏	78.2	4	85.0	3	71.4	20	0.123
广东	78.0	5	84.5	4	71.5	19	0.118
福建	77.2	6	77.8	7	76.5	3	0.012
山东	76.2	7	77.5	8	74.9	6	0.024
安徽	75.5	8	75.6	11	75.4	5	0.002
陕西	75.0	9	74.2	14	75.8	4	0.015
天津	74.8	10	78.0	6	71.6	18	0.061

1. 区域特征明显

影响力指数区域特征明显，前十名中有八名来自东部沿海地区，仅安徽和陕西来自中西部地区，而后十名中几乎全部来自中西部地区。整体而言，中西部省市与东部省市之间的差距仍然较大。各省市之间文化产业影响力指数差距比较明显，其中排名第一的上海市与排名末位的省份之间差距达到 16 分。

2. 区域结构特征——聚类分析的结果

聚类分析以影响力指数为基本信息，对经济影响、社会影响两个要素指数进行聚类，聚合为三类时达到较好的组间区分。第一类为上海、北京、浙江、江苏、广东，其影响力指数最高，经济影响有非常明显的优势，但均衡度一般，这里将其定义为强势地区。第二类包含福建、山东、安徽等 12 个省市，影响力指数和经济影响、社会影响要素指数一般，均衡度也一般，此处将其定义为普通地区。第三类包含 14 个省份，影响力指数和要素指数较低，指数均衡度较高，此类省份在整体上处于弱势，定义为劣势地区（见表 2—6）。

表 2—6　　2013 年中国省市文化产业影响力指数聚类特征表

类别	省市	特征值	经济影响	社会影响	影响力
强势	上海、北京、浙江、江苏、广东	均值	85.5	74.6	80.08
		均衡度	0.018	0.046	0.027
普通	福建、山东、安徽、陕西、天津、江西、辽宁、河北、重庆、湖北、湖南、四川	均值	75.3	72.3	73.8
		均衡度	0.026	0.045	0.027
劣势	河南、云南、贵州、宁夏、内蒙古、吉林、新疆、山西、海南、西藏、广西、甘肃、青海、黑龙江	均值	69.3	70.8	70.0
		均衡度	0.029	0.039	0.023

3. 大部分省市文化产业影响力发展均衡

通过表 2—6 各地区影响力指数的变异系数可以看出大部分省市文化产业影响力指数变异系数适中，均衡度较高。只有极个别省市变异系数偏大，文化产业影响力发展不均衡，其中，江苏、广东、北京等地经济影响力远超社会影响力，文化产业影响力变异系数过大，需要考虑如何提高当地的社会影响力水平，提高当地的文化氛围、文化形象等软实力，从而在文化产业绩效水平上有一个全面的提高。

（四）文化产业驱动力

产业驱动力主要反映产业发展环境（政府行为），部分省市文化产业驱动力指数情况如表 2—7 所示。

表 2—7　　2013 年中国部分省市文化产业驱动力指数表

省市	驱动力	驱动力排名	市场环境	市场环境排名	公共环境	公共环境排名	创新环境	创新环境排名	变异系数
天津	81.5	1	86.5	1	84.9	1	73.1	5	0.090
北京	78.8	2	81.1	5	74.7	22	80.7	1	0.045
四川	77.6	3	82.4	3	81.4	2	69.1	11	0.095
福建	76.8	4	80.9	6	76.1	14	73.6	4	0.048
山西	76.5	5	79.9	9	79.5	3	70.2	8	0.072
辽宁	76.0	6	80.5	7	78.3	5	69.2	10	0.079
宁夏	75.7	7	79.3	13	75.4	18	72.5	6	0.045
江苏	75.7	8	82.9	2	76.9	11	67.3	17	0.104
吉林	75.5	9	75.4	26	76.3	13	75.0	3	0.009
广西	75.1	10	79.0	17	77.6	9	68.6	12	0.076

1. 总体分析

（1）中西部地区总体排名较高。

从驱动力指数排名看，排名前十的省市中，有近五成出自中西部地区，可见在产业发展环境方面，中西部地区由于政府高度重视与支持，发展较为迅速。广西的驱动力，在 2013 年一年的时间里，通过改善文化产业公共环境和科研环境，排名有了较大幅度的提高。值得一提的是，天津连续三年驱动力指数排名第一。

（2）指数数据提升速度放缓。

驱动力指数较 2012 年相比有一定幅度提升，但相比前两年的快速增长而言，驱动力指数的上升幅度明显放缓。2013 年的驱动力指数均值较 2012 年仅增长 0.5，这表明随着各地区政府支持力度的逐渐增强，市场环境、公共环境和创新环境等各个方面已进入相对稳定的状态。

2. 区域结构特征——聚类分析的结果

聚类分析以驱动力指数为基本信息，对市场环境、公共环境、创新环境三个要素指数进行聚类，聚合为三类时达到较好的组间区分。第一类为天津、北京、四川、福建等8个省份，各要素指数都比较高，但均衡度较低，这里将其定义为强势地区。第二类为江苏、广西、浙江、内蒙古、江西、山东等20个省份，市场环境、公共环境和创新环境要素指数一般，均衡度较低，此处将其定义为普通地区。第三类省份，各要素指数较低，在整体上处于弱势，定义为劣势地区（见表2—8）。

表2—8　　2013年中国省市文化产业驱动力指数聚类特征表

类别	省市	特征值	市场环境	公共环境	创新环境	驱动力
强势	天津、北京、四川、福建、山西、辽宁、宁夏、吉林	均值	80.7	78.3	72.9	77.3
		均衡度	0.039	0.045	0.052	0.026
普通	江苏、广西、浙江、内蒙古、江西、山东、河北、湖北、湖南、黑龙江、陕西、上海、云南、安徽、贵州、重庆、河南、广东、新疆、甘肃	均值	78.3	75.1	67.2	73.5
		均衡度	0.031	0.039	0.040	0.019
劣势	青海、海南、西藏	均值	72.6	70.4	62.8	68.6
		均衡度	0.006	0.024	0.026	0.004

3. 文化产业驱动力发展均衡

全国各省市文化产业驱动力指数变异系数适中，均衡度较高。四川、山西、宁夏、吉林等中西部地区省份，驱动力指数发展比一般东部地区更好一些。

三、2014年中国省市文化产业发展指数结果分析

将2014年统计数据及调研数据代入指标体系，并通过定权累加的方法，得到各省市文化产业综合指数、生产力指数、影响力指数、驱动力指数。部分省市结果如表2—9所示，其中，港澳台地区由于调研采集数据问题没有纳入。

表2—9　　2014年中国部分省市文化产业发展指数表

排名	省市	综合指数	生产力	影响力	驱动力	变异系数
1	北京	82.1	79.1	83.6	83.5	0.031
2	江苏	81.2	80.9	84.6	78.0	0.040
3	浙江	79.7	78.3	83.6	77.1	0.044
4	广东	79.6	83.9	79.7	75.0	0.056
5	上海	78.8	76.1	84.7	75.4	0.066
6	山东	77.7	80.8	78.1	74.1	0.043

续前表

排名	省市	综合指数	生产力	影响力	驱动力	变异系数
7	辽宁	77.2	73.8	76.5	81.5	0.051
8	河北	75.2	75.7	73.4	76.5	0.021
9	湖南	75.1	72.9	79.0	73.4	0.045
10	江西	74.2	71.0	77.6	74.1	0.045

(一) 总体分析

1. 区域发展依然不平衡

从区域的聚类分析结构来看，文化产业还存在不均衡的现象，东部及沿海地区的综合表现远高于其他地区，综合指数前十名中除了湖南和江西是中部省份以外，其他全部集中于东部及沿海地区（见图 2—8）。北京市综合指数连续五年保持第一，江苏、浙江、广州、上海处于前五位，其中，江苏进步较大，由 2013 年的第五位升至第二位，和 2013 年相比进步三位。生产力指数和 2013 年相比变化不大，影响力整体和 2013 年相比有一定上浮。上海影响力指数连续四年排名第一。产业驱动力有一些区位的变化比较大，原因在于现在各省（自治区、直辖市）、地方政府都非常重视文化产业的发展，支持力度增大；对于文化企业和市民的感受来说，宏观的文化产业发展环境优化速度提高较快。

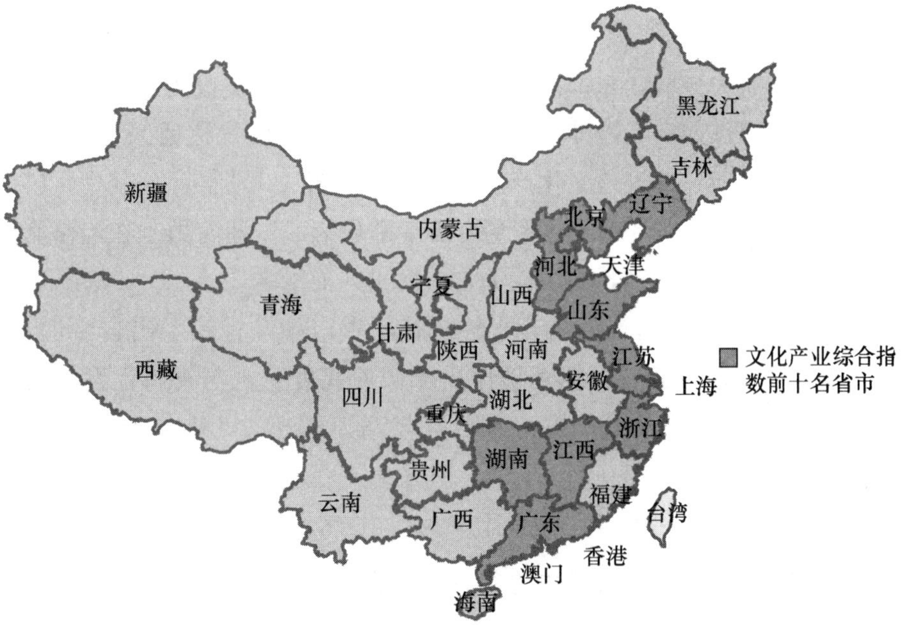

图 2—8 2014 年中国省市文化产业综合指数前十名

文化产业生产力（资源投入水平）方面，东部地区凭借海量文化资源和巨大的文化资本投入、文化人才资源投入，在前十中占据八个席位（见图 2—9）。中西部地区中，四川和河南排名与 2013 年持平，分别位列第六和第九。

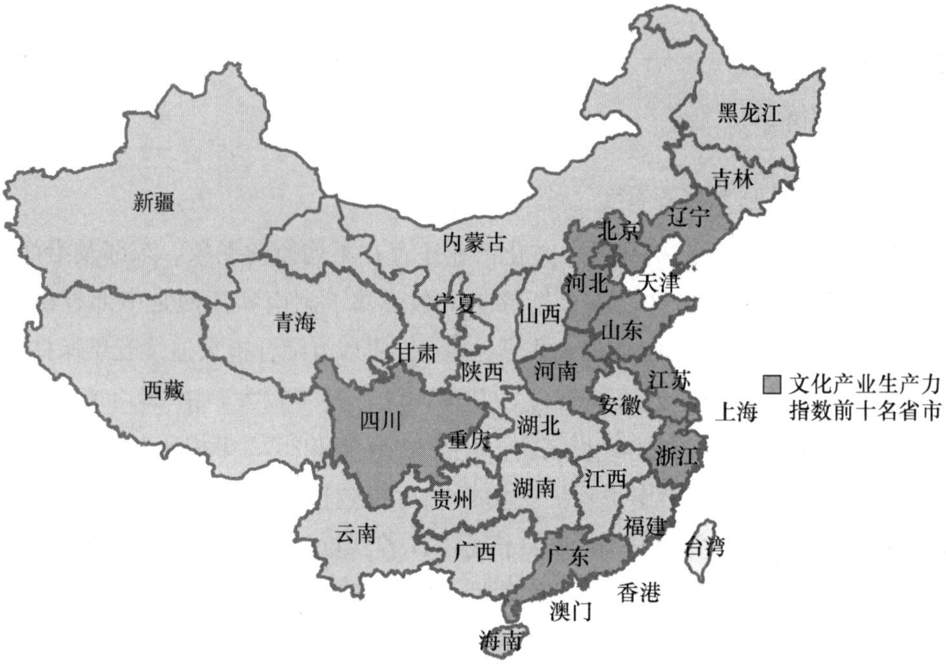

图 2—9　2014 年中国省市文化产业生产力指数前十名

文化产业影响力方面，东部沿海地区文化产业经济效益极为显著，前十位的省市中，除了湖南、江西、安徽外，其他均来自东部沿海较发达地区（见图 2—10）。北、上、广、苏、浙、鲁等地文化产业产值都已超过 1 000 亿元，其中，广东更是以 2 545 亿元的产值遥遥领先。上海连续四年排名第一。湖南由于在经济影响和社会影响方面均有较好的表现，进步较大，首次进入前十名。

文化产业驱动力方面，2014 年排名前五的省市中，有三个出自中西部地区，可见在产业发展环境方面，中西部地区由于政府高度重视与支持，发展较为迅速（见图 2—11）。值得一提的是，青海和西藏年增速均超过 15%，跃居驱动力前五名。北京首次位列驱动力第一名。另外，辽宁由于在市场环境和科研环境上的持续进步，驱动力指数也得到了很大的提升。

2. 各省市文化产业发展整体均衡性提升

通过各地区指数的变异系数可以看出多数省市文化产业发展指数变异系数适中，文化产业发展均衡度有所提升。只有部分省市变异系数偏大，文化产业发展不

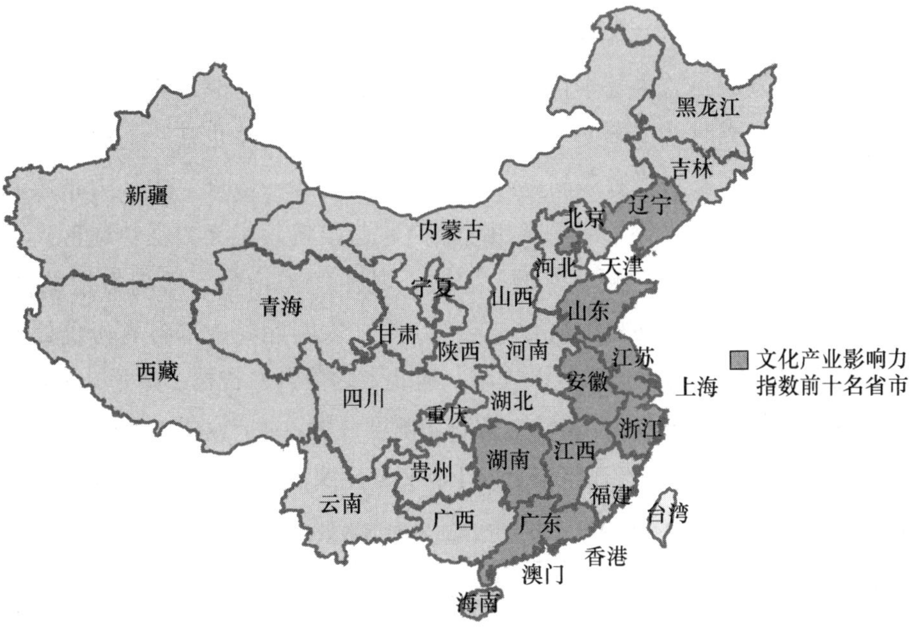

图 2—10　2014 年中国省市文化产业影响力指数前十名

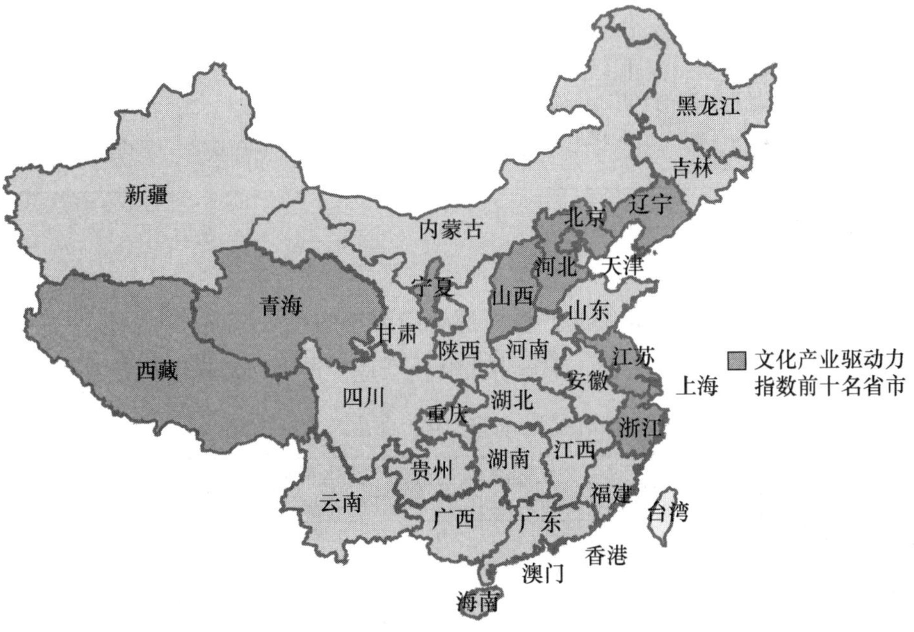

图 2—11　2014 年中国省市文化产业驱动力指数前十名

均衡，其中，上海、广东等排名前几位的省市和宁夏、青海、西藏等排名居中的省市变异系数偏大，影响了其文化产业的进一步发展。

3. 区域结构特征——聚类分析的结果

聚类分析以发展指数为基本信息，对生产力、影响力、驱动力三个要素指数进行聚类，聚合为三类时达到较好的组间区分。第一类包含北京、上海、江苏、浙江、山东、广东，其发展指数最高，除驱动力指数优势一般外，生产力指数和影响力指数都有非常明显的优势，均衡度相对较高，这里将其定义为强势地区。第二类包含山西、辽宁、重庆、西藏、青海、宁夏，其生产力指数、影响力指数都在70左右，均衡度较低，但驱动力指数有一定的优势，表明此类内部各省份仍处于快速变化中，此处将其定义为普通地区。天津、河北、内蒙古、吉林、黑龙江等省份，发展指数和各一级指数均值较低，驱动力指数均衡度一般，生产力指数和影响力指数出现明显的分化趋势，此类省份在整体上处于弱势，定义为劣势地区（见表2—10）。

表2—10　　2014年中国省市文化产业发展指数聚类特征表

类别	省市	特征值	生产力	影响力	驱动力	综合指数
强势	北京、上海、江苏、浙江、山东、广东	均值	79.8	82.4	77.2	79.8
		均衡度	0.033	0.034	0.044	0.020
普通	山西、辽宁、重庆、西藏、青海、宁夏	均值	68.8	73.6	78.8	73.7
		均衡度	0.042	0.022	0.031	0.025
弱势	天津、河北、内蒙古、吉林、黑龙江、安徽、福建、江西、河南、湖北、湖南、广西、海南、四川、贵州、云南、陕西、甘肃、新疆	均值	70.9	72.7	71.2	71.6
		均衡度	0.042	0.042	0.031	0.030

（二）文化产业生产力

文化产业生产力主要衡量文化产业内部生产要素的投入情况，主要包括三个方面：文化资源、文化资本和人力资源。部分省市文化产业生产力指数情况如表2—11所示。

表2—11　　2014年中国部分省市文化产业生产力指数表

省市	生产力	生产力排名	文化资源	文化资源排名	文化资本	文化资本排名	人力资源	人力资源排名	变异系数
广东	83.9	1	80.1	2	79.2	7	100.0	1	0.136
江苏	80.8	2	78.7	3	87.9	2	80.1	4	0.060
山东	80.8	3	73.9	7	100.0	1	82.6	3	0.156
北京	79.1	4	81.0	1	74.2	20	78.6	6	0.044
浙江	78.3	5	75.2	6	81.1	5	84.4	2	0.058
四川	76.8	6	77.4	5	77.8	9	73.9	8	0.028
上海	76.1	7	77.9	4	73.1	25	73.7	9	0.035

续前表

省市	生产力	生产力排名	文化资源	文化资源排名	文化资本	文化资本排名	人力资源	人力资源排名	变异系数
河北	75.7	8	71.6	12	84.3	3	79.2	5	0.082
河南	74.9	9	73.2	8	80.8	6	74.0	7	0.055
辽宁	73.8	10	72.9	9	81.6	4	68.4	18	0.091

1. 区域特征明显

(1) 广东省文化产业生产力水平具有领先优势。

广东文化产业生产力连续两年第一，其人力资源具有非常明显的优势。江苏2014年变动值位居第一，增速达到2.65%。北京丰富的文化资源确保了其文化产业生产力的优势地位，其文化资本相对不足，需要进一步提高。

(2) 东部地区的总体排名较高。

在文化产业生产力排名前十的省市中，除了四川、河南，其他均为东部地区省市，其中，广东、江苏、山东、北京、浙江位列前五位，整体优势明显。

2. 区域结构特征——聚类分析的结果

聚类分析以生产力指数为基本信息，对文化资源、文化资本、人力资源三个要素指数进行聚类，聚合为三类时达到较好的组间区分。第一类为浙江、广东，其生产力指数最高，人力资源要素指数有非常明显的优势，均衡度较低，这里将其定义为强势地区。第二类包含河北、江苏、山东，其文化资源和人力资源的指数一般，但文化资本有非常明显的优势，均衡度一般，此处将其定义为普通地区。第三类省份各项指数均较低，指数均衡度较低，此类省份在整体上处于弱势，定义为劣势地区（见表2—12)。

表2—12　　2014年中国省市文化产业生产力指数聚类特征表

类别	省市	特征值	文化资源	文化资本	人力资源	生产力
强势	浙江、广东	均值	77.7	80.2	92.2	81.1
		均衡度	0.044	0.017	0.120	0.049
普通	河北、江苏、山东	均值	74.8	90.8	80.6	79.1
		均衡度	0.049	0.090	0.022	0.038
弱势	北京、天津、山西、内蒙古、辽宁、吉林、黑龙江、上海、安徽、福建、江西、河南、湖北、湖南、广西、海南、重庆、四川、贵州、云南、西藏、陕西、甘肃、青海、宁夏、新疆	均值	69.9	74.8	69.2	70.7
		均衡度	0.059	0.040	0.049	0.049

3. 部分省市文化产业生产力发展不均衡

通过表2—11各地区生产力指数的变异系数可以看出大部分省市文化产业生产

力指数变异系数适中，均衡度较高。山东、广东、江苏、浙江等经济发达地区的生产力指数变异系数较大，发展相对更为不均衡。而宁夏、陕西、山西、四川等中西部地区的均衡度较高。

（三）文化产业影响力

文化产业影响力框架主要衡量文化产业的产出状况，通过经济、社会两方面的影响来体现。部分省市文化产业影响力指数情况如表2—13所示。

表2—13　　2014年中国部分省市文化产业影响力指数表

省市	影响力	影响力排名	经济影响	经济影响排名	社会影响	社会影响排名	变异系数
上海	84.7	1	86.4	3	83.0	2	0.028
江苏	84.6	2	88.6	1	80.5	5	0.068
北京	83.6	3	88.1	2	79.1	9	0.076
浙江	83.6	4	81.7	5	85.5	1	0.032
广东	79.7	5	83.1	4	76.4	14	0.059
湖南	79.0	6	76.9	7	81.0	4	0.037
山东	78.1	7	79.0	6	77.2	12	0.016
江西	77.6	8	75.9	9	79.3	8	0.031
辽宁	76.5	9	73.1	12	79.9	7	0.063
安徽	76.3	10	75.3	10	77.2	11	0.018

1. 区域特征明显

影响力指数区域特征明显，前10名中有7名来自东部沿海地区，仅湖南、江西和安徽来自中部地区，而后十名几乎全部来自中西部地区。整体而言，中西部省市与东部省市之间的差距仍然较大。各省市之间文化产业影响力指数差距比较明显，其中，排名第一的上海市与排名末位的省份之间分差达到18.23。

2. 区域结构特征——聚类分析的结果

聚类分析以影响力指数为基本信息，对经济影响、社会影响两个要素指数进行聚类，聚合为三类时达到较好的组间区分。第一类为北京、上海、江苏、浙江、广东，其影响力指数最高，经济影响要素指数有非常明显的优势，均衡度一般，这里将其定义为强势地区。第二类包含天津、河北、辽宁、安徽、福建、江西、山东、湖南、四川，影响力指数和经济影响、社会影响要素指数一般，均衡度较低，表明此类内部各省市仍处于快速变化中，此处将其定义为普通地区。第三类包含山西、内蒙古、吉林、黑龙江、河南、湖北、广西、海南、重庆、贵州、云南等17个省份，影响力指数和要素指数较低，指数均衡度较低，此类省份在整体上处于弱势，定义为劣势地区（见表2—14）。

表2—14　　2014年中国省市文化产业影响力指数聚类特征表

类别	省市	特征值	经济影响	社会影响	影响力
强势	北京、上海、江苏、浙江、广东	均值	85.6	80.9	83.3
		均衡度	0.036	0.043	0.024
普通	天津、河北、辽宁、安徽、福建、江西、山东、湖南、四川	均值	75.0	77.4	76.2
		均衡度	0.033	0.037	0.025
劣势	山西、内蒙古、吉林、黑龙江、河南、湖北、广西、海南、重庆、贵州、云南、西藏、陕西、甘肃、青海、宁夏、新疆	均值	68.7	74.3	71.5
		均衡度	0.032	0.043	0.025

3. 大部分省市文化产业影响力发展均衡

通过表2—13各地区影响力指数的变异系数可以看出大部分省市文化产业影响力指数变异系数适中，均衡度较高。只有极个别省市变异系数偏大，文化产业影响力发展不均衡，其中，新疆、黑龙江、甘肃、四川、河南社会影响力远超经济影响力，文化产业影响力变异系数过大，需要考虑如何提高当地的经济影响力水平，更好地增加经济规模，提高收入水平，从而在经济影响力方面有一个全面的提高。

（四）文化产业驱动力

产业驱动力主要反映产业发展环境（政府行为），部分省市文化产业驱动力指数情况如表2—15所示。

表2—15　　2014年中国部分省市文化产业驱动力指数表

省市	驱动力	驱动力排名	市场环境	市场环境排名	公共环境	公共环境排名	创新环境	创新环境排名	变异系数
北京	83.5	1	81.2	9	74.5	16	94.7	1	0.123
辽宁	81.5	2	85.5	2	88.0	3	71.0	4	0.113
青海	80.3	3	85.2	3	88.8	2	67.0	10	0.145
宁夏	80.1	4	82.7	7	85.7	4	71.9	3	0.091
西藏	78.9	5	84.6	4	91.0	1	61.2	31	0.199
江苏	78.0	6	85.7	1	84.0	5	64.4	21	0.152
浙江	77.1	7	82.3	8	78.7	9	70.3	5	0.080
山西	76.5	8	80.3	10	80.9	7	68.4	7	0.092
河北	76.5	9	79.8	11	83.6	6	66.0	11	0.121
上海	75.4	10	83.0	5	75.1	15	68.2	8	0.098

1. 总体分析

(1) 中西部部分地区发展迅速。

从驱动力排名看，排名前十的省市中，有近五成出自中西部地区，可见在产业发展环境方面，中西部地区由于政府高度重视与支持，整体发展趋势较好。其中，青海、西藏首次进入驱动力指数前五名，并且增速均超过15%。值得一提的是，北京由于其创新环境的绝对优势和公共环境进一步改善，首次位列驱动力指数第一名。

(2) 指数数据趋于稳定。

与生产力和影响力指数一样，驱动力指数逐渐趋于稳定，31个省市指数数值整体趋于平稳。这表明随着各地区政府支持力度逐渐增强，市场环境、公共环境和创新环境等各个方面已进入相对稳定的状态。

2. 区域结构特征——聚类分析的结果

聚类分析以驱动力指数为基本信息，对市场环境、公共环境、创新环境三个要素指数进行聚类，聚合为三类时达到较好的组间区分。第一类为北京，其创新环境要素指数有非常明显的优势，市场环境指数较好，这里将其定义为强势地区。第二类为河北、山西、辽宁、江苏、浙江、广东、西藏、青海、宁夏，市场环境和公共环境要素指数较好，创新环境要素指数一般，均衡度一般，此处将其定义为普通地区。第三类包括天津、内蒙古、吉林、黑龙江、上海、安徽、福建、江西、山东、河南、湖北、湖南、广西等省份，各要素指数均较低，在整体上处于弱势，定义为劣势地区（见表2—16）。

表2—16　　2014年中国省市文化产业驱动力指数聚类特征表

类别	省市	特征值	市场环境	公共环境	创新环境	驱动力
强势	北京	均值	81.2	74.5	94.7	83.5
		均衡度	—	—	—	—
普通	河北、山西、辽宁、江苏、浙江、广东、西藏、青海、宁夏	均值	83.2	84.5	67.0	78.2
		均衡度	0.026	0.051	0.056	0.027
劣势	天津、内蒙古、吉林、黑龙江、上海、安徽、福建、江西、山东、河南、湖北、湖南、广西、海南、重庆、四川、贵州、云南、陕西、甘肃、新疆	均值	75.9	73.1	65.6	71.5
		均衡度	0.033	0.042	0.050	0.031

3. 文化产业驱动力发展均衡

全国各省市文化产业驱动力指数变异系数适中，均衡性较好。但西藏、江苏、青海、广东等地的创新环境指数相对较低，变异系数过大，需要进一步提高科研技术，营造更好的科研环境，促进文化产业驱动力的进一步提高。

四、2013—2014 年中国省市文化产业发展指数结果总体分析

（一）我国文化产业总体保持增长

从 2014 年中国省市文化产业发展指数的整体态势来看，我国各省市文化产业发展指数平均值基本呈现正增长的态势，2014 年较 2013 年增长 0.68%，2013 年较 2012 年增长 0.74%；在 2013、2014 年增长率最高的 10 个省市中，均有 6 个位于中西部地区（见图 2—12、图 2—13）。由于原有基础薄弱，因而提升较大，也反映了西部大开发战略对文化产业的有力支持。其中，生产力指数 2013 年较 2012 年有所增长，2014 年与 2013 年基本持平，2013 年河南、河北、四川、山东、广东指数增长最快，2014 年江苏、江西、河北、新疆、贵州指数增长最快；影响力指数 2013 年与 2012 年差异较小，但 2014 年较 2013 年有所提高，2013 年内蒙古、陕西、山东、福建、江西分列影响力增长率前五名，2014 年湖南、江苏、青海、新疆、四川位居增长率前五位；驱动力指数 2012—2014 年三年基本持平，2013 年、2014 年增长最快的分别是甘肃、海南、安徽、福建、湖南和青海、西藏、辽宁、北京、宁夏。可见，青海、西藏、新疆等西部地区省份文化产业发展迅速。

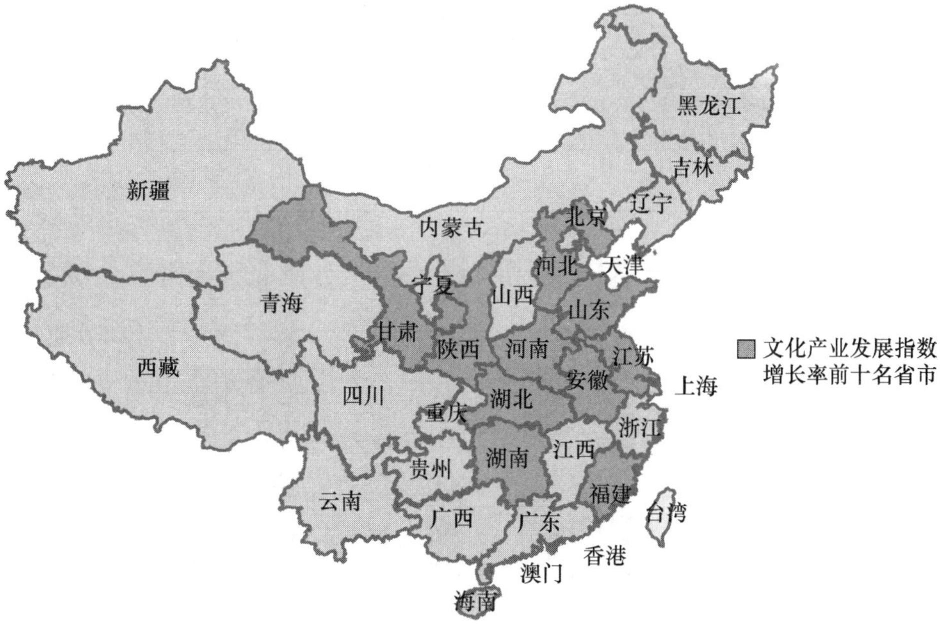

图 2—12　2013 年中国省市文化产业发展指数增长率前十名

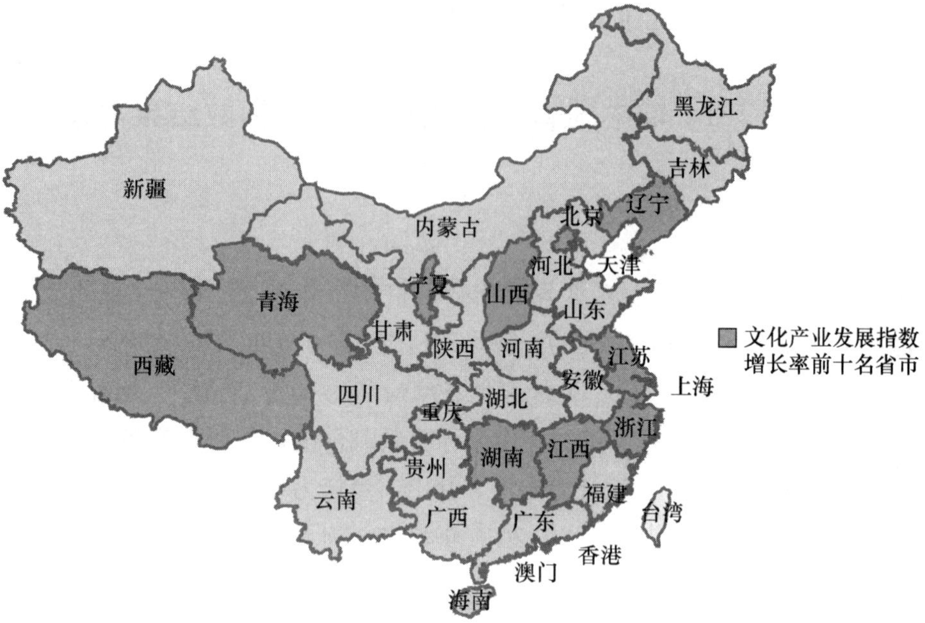

图 2—13　2014 年中国省市文化产业发展指数增长率前十名

（二）东部地区发展显著好于中西部地区

2013 年、2014 年中国省市文化产业发展指数结果表明，我国区域文化产业综合发展格局基本稳定，我国文化产业的发展在东、中、西部存在着严重的不平衡性，东部地区指数得分显著好于中西部地区，尤其在生产力分指数方面表现更为明显（见图 2—14、图 2—15）。

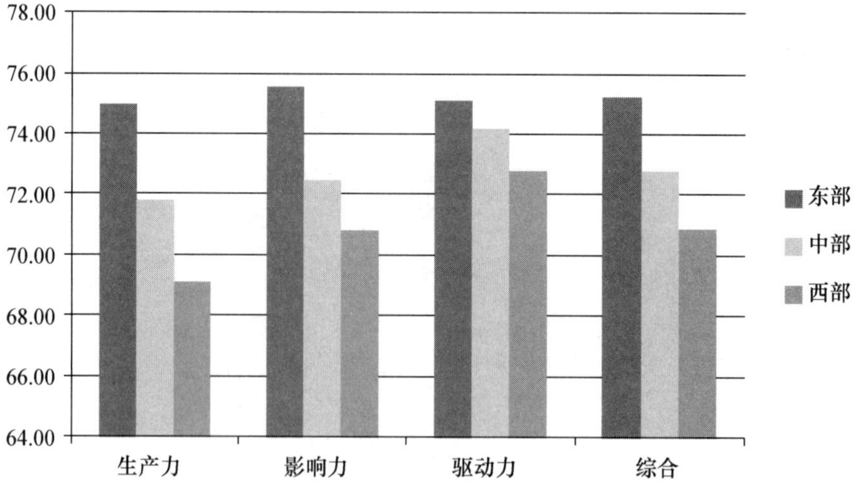

图 2—14　2013 年区域文化产业发展指数均值

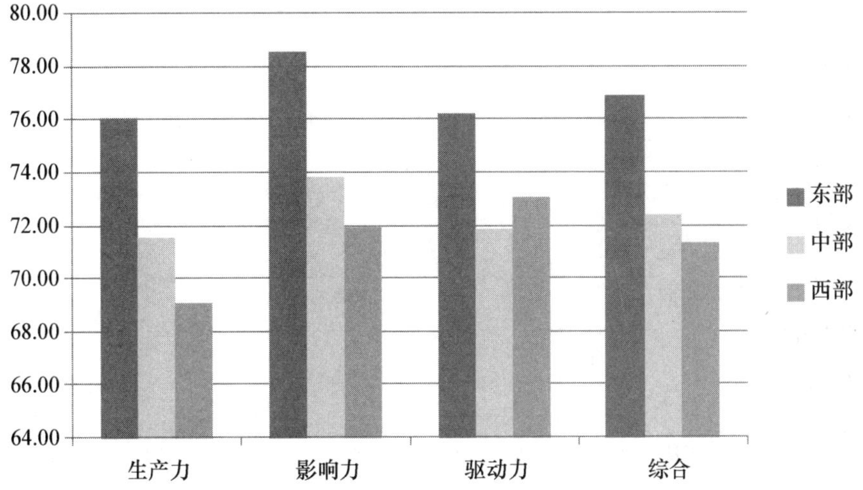

图 2—15　2014 年区域文化产业发展指数均值

（三）部分地区依然存在发展不均衡问题

从生产力、影响力、驱动力的均衡度角度来看，2012、2013、2014 年的变异系数分别为 0.04、0.035 和 0.039，说明区域均衡度基本维持稳定，且近三年整体均衡度较 2011 年有一定的提高（见图 2—16）。

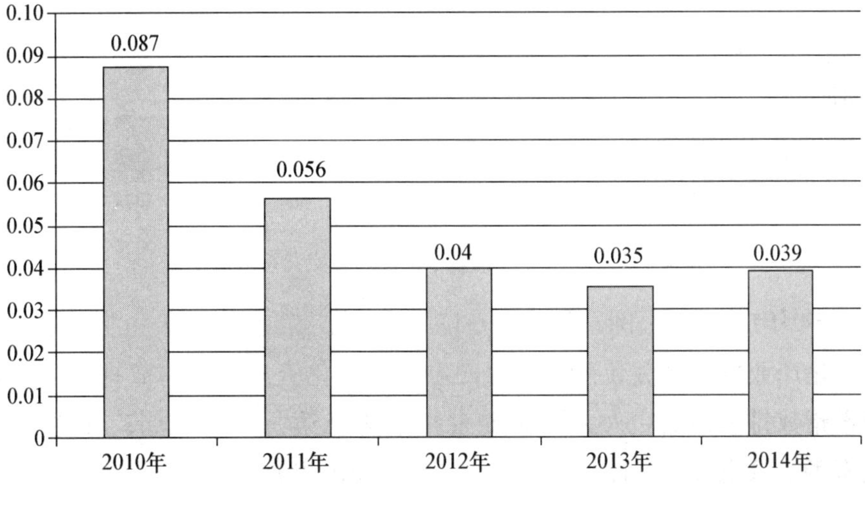

图 2—16　2010—2014 年中国省市文化产业变异系数均值

中国省市文化产业发展指数监测表明，部分地区依然存在一定程度的发展不均衡问题，最直观的反映就是宁夏、青海、西藏等中西部地区变异系数过大，内部短板因素明显。另外，广东、上海等东部沿海地区也存在内部发展不平衡的问题（见图 2—17、图 2—18）。

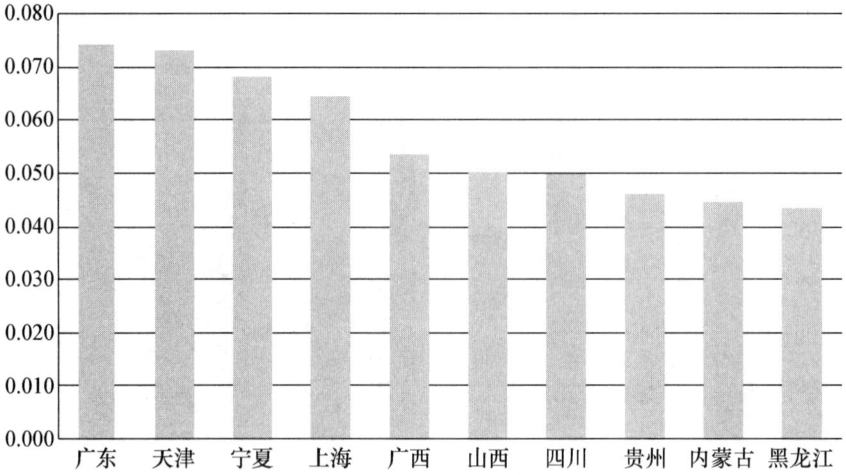

图 2—17　2013 年中国省市文化产业变异系数前十名

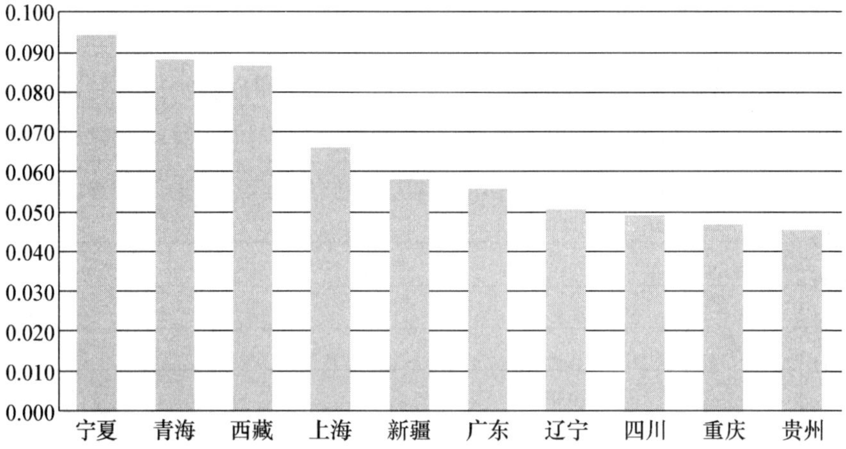

图 2—18　2014 年中国省市文化产业变异系数前十名

以 2014 年广东省为例，如表 2—17 所示，广东省各三级指标的排名情况：广东省文化产业发展指数位列全国第四位，其文化资源要素指数排名第二，文化资本要素指数排名第七，人力资源要素指数排名第一位，表明广东省文化产业的文化资源、文化资本和人力资源在全国范围内发展水平均比较靠前。影响力部分指数中，经济影响要素指数位列第四，而社会影响要素指数位列第十四，表明广东省的社会影响指数有待提高，在之后的发展中应该着重于树立文化形象，增强文化氛围，同时增加艺术演出以及艺术馆、文化馆、文化站的数量。广东省市场环境和公共环境分列全国第六和第八，而创新环境排名位列第二十九，可以认为科研创新环境是广东省文化产业发展的短板，需要全面提高广东省的科研创新水平，才能提高驱动力水平，最终提升广东省文化产业发展的均衡度。

表 2—17　　2014 年广东省三级指标得分及排名情况表

优势指标			劣势指标		
指标名称	得分	排名	指标名称	得分	排名
文化资源	80.1	2	社会影响	76.4	14
文化资本	79.2	7	创新环境	62.8	29
人力资源	100.0	1			
经济影响	83.1	4			
市场环境	82.8	6			
公共环境	79.5	8			

第三章　2010—2014 年中国省市文化产业发展指数动态分析

自 2010 年起，中国省市文化产业发展指数报告已经连续发布五年。本章通过纵向对比，就 2010—2014 年中国省市文化产业发展指数的动态趋势展开分析，揭示五年间各省市文化产业发展的态势，并对各指数的变动原因展开深入分析，以便更好地掌握中国省市文化产业发展指数及其各分指数的变化关系。在此基础上，发掘影响各省市文化产业发展能力的关键因素，深入剖析关键因素的变动趋势，寻求中国省市文化产业发展能力的决定要素。

前文已经介绍，中国省市文化产业综合指数是由生产力指数、影响力指数以及驱动力指数三个分指数简单平均得出来的，因此，本章先对三个分指数逐一进行分析，主要围绕各省市文化产业指数得分的数值、排名及增长速度三个方面，再分析三个分指数综合作用下的中国省市文化产业综合指数的变动特征及其变动原因。

一、中国省市文化产业生产力指数变动特征及其原因分析

本章的前三节逐一分析中国省市文化产业发展三个分指数的变动特征及其变动原因。这些分析旨在找出影响中国省市文化产业发展能力的关键因素及制约性要素，以便在未来文化产业发展过程中，能够做到有的放矢，针对关键环节，进行重点建设。通过深入挖掘各省市发展的短板要素，我们可以集中力量减弱甚至消除短板因素，以保证中国各省市文化产业发展的均衡和稳定性，求得中国各省市文化产业的全面长远发展。首先，让我们来对 2010—2014 年中国省市文化产业生产力指数进行分析。

(一) 中国省市文化产业生产力指数变动特征

生产力指数是省市文化产业发展评价体系的一级指标，它从文化产业内部生产要素的投入情况以及省市的资源禀赋等方面来反映省市文化产业的发展状况。产业生产力指数能够客观、直观地反映一个省市文化产业现时发展实力以及未来发展潜力。

1. 生产力指数数值变动特征

(1) 总体变动情况。

如图 3—1 所示，从总体来看，2010—2014 年中国省市文化产业生产力指数平均值有所增长。29 个省市 2010 年生产力指数平均值为 70.8，2014 年达到 72.2，增长了 1.4，增幅较小。从五年具体变化过程来看，除了 2012 年出现了小幅下降外，2010—2014 年各省市文化产业生产力指数平均值稳步增长（见表 3—1、图 3—1）。

表 3—1　　中国部分省市文化产业生产力指数数值变动情况表

排名	省市	2010 年	2011 年	2012 年	2013 年	2014 年	五年变动值
1	山东	72.1	76.2	74.1	80.3	80.8	8.7
2	河南	66.7	67.1	66.6	74.5	74.9	8.2
3	江苏	73.3	76.1	73.8	78.8	80.8	7.6
4	河北	68.6	68.3	68.6	74.8	75.7	7.1
5	安徽	66.3	66.9	67.5	71.3	71.8	5.6
6	四川	71.6	73.1	71.3	77.5	76.8	5.2
7	广东	79.1	79.8	78.4	83.9	83.9	4.8
8	黑龙江	65.7	66.6	68.6	70.0	69.8	4.1
9	福建	68.8	70.2	70.7	72.3	72.5	3.7
10	湖南	69.4	69.6	68.0	72.8	72.9	3.5
全国均值	—	70.8	71.4	70.8	72.1	72.2	1.4

说明：(1) 表中“五年变动值”列中各数均为 2014 年与 2010 年的未四舍五入前的指数值相减所得差的四舍五入的结果，全书其余各表中的“变动值”或“增加值”项同此方式；(2) 本表只显示中国 2010—2014 年文化产业生产力指数排名变动值前 10 位的省市指数结果及变化情况。

(2) 具体变动情况。

2014 年大多数省市生产力指数较 2010 年整体呈现增长趋势，共 21 个省市生产力指数增加，即有 21 个省市的文化产业生产力有所提高。山东、河南、江苏、河北增幅明显，指数数值增长均在 7 分以上，尤以山东最为显著。山东生产力指数由 2010 年的 72.1 上升到 80.8，上升了 8.7，上升幅度达 12.1%，位列全国第一（见图 3—2）。此外，仅 8 个省市文化产业生产力有所降低，其中海南、山西等省市降幅较大，降幅均超过了 5%。

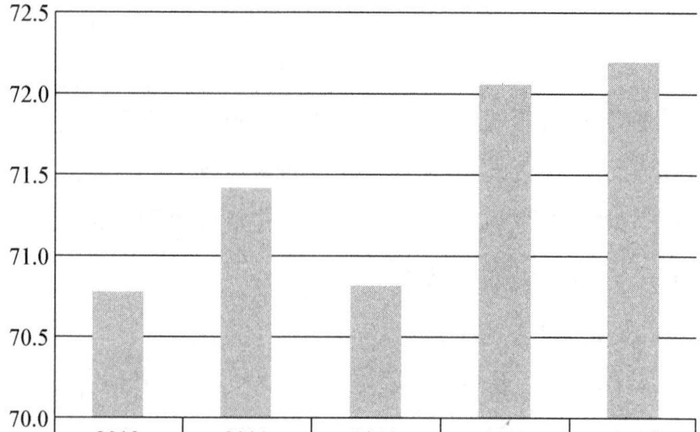

	2010	2011	2012	2013	2014
生产力指数平均值	70.8	71.4	70.8	72.1	72.2

图 3—1　2010—2014 年中国省市文化产业生产力指数平均值对比图

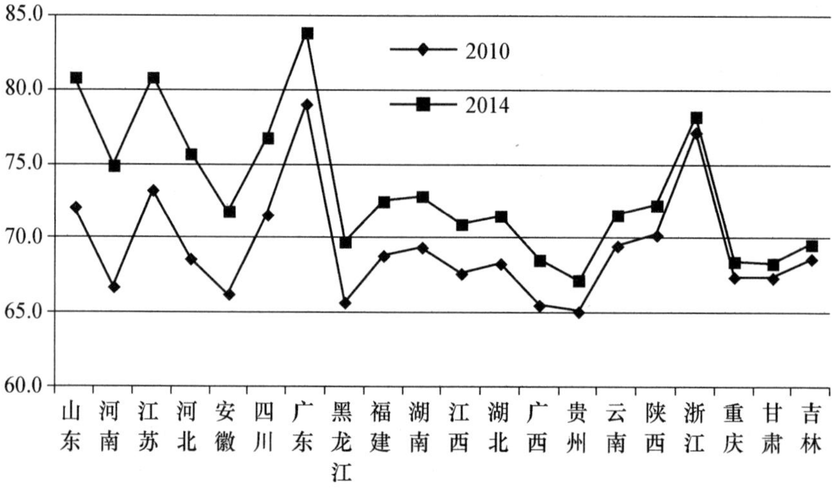

图 3—2　2010、2014 年中国部分省市文化产业生产力指数变动图

说明：本图只显示中国 2010、2014 年文化产业生产力指数变动值排名前 20 位的省市指数结果及变化情况。

（3）区域变动情况。

2010—2014 年生产力指数数值增长的省市为山东、河南、江苏、河北、安徽、四川、广东、黑龙江、福建、湖南、江西、湖北等 21 个省市，其中，增加值较大的前 15 个省市中有 9 个省市位于中西部地区，包括河南、安徽、四川、湖南、江西等地（见图 3—2）。这也显示了中西部地区文化产业生产力发展特征，即生产力整体呈现上升态势，且上升幅度较大。生产力指数数值降低的省市为辽宁、内蒙古、上海、宁夏、青海、北京、山西、海南，其中辽宁、上海、北京、海南为东部发达地区。可见东部地区文化产业生产力相对于中西部地区来说，呈现出较为明显的下降状态。因此，总体来说，2010—2014 年五年间我国文化产业生产力指数呈现“总体上升、中西部上升速度较快”的状态，文化产业生产力总体不均衡，“东高西低”依然明显，但中西部地区已经呈现出较快的增长速度。

2. 生产力指数排名变动特征

如表 3—2 所示，总体来看，2014 年与 2010 年相比，29 个省市文化产业生产力指数排名出现较大的变化，只有 3 个省市的排名不变。排名变化的省市中，有 11 个省市变动在 5 位及以上。具体来说，河南、河北、安徽、黑龙江、山东、福建、广西、江苏等 14 个省市排名上升，其中，河南上升最大，为 16 位，直接跃居文化产业生产力指数前十名。河北和安徽生产力提升也比较明显。海南、青海、山西、宁夏、内蒙古、天津等 12 个省市排名下降，其中，海南下降幅度较大，直接跌为倒数第 1 位。全国只有云南、重庆和甘肃 3 个省市生产力指数排名保持不变。广东前三年第 2 位，最近两年均排在第 1 位，生产力指数均在 80 以上，这显示了广东对文化产业内部要素进行了持续投入；北京前三年均排在首位，近两年分别排在第 3、4 位。可见这两个省市文化产业生产力相对于其他省市有较稳定的优势。

表 3—2　　2010—2014 年中国部分省市文化产业生产力指数对比表

2010 年		2011 年		2012 年		2013 年		2014 年		五年排名变动
排名	省市	排名	省市	排名	省市	排名	省市	排名	省市	
1	北京	1	北京	1	北京	1	广东	1	广东	1
2	广东	2	广东	2	广东	2	山东	2	江苏	5
3	上海	3	上海	3	天津	3	北京	3	山东	6
4	浙江	4	浙江	4	上海	4	江苏	4	北京	−3
5	山西	5	辽宁	5	浙江	5	浙江	5	浙江	−1
6	辽宁	6	山东	6	山东	6	四川	6	四川	4
7	江苏	7	江苏	7	江苏	7	上海	7	上海	−4
8	海南	8	天津	8	辽宁	8	河北	8	河北	12
9	山东	9	内蒙古	9	青海	9	河南	9	河南	16
10	四川	10	四川	10	四川	10	辽宁	10	辽宁	−4
11	青海	11	海南	11	福建	11	湖南	11	湖南	5
12	陕西	12	吉林	12	海南	12	陕西	12	福建	6
13	内蒙古	13	青海	13	陕西	13	福建	13	陕西	−1
14	天津	14	福建	14	内蒙古	14	云南	14	安徽	12
15	云南	15	湖南	15	山西	15	安徽	15	云南	0

说明：本表只显示中国 2010—2014 年文化产业生产力指数排名前 15 位的省市生产力指数排名变化情况。

3. 生产力指数增长速度变动特征

2010—2014年中国省市文化产业生产力指数增长速度基本上分为5个梯队，第一梯队为河南、山东、江苏、河北、安徽、四川等13个省市，这13个省市在2010—2014年生产力水平增长速度较快，增长幅度均在4%以上（见表3—3、图3—3）；第二梯队为贵州、云南、陕西、重庆、甘肃、吉林、浙江7个省市，这7个省市增长速度低于第一梯队，但是保持增长势头，只是步伐较慢；第三梯队包括天津、辽宁2个省市，这2个省市基本没有发生变化；第四梯队包括内蒙古、上海、宁夏、青海、北京5个省市，这些省市是文化产业生产力指数负增长的省市，但文化产业生产力指数下降幅度不是很明显；最后一个梯队包括海南和山西2个省份，这2个省份文化产业生产力指数有所降低，下降幅度均超过4%。

表3—3　　2010—2014年中国部分省市文化产业生产力指数增速表

增速排名	省市	2010	2011	2012	2013	2014	五年增速
1	河南	66.7	67.1	66.6	74.5	74.9	12.24%
2	山东	72.1	76.2	74.1	80.3	80.8	12.11%
3	江苏	73.3	76.1	73.9	78.8	80.9	10.37%
4	河北	68.6	68.3	68.6	74.8	75.7	10.30%
5	安徽	66.3	66.9	67.5	71.3	71.8	8.41%
6	四川	71.6	73.1	71.3	77.5	76.8	7.25%
7	黑龙江	65.7	66.6	68.6	70.0	69.8	6.20%
8	广东	79.1	79.8	78.4	83.9	83.9	6.12%
9	福建	68.9	70.3	70.7	72.3	72.5	5.33%
10	湖南	69.4	69.6	68.0	72.8	72.9	4.99%

说明：（1）表中2010—2014年文化产业生产力指数值均为四舍五入的结果，而“五年增速”列中各数均为2010—2014年文化产业生产力指数值未四舍五入前的计算结果；（2）本表只显示2010—2014年文化产业生产力指数增速排名前10位的省市指数结果及变化情况。

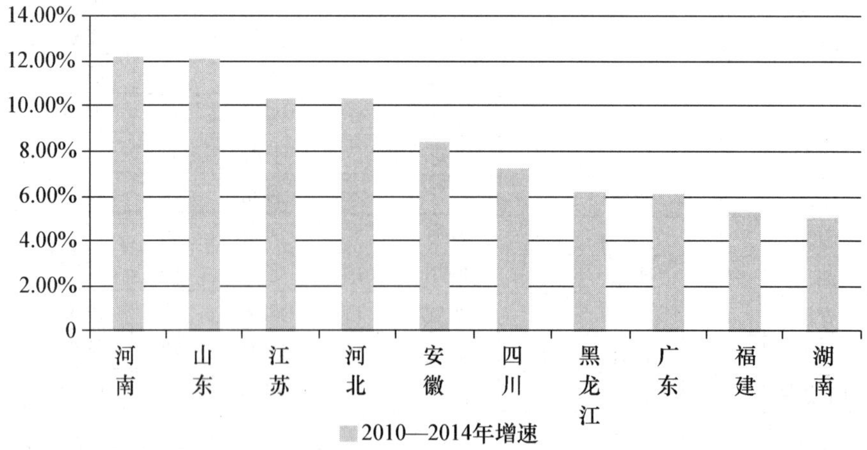

图3—3　2010—2014年中国部分省市文化产业生产力指数增速图

说明：本图为示意图，只显示2010—2014年文化产业生产力指数增速排名前10位的省市指数结果及变化情况。

4. 生产力指数变异系数变动特征

（1）总体变动情况。

如图3—4所示，2014年与2010年相比，生产力指数变异系数变化较大。19个省市生产力指数变异系数有所下降，部分省市降幅较大。从总体上看，29个省市2010年生产力变异系数为0.020，2014年达到0.043，增长了0.023，增幅为115%，可见整体的均衡度有所下降。

（2）具体变动情况。

由表3—4可知，2010—2014年山东、辽宁、湖北、江西、安徽、福建等10个省份文化产业生产力指数变异系数增大，其中，湖北、江西、安徽3个省份变化明显，变动幅度超过了100%，又以湖北的变化最为显著，2014年比2010年增加幅度超过2倍，可见其文化产业生产力发展的均衡度大幅降低。其余19个省份文化产业生产力指数变异系数都有不同幅度的降低。其中，海南的变异系数变化最为明显，从0.266下降到0.065，说明海南文化产业生产力发展的均衡度显著增强。

表3—4　　2010—2014年中国省市文化产业生产力指数变异系数变动情况表

省市	2010年	2011年	2012年	2013年	2014年	五年增加值
西藏	—	—	—	0.044	0.043	—
新疆	—	—	—	0.045	0.049	—
山东	0.094	0.202	0.133	0.160	0.156	0.062
辽宁	0.053	0.164	0.096	0.086	0.091	0.038
湖北	0.016	0.029	0.001	0.053	0.053	0.037
江西	0.016	0.044	0.036	0.037	0.045	0.029
安徽	0.025	0.035	0.006	0.050	0.053	0.028
福建	0.032	0.028	0.053	0.052	0.055	0.023
河南	0.034	0.031	0.051	0.029	0.055	0.021
河北	0.071	0.018	0.007	0.044	0.082	0.011
广西	0.058	0.024	0.032	0.059	0.064	0.006
重庆	0.046	0.060	0.057	0.055	0.049	0.003
湖南	0.050	0.022	0.037	0.017	0.047	−0.003
江苏	0.065	0.036	0.065	0.046	0.060	−0.005
黑龙江	0.055	0.042	0.056	0.057	0.048	−0.007
甘肃	0.072	0.065	0.057	0.039	0.064	−0.008
贵州	0.065	0.064	0.056	0.052	0.055	−0.010
天津	0.056	0.210	0.237	0.042	0.044	−0.012
吉林	0.056	0.118	0.061	0.038	0.041	−0.016

续前表

省市	2010 年	2011 年	2012 年	2013 年	2014 年	五年增加值
云南	0.070	0.059	0.037	0.036	0.050	−0.020
内蒙古	0.092	0.227	0.080	0.069	0.071	−0.021
北京	0.069	0.097	0.099	0.053	0.044	−0.025
陕西	0.066	0.070	0.063	0.026	0.038	−0.028
上海	0.079	0.085	0.121	0.041	0.035	−0.044
宁夏	0.091	0.096	0.078	0.042	0.040	−0.051
四川	0.085	0.039	0.049	0.026	0.028	−0.057
广东	0.198	0.179	0.215	0.146	0.136	−0.062
青海	0.107	0.108	0.129	0.041	0.044	−0.063
浙江	0.126	0.103	0.086	0.058	0.058	−0.068
山西	0.206	0.060	0.050	0.030	0.032	−0.174
海南	0.266	0.247	0.181	0.051	0.065	−0.201
全国均值	0.020	0.045	0.024	0.052	0.058	0.038

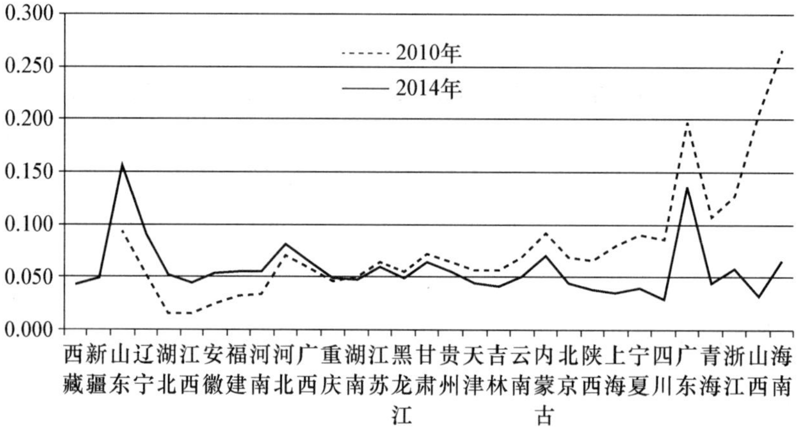

图 3—4　2010、2014 年中国部分省市文化产业生产力指数变异系数变动图

说明：2010 年因数据来源问题没有将新疆和西藏纳入指数研究范围，因此 2010 年的折线图在新疆和西藏处出现了割裂。

（二）中国省市文化产业生产力指数变动原因分析

文化产业生产力指各地区对文化产业的投入水平，主要包括投入文化产业的资源情况（文化资源、文化资本、人力资源等），反映了各地区发展文化产业的潜力。在中国省市文化产业发展能力评价指标体系中，文化产业投入方面又可以由 26 个指标进行考察。通过对生产力指数各个分指标的对比，我们可以找出生产力指数变动的原因。

从表 3—5 数据我们可以看出，中国省市文化资源指数 2014 年与 2010 年相比下降了 0.8；而文化资本指数 2014 年在 2010 年的基础上增长了 7.9，上升幅度较大，为 11.4%，总体来看五年来基本呈上升状态，只有 2012 年出现小幅下降；人力资源指数 2014 年比 2010 年上升 1.6，幅度较小。因此，可以看出，2010—2014 年文化产业生产力指数的上升，主要是文化资本的增加导致的。下面让我们来看一下 29 个省市文化资源、文化资本以及人力资源三个分指标 2010 年至 2014 年的变化情况（见图 3—5），以便进行具体的分析。

表 3—5　　2010—2014 年中国省市文化产业生产力指数二级指标得分平均值对比表

二级指标	2010 年	2011 年	2012 年	2013 年	2014 年	五年变动值
文化资源	71.6	71.6	71.6	70.9	70.8	−0.8
文化资本	68.8	74.4	70.8	75.6	76.7	7.9
人力资源	70.2	68.0	68.4	72.1	71.8	1.6

1. 文化资源分析

文化资源指狭义上的文化资源，主要包括有形的物质资源和无形的精神资源，可分为场馆类资源、人文类资源和文化产业基地/园区三类。

如图 3—5 所示，2014 年的文化资源得分的折线图较 2010 年有明显的波动，部分省市的得分有较明显的下降，这与前文所分析的 2014 年整体文化资源得分较 2010 年有所下降的结论相吻合。相比 2010 年，2014 年北京、广东、上海、四川等省市五年排名没有明显变化，说明这些省市文化资源比较丰富、稳定。值得注意的是，山东、河南五年间均进步了 19 名，实现了较大的跨越，表明山东、河南两地文化资源发展迅速。相反，海南、西藏、贵州等省份则连续五年在文化资源方面得分比较靠后。文化资源得分的这些特征，也基本上反映了生产力指数的排名特征，分析一下文化资源指标的具体变量，我们就不难理解以上现象形成的原因。

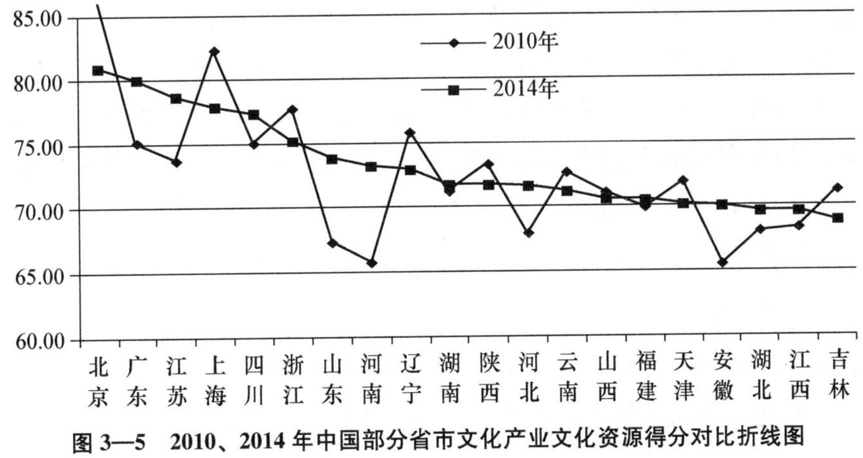

图 3—5　2010、2014 年中国部分省市文化产业文化资源得分对比折线图

北京、广东、江苏、上海等省市，由于大学数量、博物馆文物藏品数量、图书馆馆藏以及文化产业基地数量等各个文化资源方面的优势，文化资源得分位于前列；同样，文化资源得分位于末位的几个省市，则是由于文化资源的相对匮乏。

2. 文化资本分析

文化资本指任何与文化及文化活动有关的有形及无形资产，它是决定经济增长的一种关键性生产要素和最终解释变量，主要根据各类文化产业固定资产投资情况来衡量。

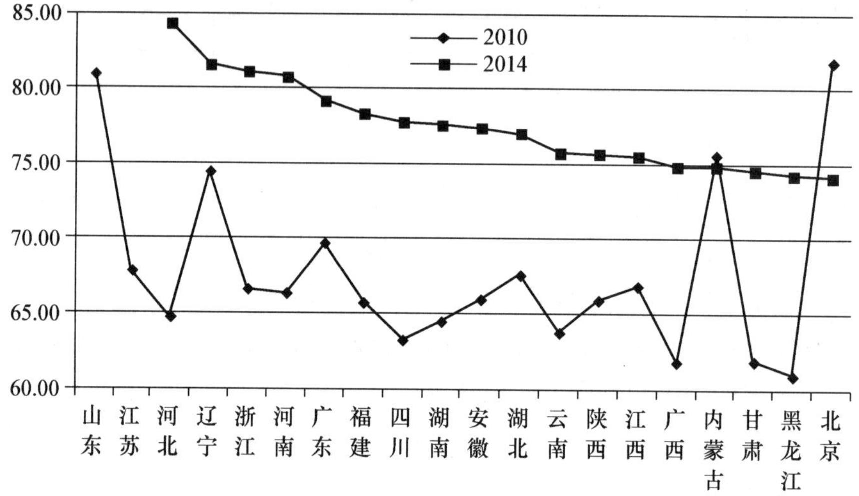

图3—6 2010、2014年中国部分省市文化产业文化资本得分对比折线图

如图3—6所示，2010—2014年多数省市文化资本得分变化比较明显，整体呈现较大幅度的上升。其中，2014年与2010年相比，大部分省市的文化资本得分上升。文化资本得分下降的仅有青海、内蒙古、上海、北京、海南5个省市，其余省市的文化资本得分均处于上升状态，与这些省市的文化产业生产力指数的涨幅变动特点基本一致。在得分上升的省市中，除宁夏五年文化资本得分增长幅度较小外，其余大部分省市的文化资本得分都有较大幅度的上升，这也是导致中国省市文化产业生产力指数上升的重要原因之一，其中，河北上升幅度最大，从2010年的64.8上升到2014年的84.4，上升了19.6，上升幅度达到30.3%。

3. 人力资源分析

人力资源（智力资源）是发展文化产业的核心要素，因为文化产业属于智力密集型产业，文化产业的竞争常常表现为优秀人才资源的竞争。

如图 3—7 所示，总体来看，2014 年较 2010 年大多数省市文化产业人力资源得分呈现小幅上升态势。具体来看，除山西文化产业人力资源得分出现较大下滑外，其余大多数省市的文化产业人力资源得分都有小幅上升或基本保持不变。这表明人力资源得分的上升也是导致五年间文化产业生产力指数上升的原因之一。

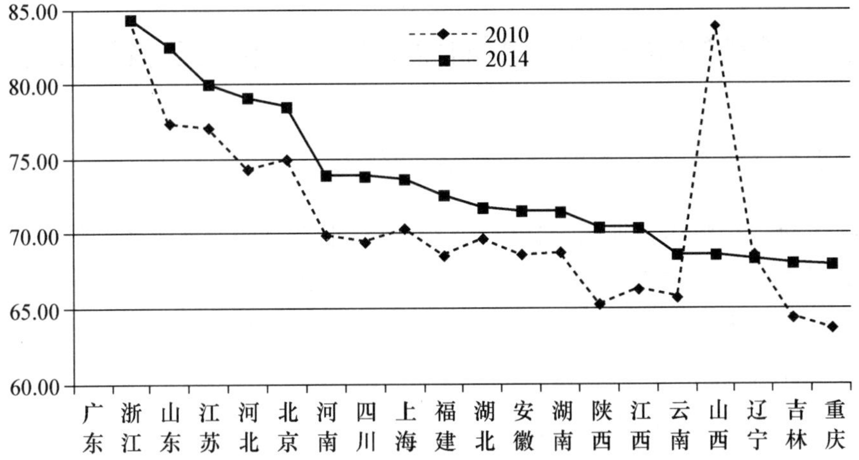

图 3—7　2010、2014 年中国部分省市文化产业人力资源得分对比折线图

(三) 小结

经过以上分析，我们可以得出以下结论：2010—2014 年，中国 29 个省市大学数量、博物馆文物量等人文资源，以及文化产业基地数量和文化场馆资源变化不大，所以 2014 年文化资源得分相较 2010 年变化较小，文化资源变化对文化产业生产力指数变化基本没有影响；与 2010 年相比，2014 年大多数省市增加了文化产业固定资产的投入，使得 2014 年文化资本指标得分上升；而 2013、2014 年各个省市文化产业就业人员数量有一定的变化，使得 2014 年的人力资源得分较 2012 年有所上升，最终综合作用的结果是 2014 年生产力指数的得分比 2010 年有所提高，我国文化产业生产力指数得到上升。

广东省连续五年人力资源排名均位于第一位，加之文化资源始终位于前列，2014 年增加了文化资本的投入，使得文化资本指数的排名跃居至第七名，综合起来，广东省连续两年生产力指数排在第一名；北京虽然文化资源、人力资源三年均位于前列，但文化资本投资减少较快，文化资本因素是北京连续两年生产力指数排名下降的决定性因素；天津市文化产业生产力由 2010 年的第 14 名下降为 2014 年的第 19 名，下降幅度较大，其原因主要是文化资源和文化资本方面有较大幅度的降低，其文化资源从第12名下降到第16名，同时，其文化资本投资也有较大幅度的降低，其排名从第9名直接下降到第21名；江苏省和广东省情形相似，连续两年文化资源和文化资本投入的增加使其文化产业生产力指数逐年上升；河北和河南在文化资源、文化资本和人力资源三方面均有较大的提高，在2014年均位列生产力指数排名前十名。

二、中国省市文化产业影响力指数变动特征及其原因分析

（一）中国省市文化产业影响力指数变动特征

产业影响力指数指各地区文化产业的效应水平，包括经济影响和社会影响两方面，产业影响力指数主要用来衡量文化产业的产出状况，衡量一个省市文化产业的发展绩效。下面来看中国29个省市2012—2014年文化产业影响力指数的得分变动特征及变动原因。

1. 影响力指数数值变动特征

（1）总体变动情况。

从表3—6、图3—8中我们可以看出，2010—2014年中国省市文化产业影响力指数整体呈上升趋势。约有2/3的省市文化产业影响力指数上升，下降的省市占1/3。从总体来看，影响力指数除2012年出现小幅下降外，其他年份均持续上升。但2014年省市影响力指数均值比2010年上升1.0，整体变化幅度不大。

表3—6　　2010—2014年中国部分省市文化产业影响力指数数值变动情况表

排名	省市	2010年	2011年	2012年	2013年	2014年	五年变动值
1	青海	65.2	68.5	69.4	67.9	73.2	7.9
2	江西	70.7	73.1	70.9	73.6	77.6	6.9
3	山西	68.3	73.1	71.1	69.8	74.1	5.8
4	湖南	73.6	77.7	70.8	71.3	79.0	5.4
5	安徽	72.7	75.9	75.4	75.5	76.3	3.6
6	甘肃	65.4	64.9	66.8	68.2	68.9	3.5
7	宁夏	69.3	66.8	70.4	71.6	72.8	3.5
8	河北	70.7	75.4	73.9	72.7	73.4	2.8
9	上海	82.0	83.3	84.4	83.4	84.7	2.7
10	黑龙江	67.8	70.6	68.4	67.4	70.3	2.5
全国均值	—	74.2	73.9	73.0	73.1	74.8	0.6

说明：本表只显示我国2010—2014年文化产业影响力指数变动值排名前10位的省市指数结果及变化情况。

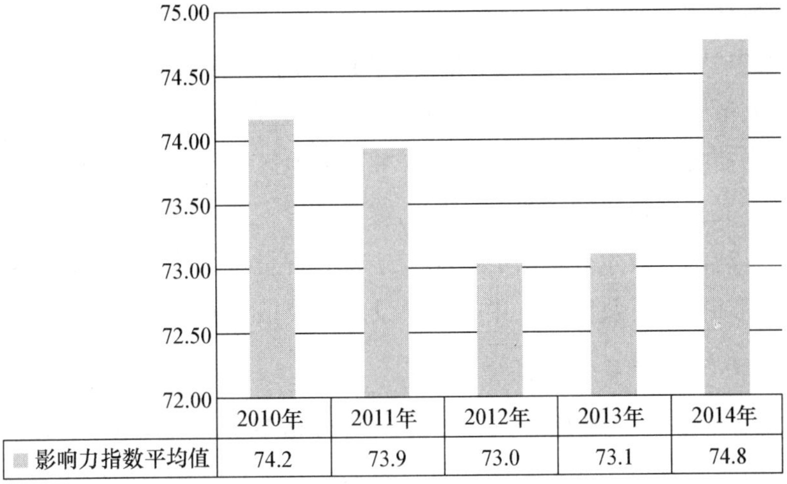

图 3—8　2010—2014 年中国省市文化产业影响力指数平均值对比图

（2）具体变动情况。

由图 3—9 可知，2010—2014 年，青海、江西、山西、湖南、安徽、甘肃、宁夏、河北等 19 个省份文化产业影响力指数数值增加，约占所有省份的 2/3。其中，浙江、福建、江苏、广东 2010 年和 2014 年的曲线几乎重合，说明这 4 个省份五年的影响力指数几乎没有变化。另外，青海、江西、湖南、甘肃、宁夏 5 个省份增加幅度均超过了 5%，提升较大。广西、云南、河南、贵州、重庆、天津等 10 个省份影响力指数得分值处于下降状态，即约 1/3 的省市文化产业影响力出现了不同程度的降低，其中，广西、云南、河南降幅较大。整体来看，2010—2014 年文化产业影响力指数稳中有升，处于较为平稳的状态。

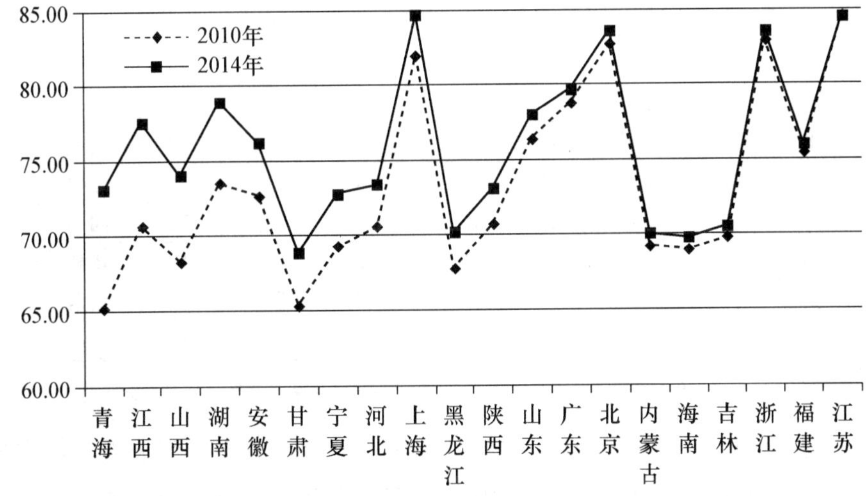

图 3—9　2010、2014 年中国部分省市文化产业影响力指数变动图

说明：本图只显示 2010、2014 年文化产业影响力指数变动值排名前 20 位的省市指数结果及变化情况。

（3）区域变动情况。

2010—2014年影响力指数数值增长的省份，包括青海、江西、山西、湖南、甘肃、宁夏、安徽、河北、黑龙江、陕西、上海、山东、内蒙古、海南、广东等19个，其中，增速排名前7位的省份均属于中西部地区。可见，在经济发展欠发达的中西部地区，文化产业影响力提升还是比较明显的。影响力指数数值降低较多的有广西、云南、河南、贵州、重庆、天津、辽宁等省份。因此，总体而言，在文化产业影响力的变动方面，我国东、中、西部没有形成很大的差异。

2. 影响力指数排名变动特征

如表3—7所示，中国省市文化产业影响力指数2010—2014年的排名变动不大，前十名包含的省市大部分不变，仅有内部排名稍有变化。但后十名中有一半的省市排名有较大变动。整体而言，有3个省市排名不变，11个省市排名上升，15个省市排名下降。

表3—7　　2010—2014年中国部分省市文化产业影响力指数对比表

2010年		2011年		2012年		2013年		2014年		五年排名变动
排名	省市	排名	省市	排名	省市	排名	省市	排名	省市	
1	江苏	1	上海	1	上海	1	上海	1	上海	3
2	浙江	2	北京	2	广东	2	北京	2	江苏	−1
3	北京	3	浙江	3	北京	3	浙江	3	北京	0
4	上海	4	江苏	4	浙江	4	江苏	4	浙江	−2
5	广东	5	广东	5	天津	5	广东	5	广东	0
6	辽宁	6	湖南	6	江苏	6	福建	6	湖南	9
7	四川	7	山东	7	安徽	7	山东	7	山东	1
8	山东	8	陕西	8	重庆	8	安徽	8	江西	12
9	天津	9	安徽	9	福建	9	陕西	9	辽宁	−3
10	河南	10	四川	10	河北	10	天津	10	安徽	7
11	福建	11	河北	11	吉林	11	江西	11	福建	0
12	重庆	12	福建	12	山东	12	辽宁	12	四川	−5
13	云南	13	云南	13	四川	13	河北	13	新疆	—
14	广西	14	广西	14	陕西	14	重庆	14	山西	12
15	湖南	15	天津	15	云南	15	湖北	15	天津	−6

说明：本表只显示我国文化产业影响力指数排名前15位的省市的影响力指数结果及变化情况。

2010—2014年，江西、山西、青海、湖南、安徽5个省份影响力指数排名上升较多，上升幅度都在7位及以上，其中，江西、山西均进步了12名，江西由影响力指数排名后十名一跃进入前十名，山西排名达到第14位。安徽、河北、上海、宁夏、黑龙江、山东、陕西等7省市的排名均有小幅上升。

影响力指数排名下降的有广西、云南、贵州、河南、重庆、天津、湖北、四川、海南、甘肃、内蒙古等15个省份，其中，排名下降幅度较大的省份有广西、云南、贵州、河南，下降幅度均在10位以上，说明这些省份在影响力方面存在一定的问题。

北京、广东、福建3个省市排名没有发生变化，北京、广东的文化产业影响力指数连续五年均在前五名，上海、北京、浙江、江苏、广东除名次稍有些变化外，几乎包揽了影响力指数前五名。2014年影响力指数前五名中，除江苏省五年间文化产业影响力指数得分有所下降外，其余4个省市得分均有一定程度的上升，这些省市文化产业的影响力继续在全国领跑。

2014年影响力指数前十名中，江苏、辽宁成为影响力指数得分和排名双下降的省份，但只是稍有下降，仍位于前列；湖南、江西、山西五年间提升名次均达到9名及以上，进步比较明显。安徽省五年间排名稳步上升，显示出了强大的文化产业产出能力；福建、四川、天津等省市文化产业影响力比较稳定，五年基本处于得分中部位置，这些省市具有较大的文化产业发展潜力；海南、甘肃、黑龙江、内蒙古4个省份则五年基本位于得分后十名的行列，这些省份无论文化投入还是文化产出均比较薄弱。

3. 影响力指数增长速度特征

2014年与2010年相比，大多数省市的影响力指数有所上升，其中，有19个省市的影响力指数数值有所上升。影响力指数得分的增长速度大体上可以分为5个梯队：第一梯队包括青海、江西、山西、湖南、甘肃等7个省份，这7个省份影响力指数增长速度较快，五年增长率均超过了4%（见表3—8、图3—10）；第二梯队包含河北、黑龙江、陕西、上海、山东、内蒙古、海南、广东等10个省份，这些省份影响力指数增长速度均超过了1%，增速略逊于第一梯队，但是也呈现较好的增长态势；第三梯队既包括影响力指数增长的浙江、福建，也包括江苏、湖北2个影响力指数负增长的省份，这些省份归为一个梯队是因为它们的影响力指数变动很小，变动幅度的绝对值都不超过1%；第四梯队包括四川、辽宁、天津、重庆、贵州、河南、云南、广西8个省份，它们的下降幅度均超过1%。广西、云南、河南、贵州4个省份影响力指数下降速度较快，下降幅度超过了4%。需要注意的是，影响力指数排名靠前的江苏、辽宁出现了得分、排名双下降的情况，这说明不仅要关注各个省市影响力指数得分和排名的绝对数值的情况，还要注意它们相对的变动情况，这样有助于把握各省市影响力指数的变动趋势，及时发现文化产业发展过程中的短板因素。

表 3—8　　2010—2014 年中国部分省市文化产业影响力指数增速表

增速排名	省市	2010	2011	2012	2013	2014	五年增速
1	青海	65.2	68.5	69.4	67.9	73.2	12.16%
2	江西	70.7	73.1	70.9	73.6	77.6	9.72%
3	山西	68.3	73.1	71.1	69.8	74.1	8.50%
4	湖南	73.6	77.7	70.8	71.3	79.0	7.33%
5	甘肃	65.4	64.9	66.8	68.2	68.9	5.41%
6	宁夏	69.3	66.8	70.4	71.6	72.8	5.01%
7	安徽	72.7	75.9	75.4	75.5	76.3	4.90%
8	河北	70.7	75.4	73.9	72.7	73.4	3.96%
9	黑龙江	67.8	70.6	68.4	67.4	70.3	3.62%
10	陕西	70.8	76.3	71.5	75.0	73.2	3.34%

说明：(1) 表中 2010—2014 年文化产业影响力指数值均为四舍五入的结果，而“五年增速”列中各数均为 2010—2014 年文化产业影响力指数值未四舍五入前的计算结果；(2) 本表只显示 2010—2014 年文化产业影响力指数增速排名前 10 位的省市指数结果及变化情况。

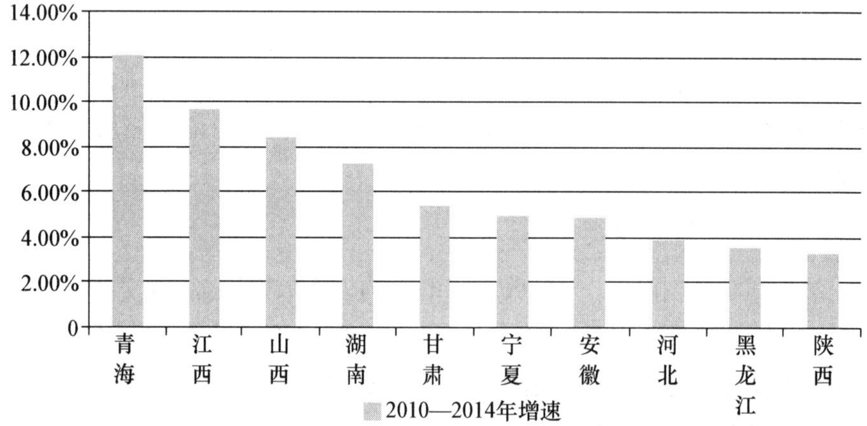

图 3—10　2010—2014 年中国部分省市文化产业影响力指数增速图

4. 影响力指数变异系数变动特征

(1) 总体变动情况。

从总体上看，全国各省市 2010 年影响力指数变异系数平均为 0.067，2014 年达到 0.029，降低了 0.038，降幅达到 56.7%。29 个省市中，12 个省市有所上升，17 个省市下降（见表 3—9）。说明这五年间各省市文化产业影响力均衡度显著提升。从五年具体变化过程来看，2010—2011 年各省市文化产业影响力指数变异系数均值有所下降，但在 2011—2014 年变异系数又有所回升。

(2) 具体变动情况。

2010—2014 年，黑龙江、甘肃、宁夏、山西、云南、河南等 12 个省份文化产业影响力变异系数增大，其中，黑龙江、甘肃、宁夏、山西、云南、吉林等省份变动较明显，增幅均超过2倍，又以云南的变动最为显著，2014年比2010年增加了超过10倍，2014年变异系数为0.051，远高于全国省市变异系数的平均水平0.029，可见这几个省份的文化产业影响力发展的不均衡性有所增大。贵州、天津、上海、福建、重庆、山东、安徽、河北等17个省份的影响力变异系数降低，其中，贵州、天津、上海、福建的变异系数变化最为明显，下降幅度超过80%，说明这些省市文化产业发展的均衡性显著增强（见图3—11）。

表3—9　　2010—2014年中国各省市文化产业影响力指数变异系数变动情况表

省市	2010年	2011年	2012年	2013年	2014年	五年增加值
新疆	—	—	—	0.045	0.134	—
西藏	—	—	—	0.058	0.060	—
黑龙江	0.021	0.076	0.015	0.032	0.110	0.089
甘肃	0.034	0.099	0.103	0.033	0.107	0.073
宁夏	0.017	0.028	0.048	0.051	0.076	0.059
山西	0.016	0.014	0.024	0.036	0.074	0.058
云南	0.004	0.019	0.011	0.029	0.051	0.047
河南	0.041	0.030	0.018	0.011	0.085	0.044
广西	0.034	0.051	0.018	0.044	0.062	0.028
青海	0.022	0.027	0.076	0.019	0.050	0.028
吉林	0.003	0.040	0.042	0.038	0.026	0.023
广东	0.041	0.084	0.023	0.118	0.059	0.018
江西	0.014	0.033	0.047	0.043	0.031	0.017
内蒙古	0.023	0.073	0.049	0.024	0.034	0.011
海南	0.027	0.031	0.042	0.043	0.015	−0.012
河北	0.032	0.033	0.049	0.047	0.011	−0.021
湖北	0.037	0.035	0.030	0.024	0.014	−0.023
湖南	0.063	0.020	0.062	0.102	0.036	−0.027
四川	0.114	0.027	0.061	0.066	0.087	−0.027
辽宁	0.093	0.032	0.001	0.024	0.063	−0.030
江苏	0.108	0.005	0.068	0.123	0.068	−0.040
浙江	0.073	0.033	0.056	0.062	0.032	−0.041
安徽	0.061	0.013	0.047	0.002	0.017	−0.044
山东	0.068	0.013	0.012	0.025	0.016	−0.052
重庆	0.067	0.028	0.043	0.004	0.014	−0.052
福建	0.076	0.019	0.012	0.012	0.013	−0.063
陕西	0.130	0.048	0.004	0.016	0.058	−0.072
北京	0.158	0.132	0.032	0.115	0.076	−0.082
贵州	0.146	0.010	0.010	0.034	0.006	−0.140
天津	0.189	0.092	0.055	0.061	0.016	−0.173
上海	0.220	0.148	0.038	0.067	0.028	−0.192
全国均值	0.067	0.005	0.016	0.045	0.050	−0.017

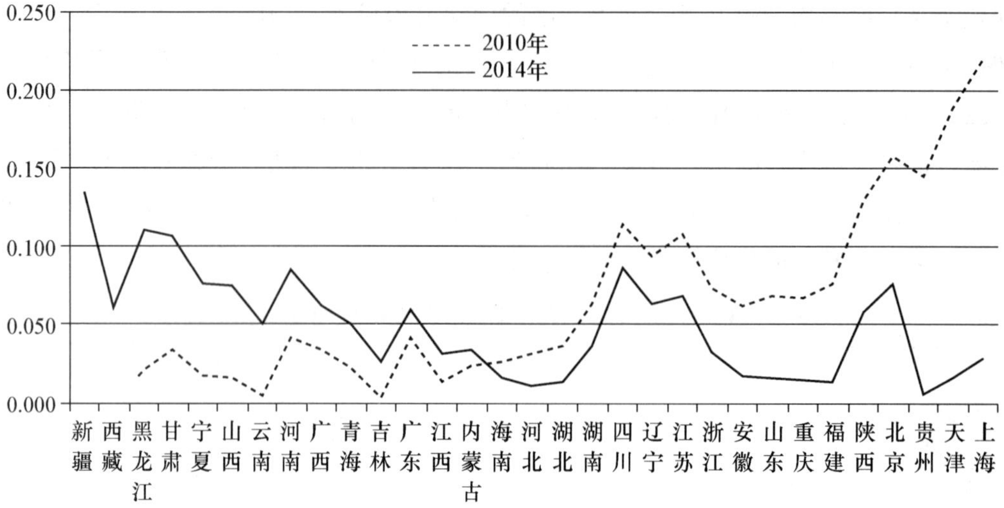

图 3—11 2010、2014 年中国各省市文化产业影响力指数变异系数变动图

(二) 中国省市文化产业影响力指数变动原因分析

文化产业影响力指数主要从经济影响和社会影响两方面来衡量。

从表 3—10 中的数据我们可以看出，与 2010 年相比，2014 年各省市经济影响力略有下降，由 2010 年的 77.2 分下降到 2014 年的 73.3 分，下降幅度为 5.1%；同时，社会影响力显著上升，由 70.3 分上升到 76.3 分，上升幅度达到 8.5%。下面通过文化产业影响力两个分指标的折线图来具体分析影响力指数变动的原因。

表 3—10 2010—2014 年中国省市文化产业影响力指数二级指标得分平均值对比表

二级指标	2010 年	2011 年	2012 年	2013 年	2014 年	五年变动值
经济影响	77.2	74.2	73.9	74.2	73.3	−3.9
社会影响	70.3	73.6	72.2	72.0	76.3	6.0

1. 经济影响分析

经济方面的影响，主要从文化产业的经济规模、收入水平和集聚效应三个角度来考虑。经济规模主要指其总产出，主要表现形式为总量指标，产出能力较高的省市，则文化产业规模效应较大，经济影响力也较大；收入水平主要指文化产业人均收入，文化产业人均收入水平高的省市，经济影响力也较高；集聚效应考察区域文化产业集群产生的效应。

前文已经提到，经济影响指标 2014 年得分与 2010 年得分相比有所下降。下面从文化产业总产出、文化产业人均收入、文化产业集聚效应三个方面来举例分析文化产业经济影响力得分变化的原因，进而分析经济影响力变化对生产力指数的影响。

（1）文化产业总产出分析。

从图3—12可以看出，与2010年相比，2014年大部分省市的文化产业总产出有所下降。由于文化产业总产出对文化产业影响力有着重要的影响，2014年文化产业总产出增长幅度较大的河北省，同样也是影响力指数得分增长速度较快的省份。2010—2014年五年间文化产业总产出显著下降的有辽宁、内蒙古、海南、贵州、河南、山西等省份，下降幅度均超过70%。可以看出，这些省份的文化影响力大部分有所下降，但内蒙古、河南、山西等省份在2014年影响力指数依然有所提高，很明显还有其他因素对这两个省市影响力指数产生较大的影响。

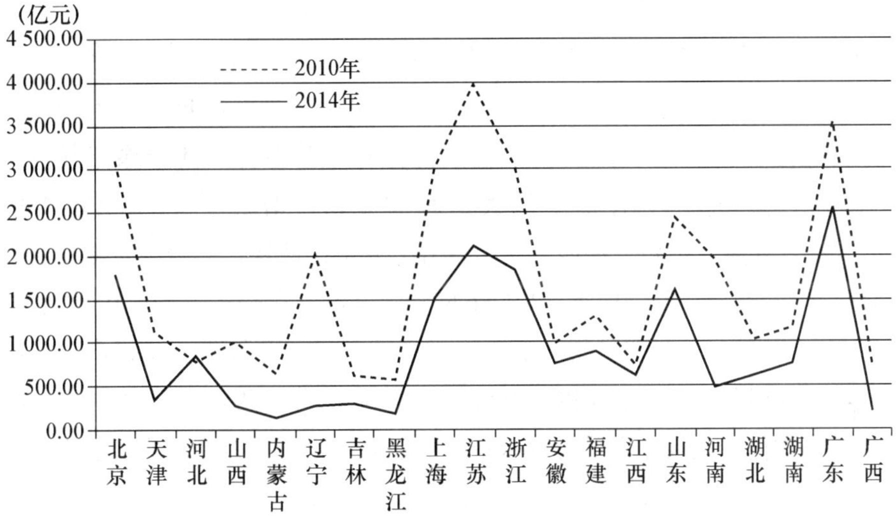

图3—12　2010、2014年中国部分省市文化产业总产出对比折线图

下面分析一下文化产业总产出的得分变化情况。

如图3—13所示，2014年文化产业总产出得分相比2010年，除河北、广东、江西、安徽、福建、湖南等9个省份上升或基本不变外，其余都处于下降状态，其中河北省的上升幅度最大，增长了5.9分。辽宁、河南等地降幅很大，得分下降均超过了10分。湖南、山东、宁夏、青海等省份的得分变化不大，变化幅度均在1.0%以内，表明这些省份的总产出相对稳定。2010年文化产业总产出平均得分为73.0分，2014年这个数值下降至70.7分，降幅为3.2%。

（2）文化产业人均收入分析。

下面来看一下文化产业人均收入得分的对比情况。

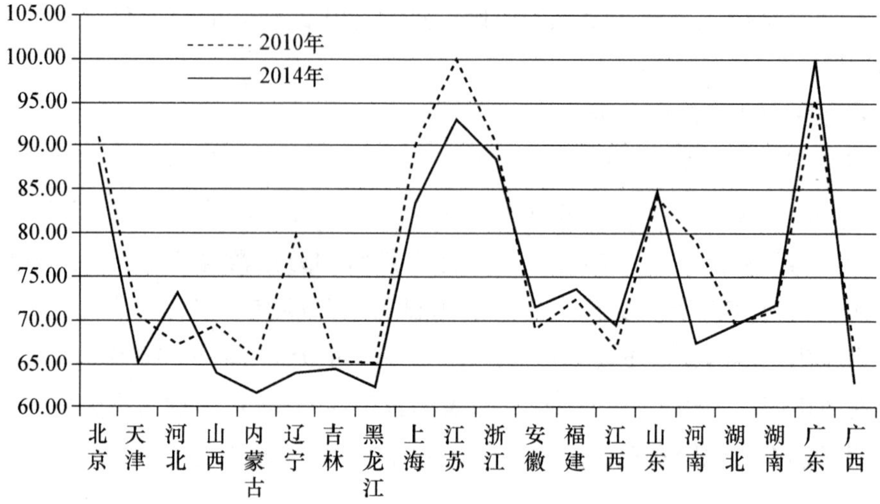

图3—13　2010、2014年中国部分省市文化产业总产出得分对比折线图

如图3—14所示，与2010年相比，2014年文化产业人均收入的得分总体有所下降，下降幅度为5.5%。共有12个省市得分有上升态势，其余除江苏没有变化外，都有所下降。得分上升幅度最大的是北京市，增长了14.9分，增幅达到17.5%；其次，安徽、山西、江西、湖南得分上升也比较快；得分下降幅度最大的是贵州，降低了29.0分，但仍接近72.4分的平均分值。贵州、陕西、内蒙古、辽宁、海南、广东、四川等18个省份得分低于全国平均水平，有待进一步提高；2014年文化产业人均收入得分最高为北京的100分，甘肃为60分，两省市间存在很大的差距，甘肃需要提高文化产业从业人员待遇水平，加强对文化产业人才形成吸引力。

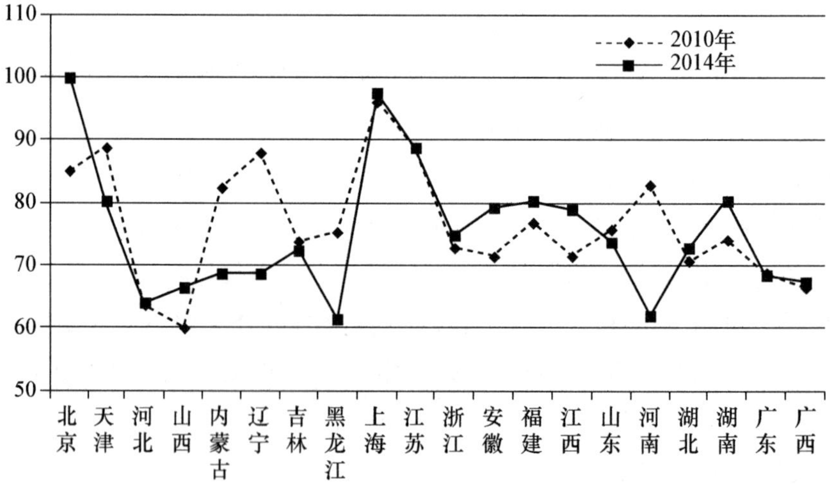

图3—14　2010、2014年中国部分省市文化产业人均收入得分对比折线图

（3）文化产业集聚效应分析。

从图 3—15 中我们可以看出，2014 年文化产业集群效应得分与 2010 年相比有所下降，下降幅度为 5.8%。从具体省市的得分情况来看，西藏、青海、辽宁、江苏、宁夏、浙江、河北、广东等 16 个省份的文化产业集聚效应得分高于平均值，约占所有省份的 1/2；从地区分布来看，高于均值得分的省市中有一半来自中西部省市，可以看出，文化产业集聚效应在中西部日益明显。从得分的变动情况来看，2010—2014 五年间有 11 个省市文化产业集聚效应得分上升，包括青海、内蒙古、黑龙江、辽宁、宁夏、江西、山西、河南等地。升幅最大为青海，上升 23.5，升幅达到 36.9%，表明了青海文化产业集聚效应呈现快速发展的态势。其余省市得分都有所下降，其中广西地区下降幅度最大，由 2010 年的 93.2 降至 2014 年的 69.4，下降了 23.8。从各省市集聚效应排名来看，与 2010 年相比变动较大，说明各省市文化产业集群效应变化较大。

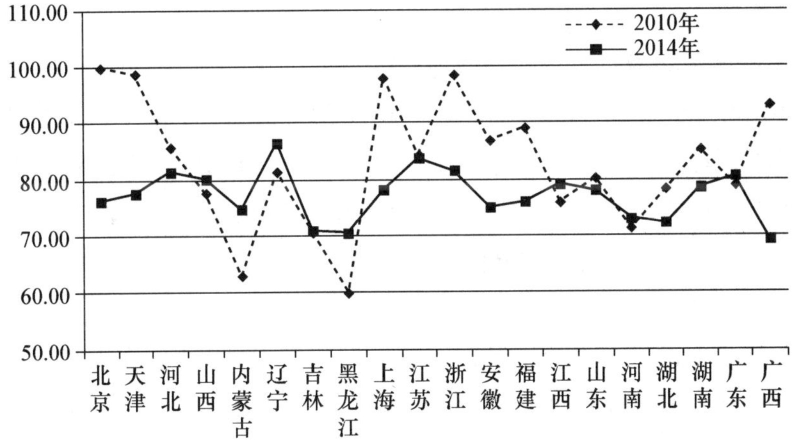

图 3—15　2010、2014 年中国部分省市文化产业集聚效应得分对比折线图

（4）经济影响分析小结。

通过对以上各个变量指标的理解和详细分析，我们可以解释影响文化产业经济影响指标变动的因素。通过图 3—16 可以看到：与 2010 年相比，2014 年文化产业经济影响指标得分整体处于上升状态，江苏、湖北、四川、辽宁、天津、重庆等 10 个省市相比 2013 年得分下降，但下降幅度均较小。2014 年，江苏、北京两个省市的得分较高，表明这两个省市凭借文化产业总产出以及人均产出得分的优势，位列经济影响排名的前列。江苏、北京、上海三省市再次包揽经济影响的前三名，与这三个省市的文化产业总产出、文化产业人均收入、文化产业集聚效应优势明显相吻合。

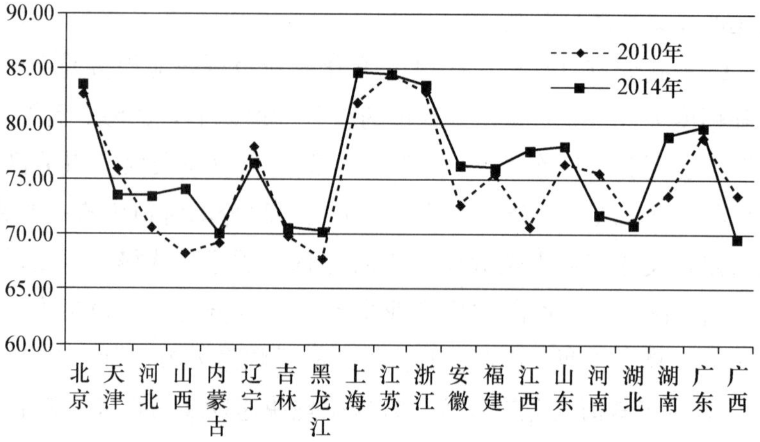

图3—16 2010、2014年中国部分省市文化产业经济影响得分对比折线图

2. 社会影响分析

社会影响，主要指文化产品与服务对市民或消费者的影响，体现在文化参与、文化形象等方面。

2010年社会影响指数得分平均值为70.3，2014年提高为76.3，增幅为8.5%，说明我国文化产业的文化产品与服务的影响力2014年比2010年有所提高。从五年具体变化过程来看，2010—2011年数值持续上升，但在2011年达到一个小高峰后得分呈逐年下滑趋势，2014年得分又有所回升。下面通过社会影响力指标的重要测度变量对发生的变化进行具体分析。

(1) 影响人次分析。

2014年影响人次指标分变量得分的平均值与2010年这个数值相比，总体有所下降，各地区公共图书馆书刊文献总流通人次，艺术馆、文化馆、文化站活动量和艺术表演观众人次得分均下降。具体而言，艺术表演观众人次得分从2010年各省市平均73.24得分下降至2014年的73.17分；各地区公共图书馆书刊文献总流通人次和艺术表演观众人次下降分数值分别为3.28和9.97。因此，综合作用的结果导致影响人次指标得分平均值下降。从具体省市的各项指标得分来分析，艺术表演人次得分上升的省市约占一半，且得分下降的省市上升幅度要比得分上升的省市下降幅度更大；各地区公共图书馆书刊文献得分所有城市都有所下降，因而整体呈下降态势；各省市艺术馆、文化馆、文化站活动量的得分变化与此一致，得分下降的省市占将近4/5，降幅明显。从总体来看，山东、广东、江苏、河南等13个省市的影响人次指标的三个分变量得分均下降。

(2) 文化氛围分析。

文化氛围指的是市民对本市文化氛围是否浓厚的总体评价。从图3—17可以看出，2014年各省市文化产业文化氛围指标得分与2010年相比变化较明显，得分大幅提升。从总体来看，2010年各省市文化产业文化氛围指标得分平均值为65.22，2014年这个值为81.57，上升幅度为25.1%，说明我国各省市文化氛围总体上处于快速上升态势。

从各省市得分情况来看，所有省市得分均有一定幅度的上升，其中浙江、湖南、山西、四川、江西、甘肃、陕西7个省份文化氛围得分增加较大，增加值均超过20，相应上升幅度均在30%以上，并且都高于全国平均分值，说明这些省份文化产业文化氛围较浓，进步较快；其余省市只有云南增幅在10%以内，其他省市增幅均超过10%。从文化氛围排名变动情况来看，大部分省市排名变动较大，从地区来看，中、西部省市排名在上升，表明这些省市的文化氛围大幅提升。浙江、江西、新疆、山东、陕西、四川等省市，凭借省市文化氛围的大幅度提升，纷纷跻身文化氛围得分前十名的行列。

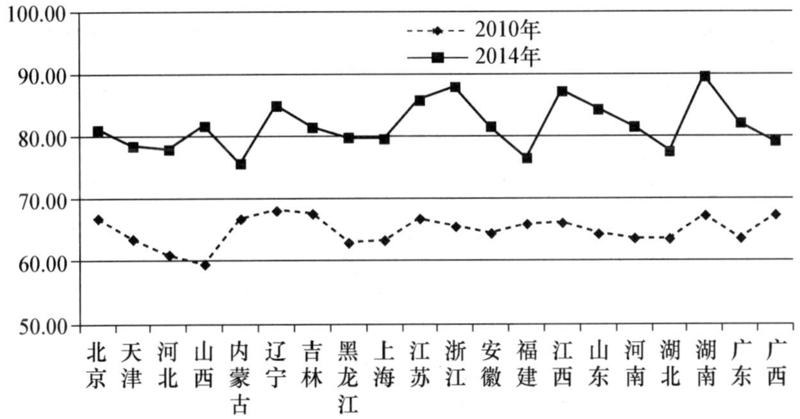

图3—17　2010、2014年中国部分省市文化产业文化氛围得分对比折线图

（3）文化包容度分析。

文化包容度从一个省市应该包容多种文化和他人的习惯、传统应当被理解和尊重两个方面进行考察。总体来看，2014年各省市文化包容度得分平均值有了显著的提高，2010年各省市文化包容度得分平均值为70.67，2014年这个数值提高到78.22，提高幅度为10.7%，说明我国文化包容程度有了一定的提高，不同国家和民族、不同文化背景的人能够更好地和谐相处，这不仅有利于促进文化产业发展，而且有利于提升文化产业社会影响力。

如图3—18所示，2010—2014年中国省市文化产业文化包容度指标得分变化非常明显，总体指数全面上升。得分上升的省市为26个。在得分上升的省市中，广西、福建、吉林、重庆上升幅度不太明显，小于3%。陕西、四川、山西、湖南等省市增长幅度较大，涨幅均超过 20%，其中陕西省增幅最大，从 2010 年的 61.50 分增加到 2014 年的 78.81 分。仅有云南、海南、湖北 3 个省份得分下降，下降幅度均在 5%以内。

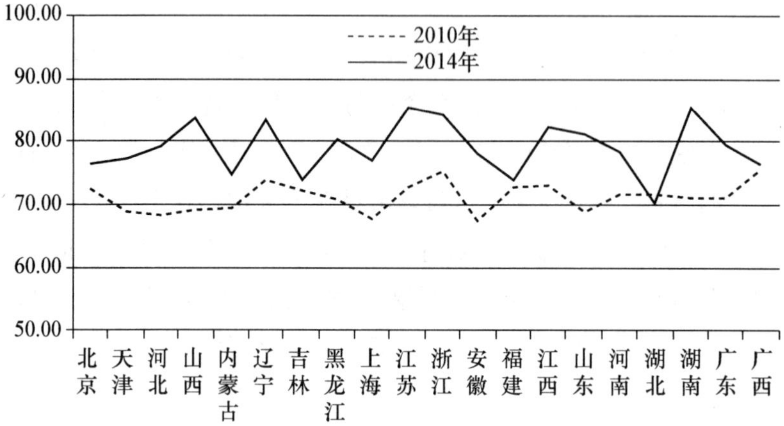

图 3—18　2010、2014 年中国部分省市文化产业文化包容度得分对比折线图

（4）文化形象分析。

如图 3—19 所示，2014 年省市文化产业文化形象得分较 2010 年相比总体来看有小幅度提高，2010 年各省市文化形象平均得分为 71.05 分，2014 年上升到 75.29 分，上升幅度为 6.0%。共有 20 个省市的文化形象得分上升，其中上升幅度最大的是上海，升幅为 29.5%。海南省下降幅度最大，降幅为 8.7%。

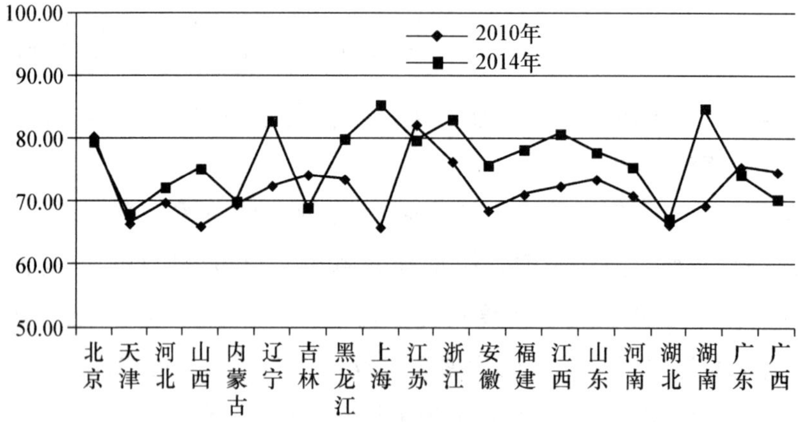

图 3—19　2010、2014 年中国部分省市文化产业文化形象得分对比折线图

（5）社会影响分析小结。

从图 3—20 我们可以看出，总体来看，2014 年社会影响指数得分较 2010 年变化较大，2010 年社会影响指数得分平均值为 70.28，2014 年上升为 76.27，上升幅度为 8.5%。具体来看，得分上升的省市为 27 个，其中上海、陕西、青海等地上升幅度较大，升幅均超过 18%。另外，只有广东和云南省社会影响指数得分下降，但降幅较小。

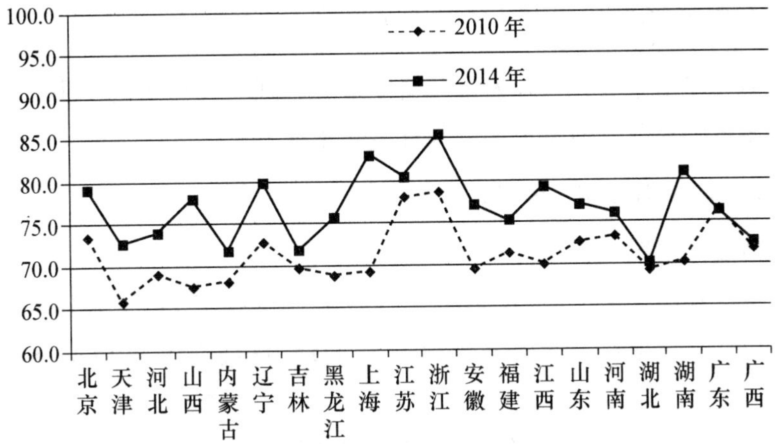

图 3—20 2010、2014 年中国部分省市文化产业社会影响得分对比折线图

2010—2014 年社会影响得分上升的省市中，上海凭借其在文化氛围、文化包容度以及文化形象 3 个指标上得分的大幅提升，其社会影响指数上升幅度遥遥领先，社会影响指数得分上升了 19.9%，从 2010 年排名第 19 位一跃升至 2014 年的排名第 2 的位置；浙江、江苏也是凭借文化氛围、包容度和文化形象三方面的稳中有升，排名相对稳定。这些省市均排在前 5 名。陕西、青海、甘肃、山西等地也凭借 3 个指标得分的上升，排名有了一定幅度的上升。社会影响力得分上升的省市，在文化氛围、文化包容度和文化方面都表现很好，对社会影响得分起到了决定性的作用。

3. 影响力指数分析

产业影响力方面，东部沿海地区文化产业经济效益极为显著，2014 年北京、上海、广东、江苏、浙江、山东等地文化产业产值都已超过 1 000 亿元，其中广东更是以 2 546 亿元的产值遥遥领先。这些省市产值相比 2010 年均大幅增长。

2010—2014 年影响力指数上升最快的是青海，在经济影响和社会影响方面均有良好表现，影响力排名由 2010 年的第 29 位上升到 2014 年的第 19 位，上升了 10 位；江西、山西的影响力上升较大幅度，得益于其经济影响和社会影响两项得分均处于上升状态的结果。陕西、山东 2 个省份影响力排名上升幅度较小，经济影响和社会影响与其他省市相比增幅不明显，因而影响力排名变动不大。广东、北京、福建的影响力排名相比 2010 年未发生变化。

三、中国省市文化产业驱动力指数变动特征及其原因分析

（一）中国省市文化产业驱动力指数变动特征

外部发展环境对于文化产业发展与持续发展起到至关重要的作用，文化产业驱动力指数用来反映文化产业发展的外部环境和态度。

1. 驱动力指数数值变动特征

（1）总体变动情况。

由表3—11和图3—21可知，2010—2014年中国省市文化产业驱动力指数平均值大幅增长。从总体来看，29个省市2010年驱动力指数平均值为62.8，2014年达到73.9，增长了11.1，增幅达到17.7%，显著高于生产力和影响力指数，说明这五年间各省市文化产业发展的外部环境均得到明显优化。从五年具体变化过程来看，2010—2013年各省市文化产业驱动力指数稳步增长，但在2014年出现了小幅下降。

表3—11　　2010—2014年中国部分省市文化产业驱动力指数数值变动情况表

排名	省市	2010年	2011年	2012年	2013年	2014年	五年变动值
1	辽宁	60.4	70.8	74.8	76.0	81.5	21.1
2	青海	60.6	69.2	71.4	68.8	80.3	19.7
3	河北	59.9	70.9	73.8	74.5	76.5	16.6
4	江苏	63.6	70.8	74.6	75.7	78.0	14.4
5	贵州	59.2	65.6	72.5	72.7	73.6	14.4
6	北京	69.9	70.4	77.7	78.9	83.5	13.5
7	湖南	59.9	68.6	72.3	73.8	73.4	13.5
8	宁夏	67.0	72.7	76.8	75.7	80.1	13.1
9	河南	57.0	65.0	71.6	72.6	70.0	13.0
10	浙江	64.4	69.1	74.0	74.9	77.1	12.7
全国均值	—	62.8	70.1	73.9	74.0	73.9	11.1

说明：本图只显示我国2010—2014年文化产业驱动力指数变动值排名前10位的省市指数结果及变化情况。

（2）具体变动情况。

由图3—22、表3—11可知，2014年辽宁、青海、河北、江苏、贵州等18个省市驱动力指数得分与2010年相比变动值超过了10分，其他省市驱动力指数也均实现了正增长。其中，辽宁驱动力指数增长最为显著，由2010年的60.4上升到81.5，上升了21.1，升幅为34.93%。

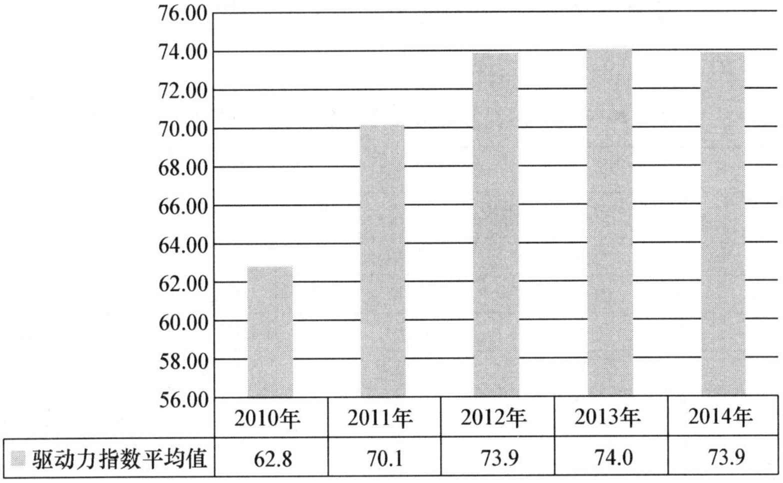

图 3—21　2010—2014 年中国省市文化产业驱动力指数平均值对比图

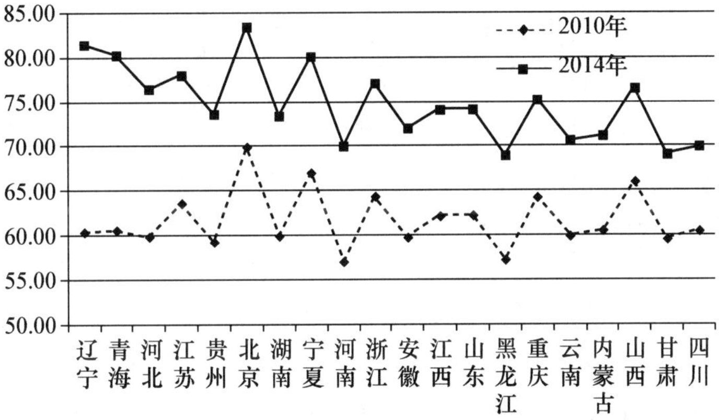

图 3—22　2010、2014 年中国部分省市文化产业驱动力指数变动图

说明：本图只显示我国 2010、2014 年文化产业驱动力指数变动值排名前 20 位的省市指数结果及变化情况。

（3）区域变动情况。

2010—2014 年驱动力指数数值增长前十名的省市为辽宁、青海、河北、江苏、贵州、北京、湖南、宁夏、河南、浙江，其中一半来自中西部地区，且驱动力增加较多为经济不甚发达的地区。可见，中西部地区文化产业驱动力相对于全国总体情况来说，呈现出较为明显的上升状态。

2. 驱动力指数排名变动特征

从总体上来看，29 个省市文化产业驱动力指数 2010—2014 年排名波动较为明显，各省市之间的得分差距也在逐渐小幅扩大。在 2014 年排名前十位的省市中，北京相对于 2010 年排名没有发生变化，但在 2012 年和 2013 年排在了第 2 名；辽宁、青海、河北、贵州排名上升幅度较大，均上升了超过10位；上海、广东下降幅度最大，分别下降了8、9位（见表3—12）。

表3—12　　2010—2014年中国部分省市文化产业驱动力指数排名对比表

2010年		2011年		2012年		2013年		2014年		五年排名变动
排名	省市	排名	省市	排名	省市	排名	省市	排名	省市	
1	北京	1	天津	1	天津	1	天津	1	北京	0
2	上海	2	山西	2	北京	2	北京	2	辽宁	19
3	广东	3	江西	3	四川	3	四川	3	青海	15
4	福建	4	吉林	4	内蒙古	4	福建	4	宁夏	1
5	宁夏	5	福建	5	吉林	5	山西	5	西藏	—
6	海南	6	山东	6	山西	6	辽宁	6	江苏	7
7	山西	7	广西	7	宁夏	7	宁夏	7	浙江	3
8	天津	8	重庆	8	上海	8	江苏	8	山西	−1
9	陕西	9	内蒙古	9	重庆	9	吉林	9	河北	15
10	浙江	10	四川	10	福建	10	广西	10	上海	−8
11	重庆	11	宁夏	11	辽宁	11	浙江	11	重庆	0
12	广西	12	陕西	12	江苏	12	内蒙古	12	广东	−9
13	江苏	13	河北	13	陕西	13	江西	13	山东	2
14	吉林	14	辽宁	14	江西	14	山东	14	江西	2
15	山东	15	江苏	15	浙江	15	河北	15	贵州	12

说明：本表只显示2010—2014年文化产业驱动力指数排名变动前15位的省市指数结果及变化情况。

具体来说，2010—2014年辽宁、河北、青海、贵州、江苏、安徽等12个省份排名上升，其中，辽宁从2010年的第21位跃升至2014年的第2位；江苏、安徽、湖南、河南4个省份排名上升幅度在5～10位之间。北京、重庆、云南3个省份排名名次相比2010年未发生变化。广西、海南、福建、吉林、陕西、湖北等14个省份排名下降，其中广西、海南、福建、吉林、陕西5个省份下降幅度超过10位；湖北、广东、天津、上海、四川5个省份排名下降幅度在5～10位之间。因此，广西、海南等需要重视文化产业驱动力各个要素指标的提高。

3. 驱动力指数增长速度变动特征

2010—2014年中国省市文化产业增长速度基本上分为3个梯队，第一梯队为辽宁、青海、河北、贵州、河南等9个省份，驱动力指数增长速度非常快，增长幅度超过20%，其中辽宁和青海增幅超过了30%（见表3—13、图3—23）；第二梯队为浙江、宁夏、北京、江西、山东、云南等16个省份，这些省份驱动力指数保持很好的增长势头；第三梯队为陕西、海南、福建、广西4个省份，增长速度很慢，在10%以内，但均为正增长。

表3—13　　2010—2014年中国部分省市文化产业驱动力指数增速表

增速排名	省市	2010	2011	2012	2013	2014	五年增速
1	辽宁	60.4	70.8	74.8	76.0	81.5	34.95%
2	青海	60.6	69.2	71.4	68.8	80.3	32.54%
3	河北	59.9	70.9	73.8	74.5	76.5	27.78%
4	贵州	59.2	65.6	72.5	72.7	73.6	24.26%
5	河南	57.0	65.0	71.6	72.6	70.0	22.85%
6	江苏	63.6	70.8	74.6	75.7	78.0	22.66%
7	湖南	59.9	68.6	72.3	73.8	73.4	22.51%
8	黑龙江	57.2	69.5	73.1	73.5	69.0	20.55%
9	安徽	59.7	66.2	71.4	73.3	72.0	20.53%
10	浙江	64.4	69.1	74.0	74.9	77.1	19.80%

说明：(1) 表中2010—2014年文化产业驱动力指数值均为四舍五入的结果，而“五年增速”列中各数均为2010—2014年文化产业驱动力指数值未四舍五入前的计算结果；(2) 本表只显示2010—2014年文化产业驱动力指数增速排名前10位的省市指数结果及变化情况。

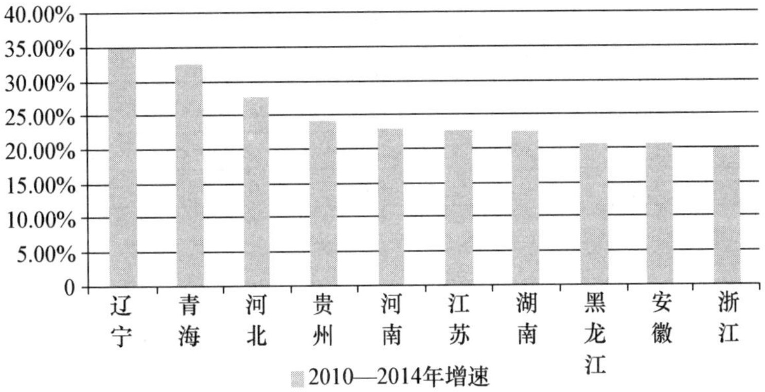

图3—23　2010—2014年中国部分省市文化产业驱动力指数增速图

4. 驱动力指数变异系数变动特征

(1) 总体变动情况。

如图3—24所示，从总体上看，2014年与2010年相比，驱动力指数变异系数变化较大。仅有黑龙江、福建2个省份变异系数下降，其余省份变异系数均呈正增长态势。2014年省市驱动力指数变异系数均值比2010年提高了121.6%，可见，各省市之间文化产业发展的不均衡度有所加重。

(2) 具体变动情况。

由表3—14可知，2010—2014年江苏、河北、湖南、山东、安徽等27个省市文化产业驱动力变异系数增大，其中江苏变动明显，从2010年的0.019增加到2014年的0.152，可见江苏的发展不均衡度加剧较明显。安徽、湖南、山东、河北、江苏等6个省份变异系数增加幅度均超过2倍，不均衡度明显增加。青海、海南、河南等21个省份的驱动力变异系数的增加幅度在1倍之内，说明这些省份在均衡度方面在这五年间没有较大变化。黑龙江、福建驱动力变异系数减小，其中福建的变异系数减小最为明显，从2010年的0.091减小到2014年的0.044，说明福建文化产业驱动力发展的均衡度显著增强。

表3—14　　2010—2014年中国各省市文化产业驱动力指数变异系数变动情况表

省市	2010年	2011年	2012年	2013年	2014年	五年增加值
西藏	—	—	—	0.061	0.199	—
新疆	—	—	—	0.056	0.092	—
江苏	0.019	0.062	0.054	0.104	0.152	0.133
河北	0.012	0.043	0.047	0.097	0.121	0.109
湖南	0.007	0.059	0.076	0.099	0.111	0.104
山东	0.007	0.057	0.048	0.088	0.107	0.100
安徽	0.006	0.053	0.073	0.111	0.097	0.091
北京	0.041	0.040	0.026	0.045	0.123	0.082
青海	0.077	0.054	0.045	0.068	0.146	0.069
广东	0.086	0.053	0.032	0.104	0.143	0.057
天津	0.038	0.074	0.086	0.090	0.086	0.048
辽宁	0.070	0.015	0.040	0.079	0.113	0.043
湖北	0.037	0.025	0.011	0.075	0.079	0.042
河南	0.053	0.020	0.037	0.093	0.088	0.035
海南	0.049	0.030	0.064	0.097	0.084	0.035
上海	0.069	0.051	0.051	0.067	0.098	0.029
江西	0.067	0.032	0.043	0.087	0.095	0.028
广西	0.044	0.014	0.035	0.076	0.071	0.027
山西	0.066	0.010	0.022	0.072	0.092	0.026
吉林	0.039	0.041	0.049	0.009	0.064	0.025
贵州	0.047	0.060	0.063	0.115	0.071	0.024
宁夏	0.067	0.046	0.012	0.045	0.091	0.024
云南	0.043	0.019	0.022	0.071	0.067	0.024
内蒙古	0.056	0.043	0.039	0.065	0.077	0.021
重庆	0.012	0.069	0.061	0.038	0.026	0.014
浙江	0.072	0.043	0.037	0.095	0.080	0.008
四川	0.069	0.043	0.040	0.096	0.074	0.005
陕西	0.071	0.018	0.007	0.088	0.076	0.005
甘肃	0.088	0.200	0.082	0.088	0.090	0.002
黑龙江	0.060	0.038	0.017	0.069	0.054	−0.006
福建	0.091	0.042	0.026	0.048	0.044	−0.047
全国均值	0.037	0.015	0.025	0.077	0.094	0.057

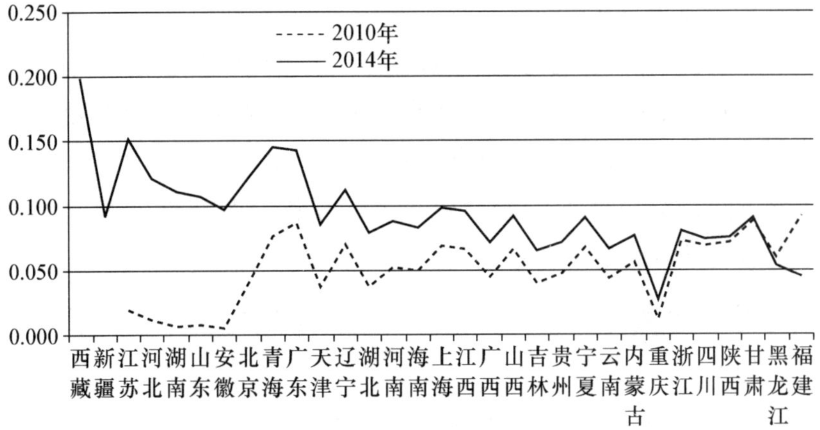

图 3—24　2010、2014 年中国各省市文化产业驱动力指数变异系数变动图

(二) 中国省市文化产业驱动力指数变动原因分析

文化产业驱动力指数指各地区文化产业的外部环境，用其来评价政府在市场体系、公共服务、创新机制几个方面所作的努力，进而为政府后续政策制定提供借鉴与数据支持。文化产业驱动力指数反映各地区发展文化产业的环境与态度，本部分拟从市场环境、公共环境和创新环境三个指标来分析文化产业驱动力指数。

由表 3—15 中数据可以看出，2010—2014 年驱动力指数的三个评价指标外均处于上升状态，其中市场环境、公共环境指数明显上升，分别增加了 14.8 和 15.0，上升了 23.3%和 24.5%，创新环境指数小幅上升，这三方面共同作用，使得驱动力指数稳步增加。

表 3—15　　2010—2014 年中国省市文化产业驱动力指数二级指标得分平均值对比表

二级指标	2010 年	2011 年	2012 年	2013 年	2014 年	五年变动值
市场环境	63.4	71.3	74.8	78.4	78.2	14.8
公共环境	61.4	69.9	75.0	75.5	76.4	15.0
创新环境	66.1	69.2	71.8	68.2	66.9	0.8

1. 市场环境分析

市场环境指企业生产经营活动所处的社会经济环境中不可控制的因素。主要有法律、市场需求、市场供给、产品流通等方面的因素。下面我们通过典型指标具体分析。

前文提到的驱动力指数的三个分指标中，2010—2014 年市场环境指标得分上升 23.3%，增速较快。下面，通过几个重要测度变量来分析一下市场环境指标变动的具体原因。

（1）文化消费支出分析。

在2014年文化消费支出得分前20名的省市中，2014年省市文化产业文化消费支出得分与2010年相比，除天津、宁夏外，其他所有省市均呈上升趋势（见图3—25）。2010年文化消费支出得分的平均值为70.31，而2014年为76.62，上升幅度为9.0%，五年间得分总体变动幅度较小。江苏省上升幅度最大，从2010年的63.56上升至2014年的91.86，远超全国平均增幅。

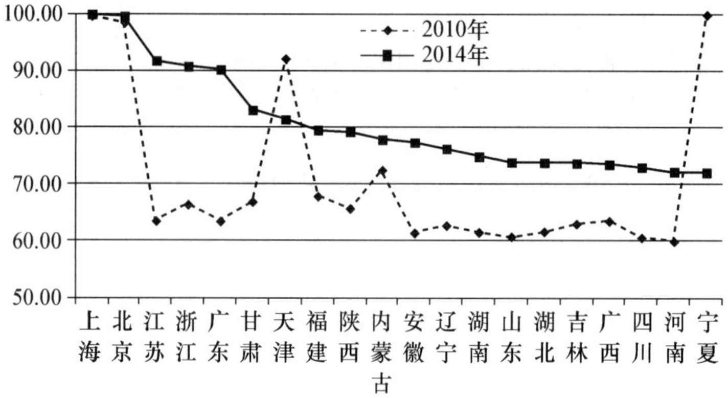

图3—25　2010、2014年中国部分省市文化产业文化消费支出得分对比折线图

（2）行业协会组织所起作用。

2010—2014年各省市行业协会组织所起作用得分均有不同程度的上升。2010年行业协会组织所起作用平均得分值为56.80，2013年上升至77.63，升幅为36.7%，上升幅度非常明显。行业协会组织所起作用得分上升的省市中，青海省得分值上升幅度最大，2010年得分的数值仅为48.97，2014年则上升至90.06，上升幅度达到83.9%；辽宁上升幅度也超过了50%（见图3—26）。

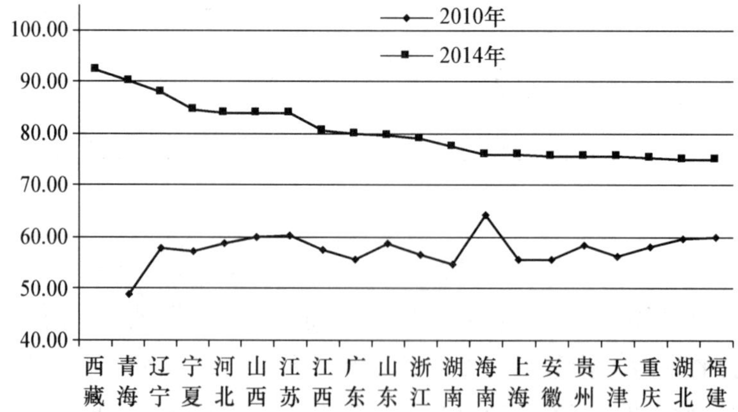

图3—26　2010、2014年中国部分省市文化产业行业协会组织所起作用得分对比折线图

（3）知识产权保护满意度。

从图 3—27 可以看出，2010—2014 年各省市公民对知识产权保护的满意度得分有所提高。2010 年知识产权保护满意度得分平均值为 63.05，2014 年这个数值上升至 75.99，上升幅度为 20.5%，提高较快。其中，青海增长速度最快，由 2010 年的 55.15 增加到 88.35，增长率达到了 60.2%，显著高于其他省市。此外，辽宁和宁夏增长速度也超过了 30%。

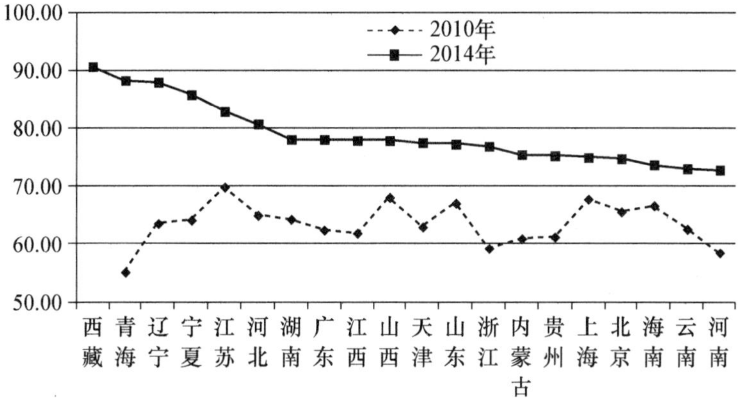

图 3—27　2010、2014 年中国部分省市文化产业知识产权保护满意度得分对比折线图

（4）市场需求。

从总体来看，2010—2014 年各省市文化产业市场需求得分有所上升。2010 年文化产业市场需求得分平均值为 68.47，2014 年这个数值上升至 79.13，上升幅度为 15.6%，上升幅度一般。青海省上升幅度较明显，由 2010 年的 61.76 上升至 2014 年的 87.97，升幅达到 42.4%，远远超过了全国平均得分上升幅度。广东、辽宁、上海、贵州、宁夏五个省份得分上升幅度也较大，超过了 20%（见图 3—28）。而福建、河南、吉林、重庆、海南、北京、广西、天津上升幅度较小，均在 10%以内。

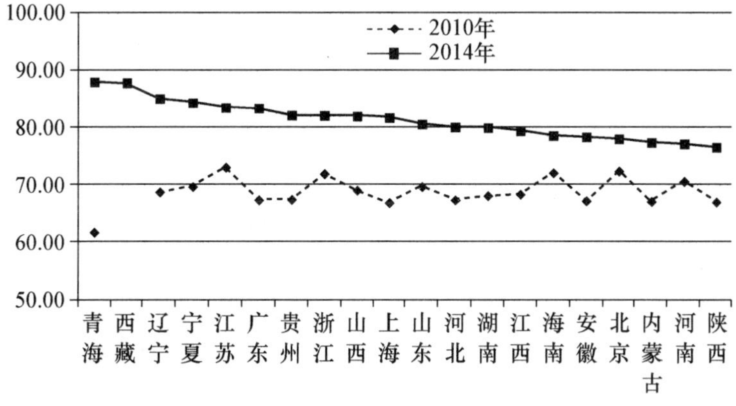

图 3—28　2010、2014 年中国部分省市文化产业市场需求得分对比折线图

（5）融资渠道。

如图3—29所示，2010—2014年各省市文化产业融资渠道得分整体有所上升。2010年文化产业融资渠道得分平均值为58.48，2014年这个数值为81.63，上升幅度为39.59%，升幅明显。其中，青海融资渠道得分值升幅最大，由2010年的52.79上升为2014年的92.50，升幅高达75.2%（见图3—29）。辽宁、河北、甘肃、江西等14个省份升幅也超过了40%。其他省份升幅也在20%以上。可见，过去五年间各省市的融资渠道都得到了明显拓宽。

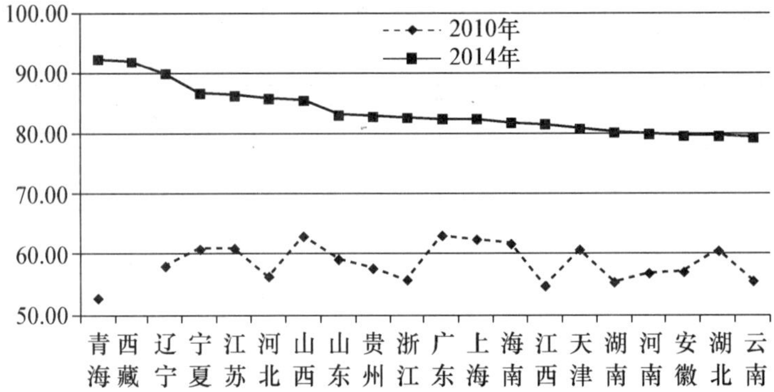

图3—29　2010、2014年中国部分省市文化产业融资渠道得分对比折线图

（6）市场环境小结。

根据以上对市场环境五个变量的分析，可以发现：2010—2014年各项指标均有所上升，尤其是行业协会组织所起作用、融资渠道两项指标得分增幅均超过了30%，决定文化产业发展的市场环境得到优化。辽宁、青海等19个省份市场环境得分增长较快，均超过了20%（见图3—30）。其中，13个省份为中西部地区。可见在政府的大力支持下，中西部地区的文化产业市场环境得到了有效改善。通过改善市场环境提高当地驱动力水平，进而推进文化产业发展，对于中西部地区是行之有效的途径。

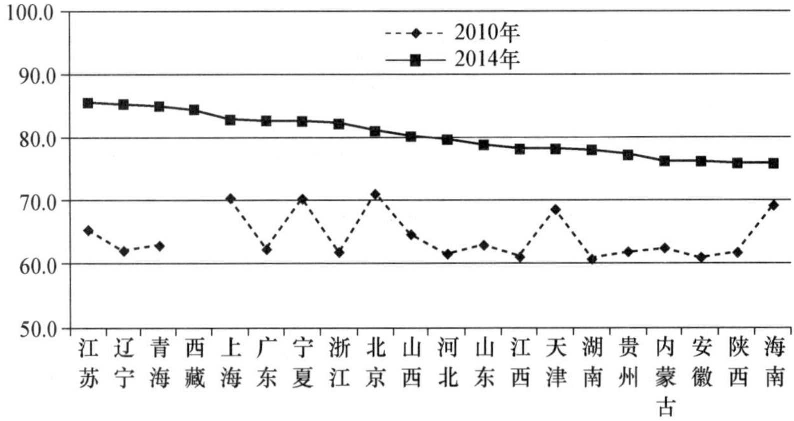

图3—30　2010、2014年中国部分省市文化产业市场环境得分对比折线图

2. 公共环境分析

公共环境主要指公共管理部门和公共服务部门为整个产业提供的发展环境。

前文提到的驱动力指数的三个分指标中，2010—2014 年公共环境指标得分上升 24.5%，增速较快。下面，通过几个重要测度变量来分析一下公共环境指标变动的具体原因。

(1) 专项基金支持力度。

2010—2014 年中国省市文化产业专项基金支持力度得分有所上升。2010 年专项基金得分的平均值为 56.04，2014 年这个数值上升为 78.97，上升幅度高达 40.9%。上升最快的省市为辽宁省，上升幅度为 82.8%。上升幅度超过 50%的有辽宁、青海、河南、黑龙江、宁夏、河北、山西、江苏 8 个省份。另外，湖南、江西、云南、山东、安徽、湖北、甘肃 7 个省份上升幅度超过 40%。海南、北京升幅最小，不足 20%（见图 3—31）。

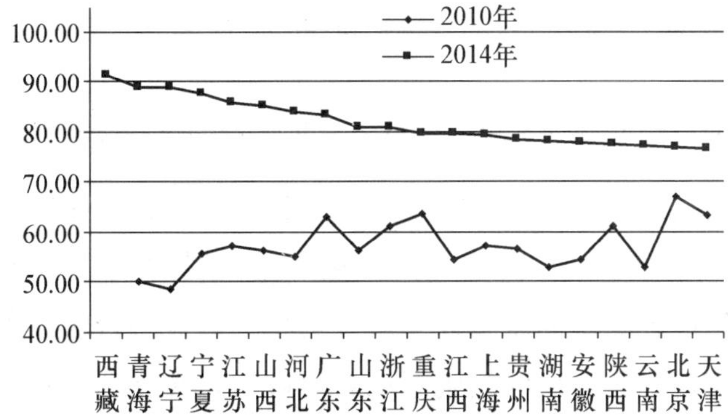

图 3—31　2010、2014 年中国部分省市文化产业专项基金支持力度得分对比折线图

自 2003 年云南省政府最先设立每年 1 500 万元的专项基金后，到了 2006 年，国家和地方政府纷纷设立文化产业发展的专项基金。来自文化部的数据显示，截至 2006 年底，全国已经有 13 个省份设立了专项基金，如：深圳 6 000 万元，珠海 1 000 万元，南京 1 500 万元，河南 2 000 万元，山东 5 000 万元，江苏 1 亿元，北京 5 亿元。全国大部分省份及部分省会城市已经设立了专项基金，一些经济发达地区的二、三级省城乃至一些县级市也设立了专项基金。这些基金通过一次性补助、贷款贴息、陪同投入、配套投入、奖励等多种形式，通过项目带动，对演艺业、娱乐业、文化会展业、网络文化产业等新兴文化产业以及独具地方特色的文化产业进行了重点资助，有力地推动了当地文化产业的发展。

(2) 政策支持。

从总体来看，2010—2014 年中国省市文化产业政策支持得分有所上升（见图

3—32)。2010年文化产业政策支持得分平均值为61.85，2014年这个数值上升至73.75，上升幅度为19.2%，升幅一般。青海省上升幅度最大，上升了32.24，升幅达到55.8%；辽宁升幅也超过了50%；河北、宁夏、江西、浙江、河南等11个省份升幅超过20%。此外，广东、上海、重庆、吉林、北京、陕西、福建、海南、广西等10个省份升幅低于10%，其中，广西出现了小幅下降。

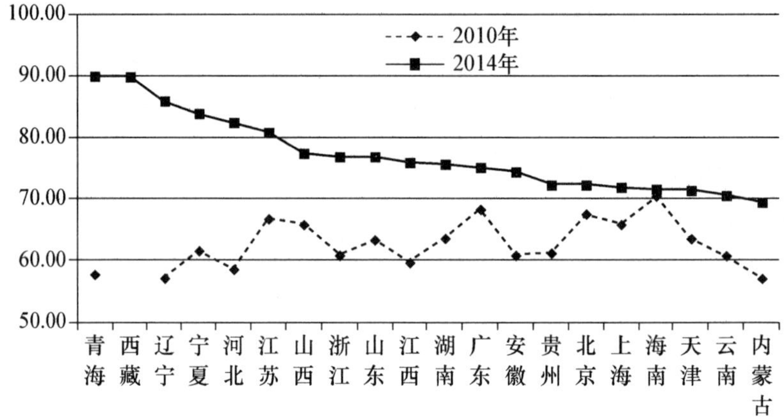

图3—32 2010、2014年中国部分省市文化产业政策支持得分对比折线图

政策支持为文化产业的生存和发展提供了重要的保障，是文化产业成长和壮大的强大推动力。2014年以来，我国支持文化产业发展的政策频出，力度空前，发布了《国务院关于推进文化创意和设计服务与相关产业融合发展的若干意见》《关于大力支持小微文化企业发展的实施意见》等政策，文化产业迎来新的发展机遇。在政策支持下，文化产业与相关产业融合发展趋势凸显；以资本为纽带，文化产业并购重组风云突变，以整合资源、突出主业、做大做强为重点，国有文化企业实力和控制力不断增强，涌现出一批总资产和总收入超过或接近百亿元的大型骨干文化企业。与此同时，文化企业上市蹄疾步稳。截至2014年底，上市文化企业已达到45家，其中国有或国有控股文化企业31家，在证监会预披露的630多家拟上市企业中，文化企业有20多家，文化板块已成为A股市场的一股新兴力量。

(3) 公共服务满意度。

公共服务满意度主要指对公共服务环境的满意度，公共服务环境是为文化产业提供支持的主体，是文化产业发展的主要后备力量。公共服务环境包含要素较多，如基础设施（交通、通信、空间等）、行政服务、产业协会服务等。

从总体来看，2010—2014年各省市文化产业公共服务满意度得分有所上升（见图3—33）。2010年文化产业公共服务满意得分平均值为66.43，2014年这个数值上升至 76.53，上升幅度为 15.2%，升幅一般。得分值上升最多的是青海省，由 2010 年的 59.71 上升到 2014 年的 87.41，上升了 27.70，升幅高达 46.4%；辽宁、河北、四川、浙江 4 个省份升幅也超过了 20%。此外，黑龙江、吉林、海南、陕西、甘肃、湖北、广西 7 个省份升幅在 10%以内，其中，广西出现了小幅下降。

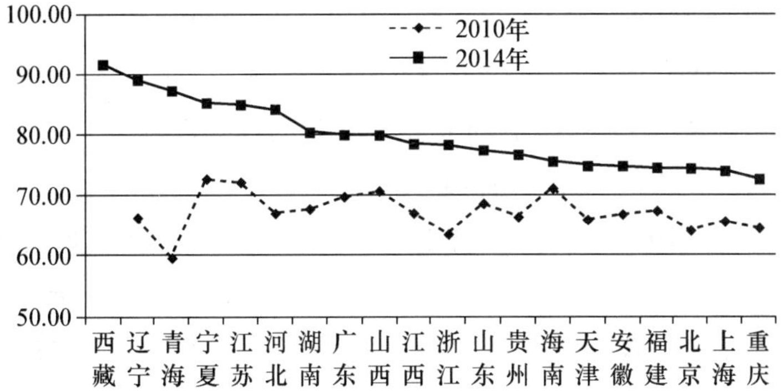

图 3—33　2010、2014 年中国部分省市文化产业公共服务满意度得分对比折线图

（4）公共环境小结。

通过上述对公共环境三个指标变量的分析，可以得出文化产业公共环境的变化原因。如图 3—34 所示，2010—2014 年中国省市文化产业公共环境总体得分有所上升，升幅为 24.4%，这是文化产业公共环境的三个指标共同作用的结果。三个指标当中，专项基金支持力度增幅最为明显，超过了 40%，而政策支持、公共服务满意度增幅均不到 20%，所以专项基金支持力度的加大对公共环境的优化起到了主要作用。青海、辽宁在这三个变量的评价中，均表现良好，公共环境指标得分增幅明显，超过了 50%。河北、宁夏、河南、江西、江苏等 15 个省市也增加较多，超过了 20%。海南和广西增幅较小，不足 10%（见图 3—34）。

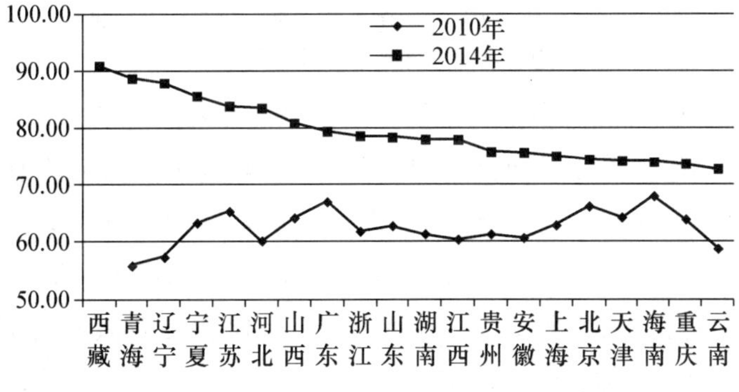

图 3—34　2010、2014 年中国部分省市文化产业公共环境得分对比折线图

3. 创新环境分析

文化产业要快速发展，同时也依赖于相关科学技术的发展水平，其中，文化科技、科研单位人均科研经费，文化部门科研机构高级职称就业人员每百万人拥有量，以及国际交流水平是创新环境指标中三个重要的分指标。

前文提到的驱动力指数的三个分指标中，2010—2014 年创新环境指标平均得分上升 1.3%，仅微弱上涨，是三个指标中涨幅明显较小的指标。下面，通过三个重要测度变量指标来分析一下创新环境指标变化的具体原因。

（1）文化科技、科研单位人均科研经费。

从总体来看，2010—2014 年各省市文化科技、科研单位人均科研经费平均得分有所下降（见图 3—35）。2010 年文化科技、科研单位人均科研经费得分平均值为 69.01，2014 年这个数值小幅下降至 65.39，下降了 5.2%。得分上升的有重庆、北京、贵州、吉林、内蒙古等 10 个省份，其中，重庆得分上升幅度最大，上升了 36.56，升幅高达 57.6%；青海、河北、湖南、山东、湖北等 19 个省份得分下降，广东、江西、福建下降幅度最大，超过了 20%，下降较明显。

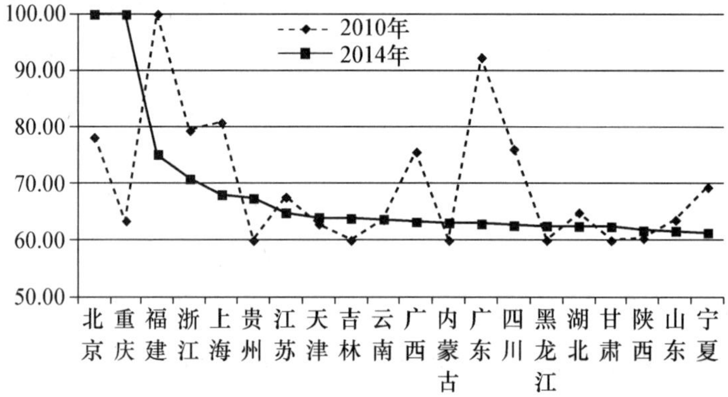

图 3—35　2010、2014 年中国部分省市文化科技、科研单位人均科研经费得分对比折线图

（2）文化部门科研机构高级职称就业人员每百万人拥有量。

2010 年各省市文化部门科研机构高级职称就业人员每百万人拥有量得分平均值为 76.01，2014 年为 63.37，降低了 12.64，下降幅度达到 16.6%。除西藏、新疆外，2010—2014 年得分上升的省市仅有北京，上升幅度为 47.4%；海南得分值为 60，没有变动；其他 27 个省市都有所下降，下降幅度较大的为河北、浙江、内蒙古、湖北、山西、吉林、青海、宁夏、陕西、甘肃，下降幅度均超过 30%。总体而言，2010—2014 年各省市文化部门科研机构高级职称就业人员每百万人拥有量得分变动情况比较显著，下降幅度较为明显（见图 3—36）。

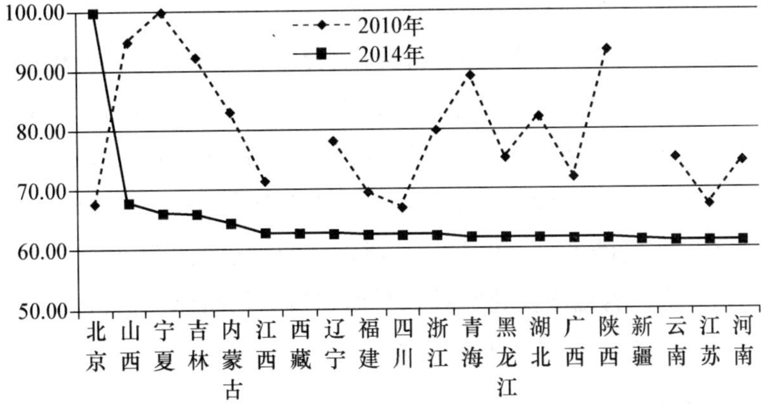

图 3—36　2010、2014 年中国部分省市文化部门科研机构高级职称就业人员每百万人拥有量得分对比折线图

（3）国际交流。

2010 年各省市文化产业国际交流得分平均值为 53.36，2014 年为 72.04，增加了 18.68，增幅为 35.0%，增长迅速。其中，宁夏增幅最大，增加了 41.48，增长了 88.8%；青海、河北、贵州、辽宁、江西、河南、浙江 7 个省份得分增长也较为明显，增幅超过了 50%。而天津、广西、上海、重庆、广东得分增长较慢，不到 20%，广东和重庆不到 10%（见图 3—37）。

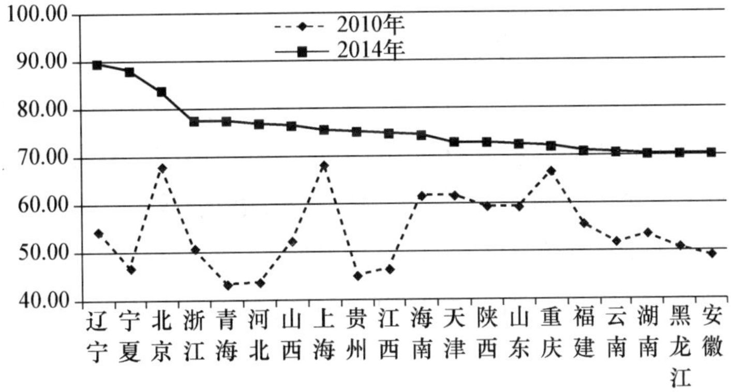

图 3—37　2010、2014 年中国部分省市文化产业国际交流得分对比折线图

（4）创新环境小结。

通过上述对创新环境三个指标变量的分析，可以得出文化产业创新环境的变化原因。如图 3—38 所示，2012—2014 年中国省市文化产业创新环境有所优化，得分增长了 1.3%，这是文化产业创新环境的三个指标共同作用的结果。三个指标当中，国际交流得分增幅明显，达到 35.0%，而文化科技、科研单位人均科研经费以及文化部门科研机构高级职称就业人员每百万人拥有量两个指标得分出现了一定程度的下降，所以需要在研发经费和人才方面加大投入。

北京由于文化科技、科研单位人均科研经费以及文化部门科研机构高级职称就业人员每百万人拥有量两项指标得分增幅明显，创新环境指标得分增幅超过了30%。贵州、重庆这三个指标得分均有所增长，创新环境指标得分增幅也超过了10%。河北、辽宁、安徽、湖南、黑龙江等14个省份得分都实现了个位数增长。其他省市都有不同程度的下降，山西、甘肃、广西、福建、陕西、广东6个省份得分下降超过5%。广东省由于文化科技、科研单位人均科研经费得分下降幅度明显，而导致其创新环境指标得分名次下降较大。

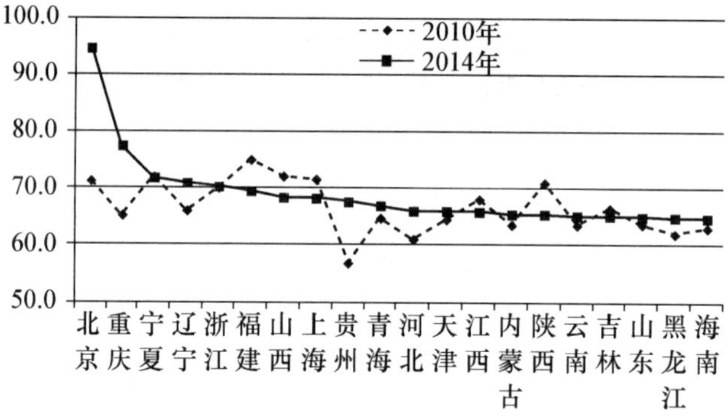

图3—38 2010、2014年中国部分省市文化产业创新环境得分对比折线图

4. 驱动力指数影响因素分析

前文分别对驱动力指数的三个分指标——市场环境、公共环境以及创新环境进行了详细的分析，由此可以对各省市驱动力指数的变动原因作出分析。2010—2014年辽宁、青海、河北、江苏、贵州5个省由于政府在投融资、政策、行业协会等方面的大力支持，而在文化产业市场环境、公共环境和创新环境三方面的得分都涨幅明显，进而进入驱动力指数前十名的行列，其他省市在政府支持上还需进一步加大力度。

四、中国省市文化产业综合指数变动特征及其原因分析

2010—2014年中国省市文化产业综合指数的变动情况，反映了我国文化产业发展的变动状况，以及不同要素对各省市文化产业发展的影响，据此可以发现各省市文化产业发展的优势与短板，为全面了解中国省市文化产业发展特征提供依据。

(一) 中国省市文化产业综合指数变动特征

中国省市文化产业综合指数从整体上反映一个省市文化产业发展的综合水平，

近年来，我国文化产业综合发展稳定上升，2010—2014 中国省市文化产业综合指数基本全部呈现正增长态势。

1. 综合指数数值变动特征

（1）总体变动情况。

由表 3—16 和图 3—39 可知，2010—2014 年中国省市文化产业综合指数数值整体上有所上升，但上升的幅度较小。表 3—16 数据显示，从总体增长速度来看，29 个省市平均增长值为 4.5，说明各省市文化产业发展的整体水平有小幅提升。其中，除海南略有下降以外，其他 28 个省市文化产业综合指数数值相比 2010 年都有不同程度上升。从五年具体变化过程来看，2010—2014 年各省市文化产业综合指数逐年稳步增长。

表 3—16　　2010—2014 年中国部分省市文化产业综合指数数值变动情况表

排名	省市	2010 年	2011 年	2012 年	2013 年	2014 年	五年变动值
1	河北	66.4	71.5	72.1	74.0	75.2	8.8
2	青海	65.4	69.4	71.2	68.0	73.6	8.2
3	湖南	67.6	71.9	70.4	72.6	75.1	7.5
4	山东	70.3	75.7	73.7	77.1	77.7	7.4
5	江西	66.8	72.4	71.2	72.8	74.2	7.4
6	江苏	73.8	76.1	75.3	77.5	81.2	7.3
7	安徽	66.2	69.6	71.4	73.4	73.4	7.1
8	辽宁	70.8	73.4	73.3	74.5	77.2	6.4
9	黑龙江	63.6	68.9	70.0	70.3	69.7	6.1
10	河南	66.4	67.9	69.6	73.0	72.2	5.8
全国均值	—	69.1	71.8	72.6	73.1	73.6	4.5

说明：本表只显示我国 2010—2014 年文化产业综合指数变动值排名前 10 位的省份指数结果及变化情况。

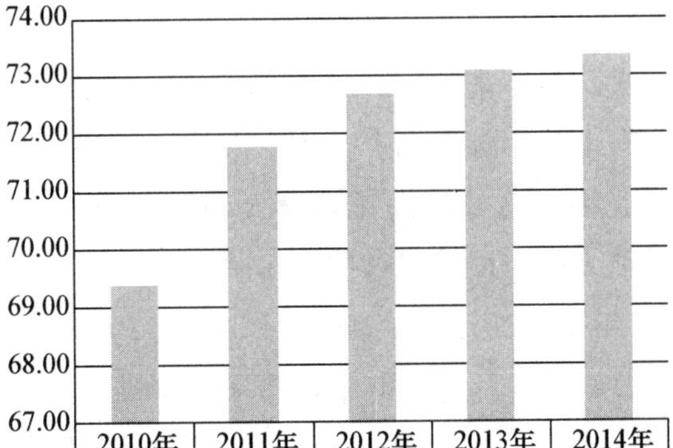

	2010年	2011年	2012年	2013年	2014年
综合指数平均值	69.1	71.8	72.6	73.1	73.6

图 3—39　2010—2014 年中国省市文化产业综合指数平均值对比图

（2）具体变动情况。

2010—2014 年河北、青海、湖南、山东、江西等 28 个省市文化产业综合指数上升，即绝大多数省市文化产业总体发展水平有所提高（见图 3—40）。其中，河北、青海、江西、湖南、安徽、山东等 10 个省市综合指数数值增加最多，超过 5。浙江、甘肃、宁夏、四川、广东等 13 个省市综合指数数值也增加较多，超过 3。其他省市增加较少，海南甚至略有减少。

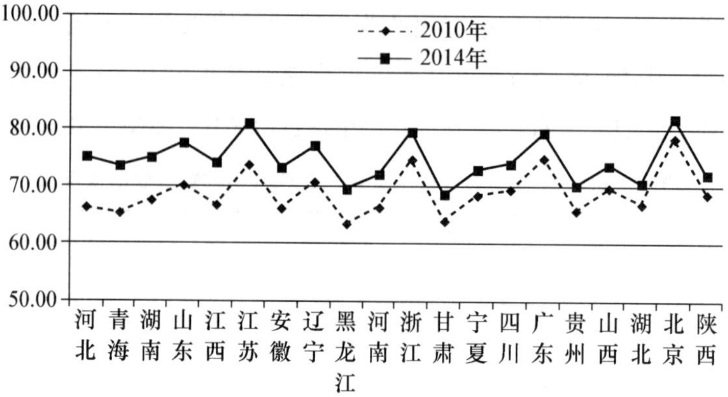

图 3—40　2010、2014 年中国部分省市文化产业发展综合指数变动图

（3）区域变动情况。

2010—2014 年综合指数数值增幅最大的前十名中，青海、湖南、江西、安徽、河南都来自中西部地区，说明经济不甚发达地区在文化产业上有了一定程度的发展。可见，中西部地区文化产业相对于总体来说，呈现出较为明显的上升态势。

2. 综合指数排名变动特征

如表 3—17 所示，从各省市排名变化情况来看，2010—2014 年 29 个省市排名变动相对不是很大。具体来说，2010 年排名前十位的省市大多数仍在 2014 年排名前十位当中，仅有上下小幅变动。其中，北京、上海、广东、浙江五年间稳居前 5 位，北京市连续五年以总分最高排名第 1 位，江苏省除在 2012 年排在第 6 位外，其余年份也位居前 5 位，反映了这些省市强大的文化产业发展能力。

2010—2014 年排名变动最大的是河北省，2010 年排名倒数第 5 位的河北省进步很大，在 2014 年排名进入前十，排名上升了 16 位。此外，青海、江西、安徽 5 年间排名也上升了 10 位以上，说明这些省份通过五年的努力取得了显著的发展成绩。排名变动较小的是浙江、黑龙江、四川、广东、辽宁、宁夏，均在 1 个名次以内。陕西、内蒙古、福建、云南、重庆、吉林、天津、广西、海南 9 个省份排名下降较大，下降超过5个名次。其中，海南、天津、广西排名下降超过10个名次。

表3—17　　2012—2014年中国部分省市文化产业综合指数排名变动表

2010年		2011年		2012年		2013年		2014年		五年排名变动
排名	省市	排名	省市	排名	省市	排名	省市	排名	省市	
1	北京	1	北京	1	北京	1	北京	1	北京	0
2	上海	2	广东	2	上海	2	广东	2	江苏	3
3	广东	3	上海	3	天津	3	上海	3	浙江	1
4	浙江	4	浙江	4	广东	4	浙江	4	广东	−1
5	江苏	5	江苏	5	浙江	5	江苏	5	上海	−3
6	辽宁	6	山东	6	江苏	6	山东	6	山东	3
7	福建	7	天津	7	四川	7	天津	7	辽宁	−1
8	天津	8	四川	8	山东	8	福建	8	河北	16
9	山东	9	辽宁	9	福建	9	四川	9	湖南	8
10	山西	10	福建	10	辽宁	10	辽宁	10	江西	11
11	四川	11	山西	11	吉林	11	河北	11	四川	0
12	海南	12	吉林	12	重庆	12	陕西	12	山西	−2
13	陕西	13	陕西	13	山西	13	安徽	13	福建	−6
14	重庆	14	江西	14	河北	14	河南	14	青海	13
15	宁夏	15	湖南	15	陕西	15	江西	15	安徽	10

3. 综合指数增长速度变动特征

2012—2014年中国省市文化产业综合指数增速基本可以分为4个梯队，第一梯队为河北、青海、湖南、江西、安徽、山东6个省份，这些省份文化产业发展水平增长速度非常快，增长幅度均在10%以上（见表3—18、图3—41）；第二梯队为江苏、黑龙江、辽宁、河南、甘肃等13个省份，这些省份增长速度略逊于第一梯队，但也超过了5%；第三梯队为内蒙古、重庆、北京、福建、云南、吉林、上海这7个省份，这些省份增长速度缓慢，超过3%。第四梯队包括天津、广西、海南这3个省份，这些省份综合指数的增长速度非常慢，海南甚至出现负增长。

表3—18　　2010—2014年中国部分省市文化产业综合指数增速表

增速排名	省市	2010	2011	2012	2013	2014	五年增速
1	河北	66.4	71.5	72.1	74.0	75.2	13.32%
2	青海	65.4	69.4	71.2	68.0	73.6	12.50%

续前表

增速排名	省市	2010	2011	2012	2013	2014	五年增速
3	湖南	67.6	71.9	70.4	72.6	75.1	11.10%
4	江西	66.8	72.4	71.2	72.8	74.2	11.04%
5	安徽	66.2	69.6	71.4	73.4	73.4	10.77%
6	山东	70.3	75.7	73.7	77.1	77.7	10.56%
7	江苏	73.8	76.1	75.3	77.5	81.2	9.91%
8	黑龙江	63.6	68.9	70.0	70.3	69.7	9.58%
9	辽宁	70.8	73.4	73.3	74.5	77.2	9.03%
10	河南	66.4	67.9	69.6	73.0	72.2	8.73%

说明：(1) 表中 2010—2014 年文化产业综合指数值均为四舍五入的结果，而“五年增速”列中各数均为 2010—2014 年文化产业综合指数值未四舍五入前的计算结果；(2) 本表只显示我国 2010—2014 年文化产业综合指数增速排名前 10 位的省市情况。

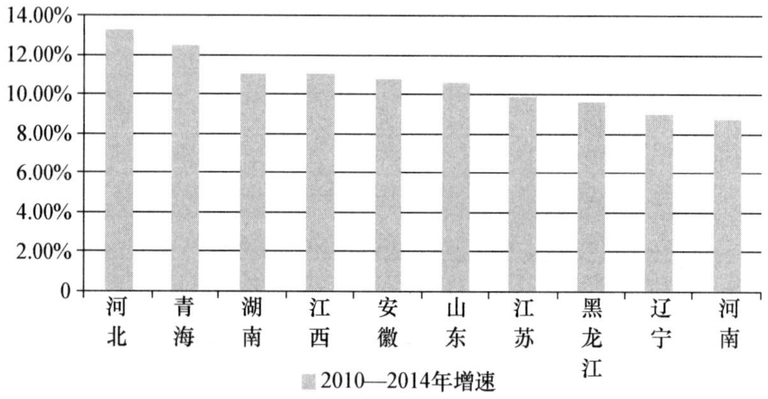

图 3—41　2010—2014 年中国部分省市文化产业综合指数五年增速图

4. 综合指数变异系数变动特征

(1) 总体变动情况。

如图 3—42 所示，从总体来看，2010—2014 年大部分省市综合指数变异系数得分有所下降。2014 年全国省市综合指数变异系数均值比 2010 年降低了 0.064（见表 3—19)，降幅高达 78.05%。可见，各省市之间文化产业发展的均衡度显著提高。

(2) 具体变动情况。

由表 3—19 可知，2010—2014 年甘肃、云南、黑龙江、吉林、湖北等 21 个省份综合指数变异系数大幅度减小，下降幅度超过 50%，说明这些省份五年间文化产业发展均衡度显著提升。其中，甘肃、云南变异系数减小幅度超过 90%，均衡度大幅增强。山西、重庆、广东、上海、江西、海南 6 个省市变异系数小幅度减小，均衡度略有增强。而青海、宁夏变异系数增大，宁夏变异系数由 2010 年的 0.019 增加到2014年的0.094，增幅超过3倍，均衡度问题加剧。

表3—19　　2010—2014年中国各省市文化产业综合指数变异系数变动情况表

省市	2010年	2011年	2012年	2013年	2014年	五年增加值
西藏	—	—	—	0.024	0.087	—
新疆	—	—	—	0.032	0.058	—
宁夏	0.019	0.042	0.067	0.068	0.094	0.075
青海	0.076	0.016	0.024	0.012	0.088	0.012
海南	0.048	0.108	0.034	0.031	0.044	−0.004
江西	0.065	0.058	0.039	0.034	0.045	−0.020
重庆	0.077	0.037	0.050	0.028	0.047	−0.030
山西	0.070	0.046	0.054	0.050	0.040	−0.030
陕西	0.043	0.047	0.032	0.017	0.012	−0.031
上海	0.097	0.096	0.057	0.064	0.066	−0.031
广东	0.089	0.081	0.070	0.074	0.056	−0.033
福建	0.062	0.037	0.032	0.036	0.028	−0.034
吉林	0.057	0.036	0.053	0.043	0.007	−0.050
天津	0.074	0.031	0.020	0.073	0.023	−0.051
内蒙古	0.079	0.049	0.070	0.045	0.021	−0.058
甘肃	0.064	0.137	0.036	0.013	0.005	−0.059
湖南	0.103	0.069	0.031	0.018	0.045	−0.058
山东	0.104	0.020	0.007	0.038	0.043	−0.061
湖北	0.073	0.055	0.033	0.018	0.012	−0.061
贵州	0.109	0.040	0.058	0.046	0.046	−0.063
广西	0.078	0.068	0.056	0.054	0.014	−0.064
安徽	0.098	0.078	0.055	0.029	0.034	−0.064
北京	0.095	0.094	0.023	0.012	0.031	−0.064
河北	0.086	0.050	0.042	0.016	0.021	−0.065
四川	0.119	0.019	0.045	0.050	0.049	−0.070
黑龙江	0.088	0.030	0.043	0.044	0.009	−0.079
辽宁	0.131	0.040	0.024	0.018	0.051	−0.080
浙江	0.127	0.088	0.036	0.035	0.044	−0.083
云南	0.106	0.045	0.023	0.014	0.011	−0.095
江苏	0.142	0.069	0.025	0.021	0.040	−0.102
河南	0.140	0.050	0.037	0.018	0.034	−0.106
全国均值	0.082	0.027	0.023	0.035	0.039	−0.043

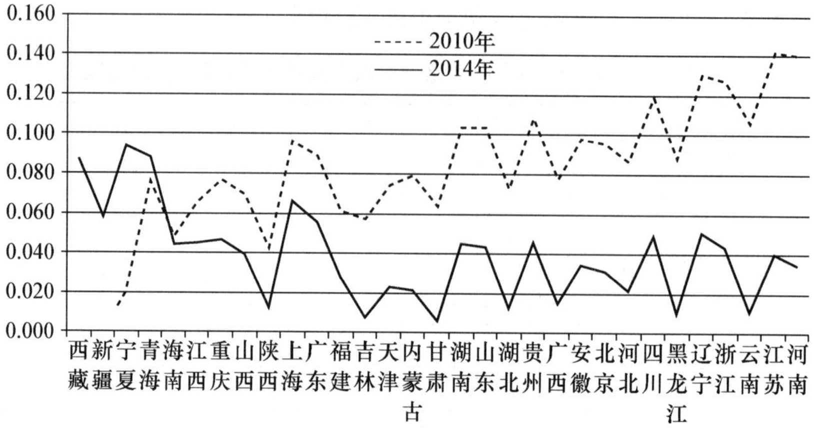

图 3—42　2010、2014 年中国各省市文化产业综合指数变异系数变动图

（二）中国省市文化产业综合指数变动原因分析

1. 综合指数变动原因分析

文化产业综合指数，是由三个文化子要素（产业生产力、产业影响力、产业驱动力）等权平均得出的，它系统地反映了一个省市文化产业发展的综合水平。文化产业综合指数的变动特征是三个子要素变动综合作用的结果。根据本章前三节对文化产业三个分指标的变动特征及其原因的分析，也就不难解释本节综合指数的变动特征。

2010—2014 年，由于产业生产力和驱动力指标的逐年快速增长，河北省综合指数排名上升最快，并在 2014 年首次进入前十名。青海省由于产业影响力和驱动力指标得分的大幅提升，进步名次仅次于河北。江西、湖南、安徽、山东等省则由于产业生产力和影响力的大幅提升，名次也实现了较大提升。浙江、黑龙江、四川、广东、辽宁等省份由于三个指标排名均比较稳定，所以综合指数排名变化较小。海南由于生产力和驱动力指数的下降、广西由于影响力和驱动力指数的下降、天津由于三个分指标的小幅下降，导致这三个省份排名下降较为明显。

2. 变异系数变动原因分析

文化产业发展不均衡始终是我国文化产业发展面临的一个严峻问题，综合指数排名靠前的几个省市，变异系数较大，存在较严重的短板因素。以文化产业综合指数排名前五的广东为例，综合指数得分三年在 77 分以上，属于文化产业发展的领军省份，但是存在如下制约因素：

（1）创新环境相对落后。

尽管从综合指数来看广东形势比较乐观，但广东省的创新环境有进一步的提高空间。2014 年广东省综合指数位于全国前五名，但是创新环境中的国际交流指标位于全国第 22 名，文化科技、科研单位人均科研经费和文化部门科研机构高级职称就业人员每百万人拥有量均处于全国第 13 名，与其综合指数的排名不符，因而需要在科研经费投入和人才引进方面进一步加强。

（2）融资渠道有待进一步拓宽，政策支持需要进一步加强。

2014 年广东省的融资渠道和政策支持得分仅分别位于全国的第 11 名和第 12 名，政府应进一步增加政策支持，积极拓宽融资渠道。发展文化产业，资本和创意同等重要，资本是文化资源中最具活力和流动性的重要资源。政府在加大财政投入的同时，要拓宽融资渠道，实现文化产业投资主体多元化，变文化部门办文化产业为社会办文化产业，鼓励和吸收民营资本进入文化投资领域，积极参与产业项目的开发和文化产品的生产经营。要积极推动建立文化产业投融资担保机构，为重大文化产业项目和中小文化企业提供风险投资和贷款担保服务，从而有效解决文化企业可供抵押的担保物较少、无形资产评估难、抵押担保难等问题，为文化产业银行信贷、无形资产入股、转让等提供专业咨询，积极发挥无形资本的融资功能。

第四章　2013—2014年中国文化产业发展区域分析

随着党的十七届六中全会和十八届全国人民代表大会将文化产业的发展提升到前所未有的新高度，各省市地区政府也在积极推动文化产业建设，使其发展成为国民经济的支柱性产业。本章将通过分析各省市地区的生产力指数、影响力指数和驱动力指数来评述我国文化产业发展的区域特征，并对发展强势区域和弱势区域进行重点分析。

一、中国文化产业发展区域特征

由于不同省市地区自身资源和环境的差异，文化产业发展也呈现出了不同的区域特征。通过深入研究生产力指数、影响力指数和驱动力指数及其细分指标，本节将总结分析我国文化产业各区域发展的特征。

（一）中国文化产业发展区域现状

从2013—2014年文化产业发展综合指数来看（见图4—1），区域发展指数呈阶梯状分布，其中北京、江苏、浙江、广东、上海、山东、辽宁、河北、湖南、江西位居前十，且2014年，除江西为74.2外，其余九个省市的综合指数得分值都在75以上，这些省市是我国近两年内文化产业比较发达的区域；吉林、内蒙古、黑龙江、海南、甘肃、广西的得分值在70以下，属于我国文化产业比较落后的区域；而四川、福建、青海、宁夏、天津、湖北、贵州、新疆等是我国文化产业处于中间水平的区域。从位于前十位的省市来看，2014年的指数相比2013年，整体上有所增长；2014年，吉林、内蒙古、黑龙江、广西地区指数由2013年的70～75区间下降到 70 以下；海南、甘肃一直位于 70 以下，但 2014 年的指数较 2013 年的指数稍有增长；处于文化产业中间水平的区域中，需要特别指出的是青海、西藏、新疆，这三个地区在 2013 年的指数都位于 70 以下，经过一年的发展，都从比较落后的地区跃居中间水平，尤其是青海省，得分值从 68.0 增长到了 73.6，增幅最大。从图 4—1 中可以看出，文化产业综合指数排名靠前的省市大多位于经济发展水平比较高的沿海地区，如江苏、浙江、广东、上海、山东、辽宁等。文化产业综合指数排名靠后的省市有相当一部分位于经济发展水平比较低的西北或西部地区，如云南、贵州、新疆、内蒙古、甘肃、广西。

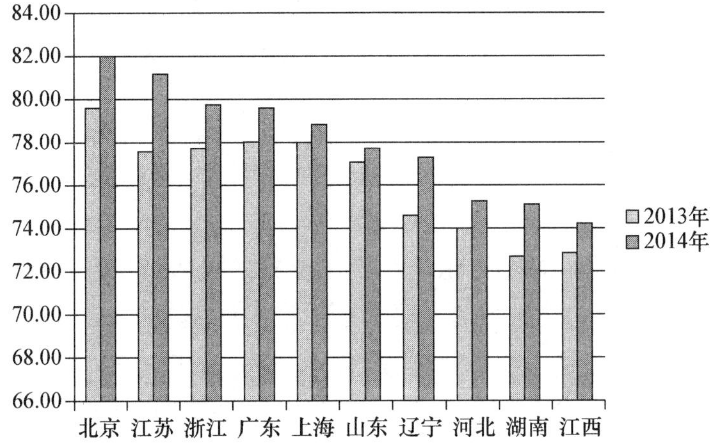

图 4—1　2013—2014 年部分省市文化产业发展综合指数得分图

由我们最初使用的理论模型可知，文化产业综合指数是文化产业生产力指数、影响力指数、驱动力指数三个一级要素指标等权重平均得到的。图 4—2（1）与图 4—2（2）展示了 2014 年和 2013 年三个一级指标指数的折线图。

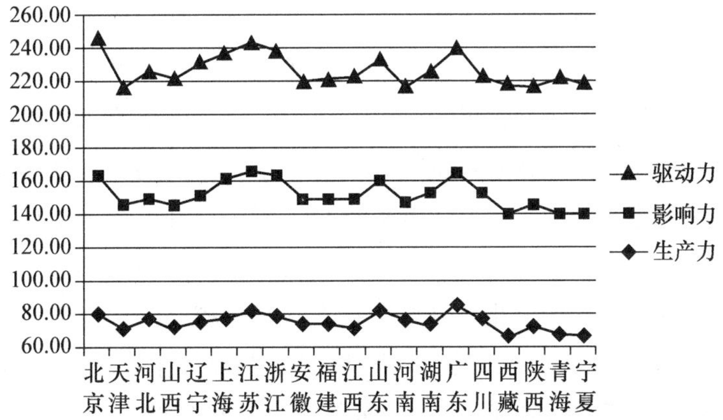

图 4—2（1）　2014 年部分省市一级指标指数堆积折线图

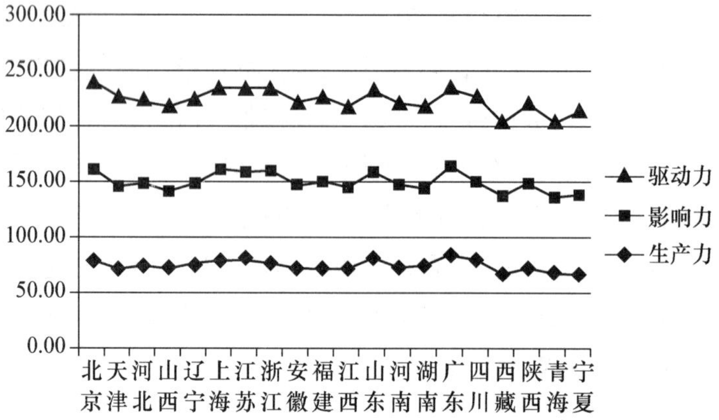

图 4—2（2） 2013 年部分省市一级指标指数堆积折线图

从总体上来看，各个一级指标指数和综合指数的变动方向大体一致，但各个指标内部也存在不同程度的波动，且呈现出不同的特征。

1. 生产力指数

生产力指数主要衡量的是文化产业生产要素的投入情况。从整体来看，2013 年的指数情况是，生产力指数数值主要分布于 70～80 区间，有五个省市位于 70 以下；2014 年的指数情况是，生产力指数数值主要分布于 65～80 区间，其中广东、江苏、山东高于 80，广东指数最高，为 83.89。从纵向比较来看，2013 年的指数较 2014 年的更集中，而 2014 年的指数则有两极分化的现象，甚至有很多省市的指数出现下降。在 2014 年的生产力指数前十名中，北京、上海、辽宁三地区有所下降；广东 2014 年较 2013 年增长最多，跃居第一，说明 2014 年广东在文化投入方面加大了力度。

从图 4—3 和前述内容来看，2014 年的综合指数排名和生产力指数排名一致性较差，北京的综合指数排名第一，而生产力指数排名第四；广东的生产力指数排名第一，而综合指数第四。这说明近两年的生产力投入对文化产业发展的影响在区域间非常不均衡，例如，北京地区的生产力投入对文化产业的发展影响作用很大；广东的生产力投入对文化产业的发展影响作用却很小，生产力投入居全国首位，而综合指数却没有得到充分体现。由此，我们也可以得出，在文化产业中，投入与产出一致才是正常的，而利用率越高，效益才会越高，生产力指数的影响作用从而才会越大。值得注意的是，生产力指数和综合指数在某些省市也存在着较大的差异。其中，比较明显的是河南、广西、云南，而且，都表现为生产力投入影响较小的情况，例如，河南的生产力指数排名第九，而综合指数排名第 20 位；广西的生产力指数排名指数第 22 位，综合指数排名却是第 31 位；云南的生产力指数排名第 15 位，综合指数排名第 22 位。这说明这些省区在发展文化产业的过程中，具有良好的可投入资源，投入资源的价值和力度都相对较大，只不过是利用资源的过程中没有把握好资源优势，也可能是影响综合指数的其他因素过低而导致的。下面根据生产力指数的三个子指标对各省市的特征进行进一步的分析。

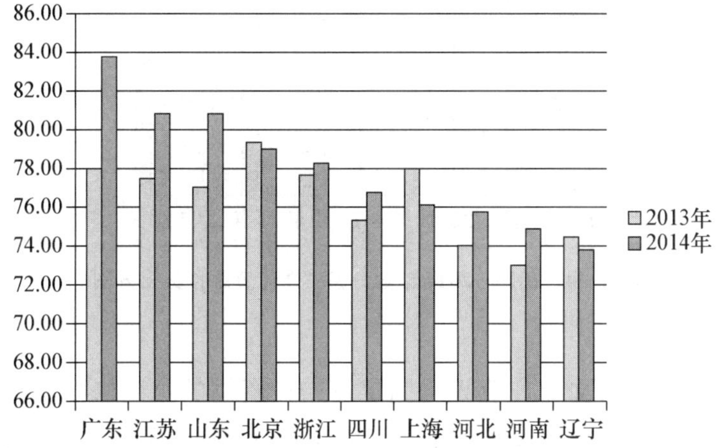

图 4—3 2013—2014 年部分省市生产力指数得分图

(1) 文化资源。

文化资源是各种有形资源和无形资源的集合。有形资源主要包括物质文化遗产，如图书馆、博物馆、电影院及档案馆等；无形资源主要包括非物质文化遗产等。文化资源丰富与否的衡量指标是各种文化资源的数量。从图 4—4 可以看出，2014 年北京、广东的文化资源指数值超过 80，江苏为 78.8，紧随其后；2013 年北京、广东的文化资源指数值超过 81，上海为 79.2，略有差距，位列第三。其中，北京在博物馆文物藏品量、文化产业基地数量、艺术表演场馆坐席数量等方面具有优势；广东在大学数量，非物质文化遗产名录数量（省级以上），图书馆藏书量，文化产业基地数量，文化娱乐类场所数量，艺术馆、文化馆、文化站数量等诸多方面的竞争力都非常显著；江苏在大学数量、博物馆文物藏品量、图书馆藏书量、艺术表演场馆坐席数量、文化娱乐类场所数量等方面都有较大优势。文化资源指数值在 70～78 区间的省市有 14 个，其中辽宁、河南、安徽、山东、河南等拥有较多的大学数量，辽宁、上海、山东、四川在博物馆文物藏品量方面具有很大的优势，河南、山西、浙江在文化场馆资源方面较其他地区具有绝对的优势。文化资源指数最低的贵州、宁夏、西藏、海南四个省份，在人文类资源、文化产业数量、文化场馆资源三个方面都非常匮乏，若要提高文化资源指数，这三方面都需要加大投入力度。

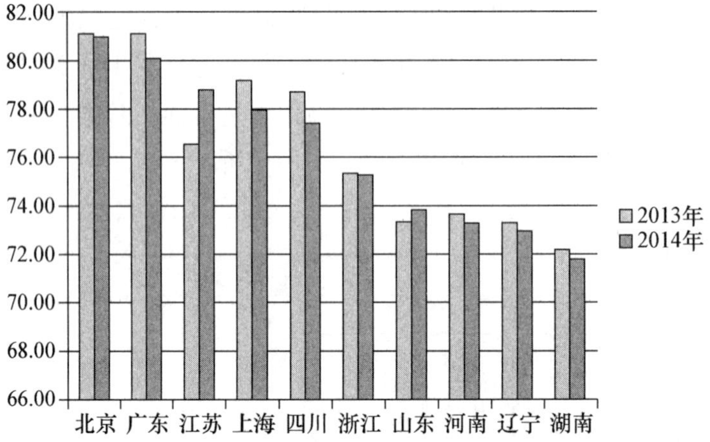

图 4—4　2013—2014 年部分省市文化资源指数得分图

（2）文化资本。

文化资本从各省市文化产业人均固定资产投资额的角度来衡量产业生产力水平，进而评价各地文化产业发展水平。从图 4—5 中可以看出，各省市文化资本指数差异巨大。指数值最高的省份（山东）和指数值最低的省份（宁夏）相差 30：山东的指数值于 2013 年和 2014 年位居第一，为 100；宁夏的指数值于 2013 年和 2014 年位居最后，为 70。同时，江苏省连续两年位居第二，指数值分别为 83.9 和 87.9，但与第一名有较大差距。其余省市中，除河北、辽宁、浙江、河南外，指数值都位于 70～80 区间。从文化资本指数来看，2014 年各省市的指数值较 2013 年的指数值波动不大。文化资本的指数值与文化资源的指数值相比，各省市在文化资本指数值之间的差异较小。虽然文化资本的指数值在省市间差异基本不大，但是在实际的投资量上差异较大。在文化产业人均固定资产投资上，山东最多，为 699.368 亿元；江苏次之，为 424.353 亿元；河北位居第三，为 342.916 亿元；其余省市都在 300 亿元以下，且有 10 个省市的投资在 100 亿元以下，宁夏最少，仅为 16.287 亿元。从数据上可以看出，我国文化产业的人均固定资产投资差异较大，而且投资水平整体较低，在很大程度上制约了我国文化产业的发展。因此，要快速发展文化产业，一个重要的努力方向就是大力提高文化产业的人均固定资产投资水平。

（3）人力资源。

人力资源指数从本地区文化产业就业人员数量方面来衡量产业生产力，由于文化产业属于智力密集型产业，因此相关专业人才的数量对各地区文化产业的发展有着举足轻重的作用。从图 4—6 中可以看出，广东省在人力资源指数方面表现最好，

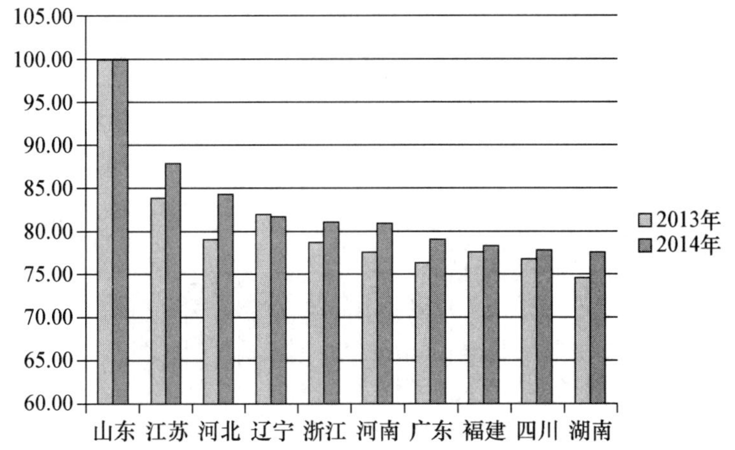

图 4—5　2013—2014 年部分省市文化资本指数得分图

这一方面是因为广东省的文化产业规模比较大，相应就需要更多的文化产业方面的人才，可以提供更多的文化产业就业机会；另一方面是因为广东省经济发展水平一直在全国名列前茅，可以为人才提供更好的物质生活条件和职业发展机会，因此对文化产业方面的人才有较大的吸引力，其他省市的优秀人才可能会流向广东省。从近几年的数据可知，广东省的人力资源指数连续排名第一，且数值远远超过第二名，紧随其后的分别为浙江、山东、江苏，四个省份的排名在 2013 年和 2014 年没有变化，其余各省市 2014 年的人力资源指数值与 2013 年的相比，没有较大波动，排名也是如此。但是，就各省市之间的指数值比较而言，最高值与最低值的差异较大，最大差距达到 35，广东最高，为 100；青海最低，为 65。除前四名在 80 以上之外，其余省市都在 65～80 区间，相对比较集中。河北、河南、四川、福建等 11 个省份的人力资源指数值在 70～80 区间，这些省份既需要保持对当地文化人才的培养与保留，又需要采取措施引进更多的优秀人才，以此促进文化产业的发展。除此之外，有 16 个省市的人力资源指数值在 65～70 区间，其中，新疆、宁夏、西藏、海南、青海连续两年都位列最后五名，这与它们的经济发展水平和文化产业发展水平有密切的关系。但是，相比 2012 年的指数，位于中下游水平的区域人力资源指数普遍有所上升，说明近两年的文化产业引进很多优秀人才。

2. 影响力指数

文化产业影响力指数衡量的是文化产业的产出状况，主要包括经济影响和社会影响两个方面。如图 4—7 所示，在文化产业影响力方面，上海、江苏、北京、浙江属于强势区域，2014 年指数值均超过 80。其中，江苏由 2013 年的 78.2 上升到 84.6，是强势区域中增长最多的省份。同时，这四个省市的影响力指数与综合指数

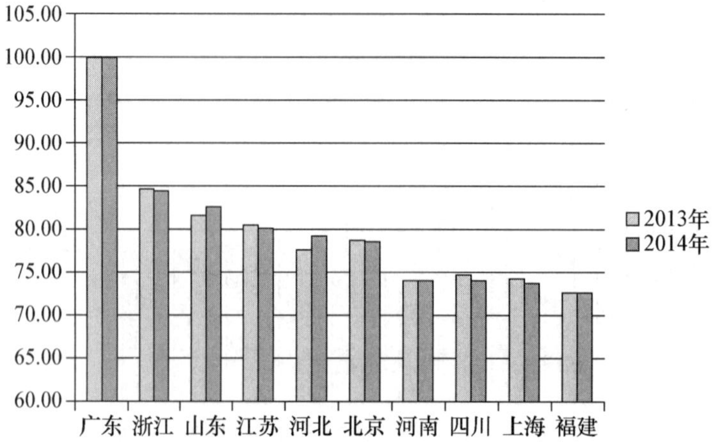

图 4—6　2013—2014 年部分省市人力资源指数得分图

排名均位于全国前五，这充分体现了产业影响力与文化产业发展的一致性。在影响力指数前十名中，值得一提的是，湖南的指数值由 2013 年的 71.3 上升到了 2014 年的 79.0，是上升幅度最大的一个省份。指数值在 70～80 区间的省份有 24 个，包括广东、江西、四川、福建、青海、河南、黑龙江、贵州等。海南、广西、甘肃的指数位列最后三位，甘肃以 68.9 排名最后。从总体上看，影响力指数值普遍略高于综合指数值，这说明我国文化产业的产出状况对文化产业的发展起了一定的推动作用。需要指出的是，新疆的两个指数差异很大，新疆的影响力指数为 74.9，排名第 13 位，而综合指数为 70.3，排名第 24 位，这说明产业影响力是新疆发展文化的优势力量。由于产业影响力是通过经济影响和社会影响两个方面来衡量的，下文将针对这两个二级指标进行进一步分析。

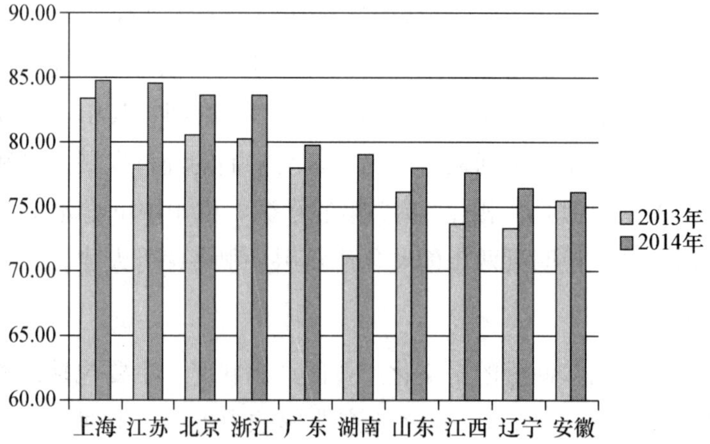

图 4—7　2013—2014 年部分省市影响力指数得分图

（1）经济影响。

文化产业经济影响指数主要考察文化产业总产出、文化产业人均收入和产业所带来的集聚效应的情况。如图 4—8 所示，江苏、北京、上海、广东、浙江的经济影响指数值均超过 80，依次位列前五名。江苏凭借集聚效应的绝对优势和文化产业总产出、文化产业人均收入的相对优势高居经济影响力指标榜首。北京、上海凭借文化产业人均收入的绝对优势紧随其后；广东的文化产业总产出最具优势，集聚效应也表现良好，位列第四名；浙江在文化产业总产出、文化产业人均收入和集聚效应三个方面表现比较均衡，位居第五位。山东、湖南、福建等 16 个省市的经济影响指数值在 70～80 区间。吉林、海南等 10 个省市的经济影响指数值在 60～70 区间，其中，黑龙江、甘肃两省的指数值低于 65，位列最后两名，说明这两个省份在文化产业经济规模方面处于劣势。

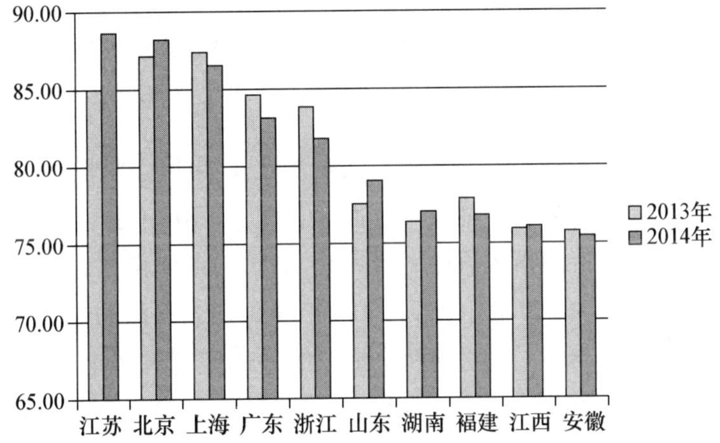

图 4—8　2013—2014 年部分省市经济影响指数得分图

（2）社会影响。

社会影响主要衡量的是文化产品与服务对消费者的影响，主要表现在影响人次、文化氛围、文化包容度、文化形象等方面。如图 4—9 所示，2014 年浙江以 85.5 的指数值位居榜首，而且浙江在影响人次、文化氛围、文化包容度和文化形象方面发展比较均衡。上海、新疆的发展也比较均衡，紧随其后，但上海在艺术表演观众人次方面，新疆在艺术表演观众人次、各地区公共图书馆书刊文献总流通人次方面存在明显劣势。由图可知，在前十名中，值得注意的是湖南和四川两个省份，湖南由 2013 年的 66.1 上升到 2014 年的 81.0，四川由 2013 年的 67.7 上升到 2014 年的 80.1，挤进前十。在 2014 年的社会影响指数中，只有贵州省指数值低于 70，为 69.8。贵州的影响力指数排名第 28 位，正是这种情况造成贵州的社会影响指数排名落后。其余 24 个省市的社会影响指数值都在 70～80 区间，表明 2014 年各个区域的社会影响表现比较集中，差异不大。

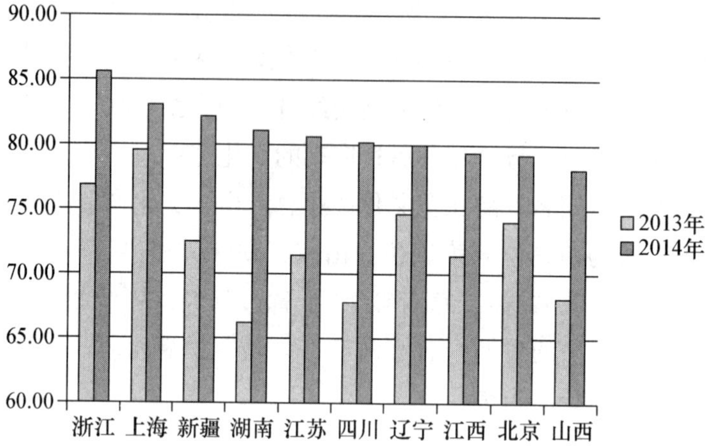

图 4—9　2013—2014 年部分省市社会影响指数得分图

3. 驱动力指数

驱动力指数主要衡量的是外部环境对文化产业发展所起到的推动作用，主要包括市场环境、公共环境、创新环境三个方面。从图 4—10 中可知，2014 年北京、辽宁、青海、宁夏四个省市的指数值在 80 以上。前十名中值得注意的是青海和西藏，青海的指数值由 2013 年的 68.8 上升到 2014 年的 80.3，西藏的指数值由 2013 年的 68.3 上升到 2014 年的 78.9，说明这两个地区的外部环境对文化产业发展起到了巨大的推动作用。江苏、河北、广东、贵州、云南等 20 个省市的指数值在 70～80 区间，四川、湖北、吉林、甘肃、黑龙江、新疆、广西的指数值在 65～70 区间，这 7 个地区中，四川、甘肃、新疆、广西的经济发展都比较落后，文化产业的外部环境不够发达，因此导致它们的驱动力较弱。同时，需要指出的是，天津市在 2013 年的驱动力指数值为 81.5，位居榜首，但 2014 年却仅为 72.9，排名第 17 位，说明 2014 年天津市的文化产业外部环境较弱，主要表现在创新环境方面，在文化科技、科研单位人均科研经费和文化部门科研机构高级职称就业人员（每百万人中仅有 6 人）方面有很大的不足。

（1）市场环境。

市场环境指数反映了文化企业所处的社会经济环境的优劣程度，主要通过行业协会组织所起作用、市场需求、知识产权保护满意度、文化消费支出、融资渠道五个方面来衡量。如图 4—11 所示，2014 年市场环境指数排名前十位的省市指数值均在 80 以上，江苏以 85.7 位居榜首。同时需要注意的是，青海从 2013 年的 72.8 上

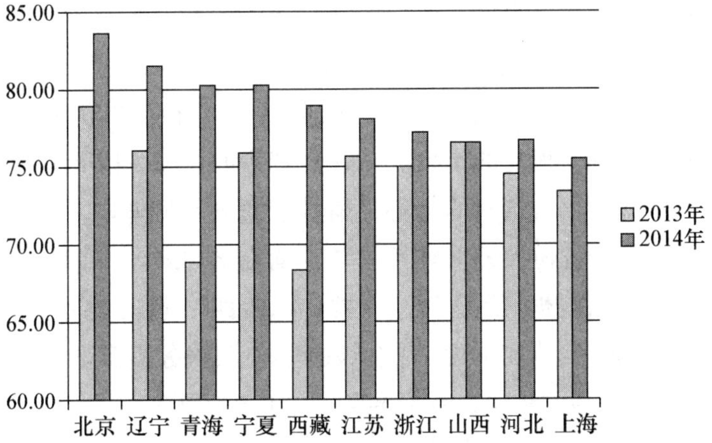

图 4—10　2013—2014 年部分省市驱动力指数得分图

升到 2014 年的 85.2，西藏从 2013 年的 72.1 上升到 2014 年的 84.6，上升幅度较大。西藏、青海两个省份在行业协会组织所起作用、市场需求、知识产权保护满意度、融资渠道四个方面都表现出了极强的优势。天津从 2013 年的 86.5 下降到 2014 年的 78.3，排名第 14 位，四川从 2013 年的 82.4 下降到 2014 年的 73.9，排名第 27 位，正是由于这两个地区的市场环境情况相对较差，才导致这两个地区的驱动力指数落后。天津的市场环境主要表现在文化消费优势不足，四川的市场环境表现在行业协会组织所起作用、文化消费支出和融资渠道三个方面有所不足。其余 21 个省市的指数值都在 70～80 区间，说明 2014 年的市场环境指数分布集中。

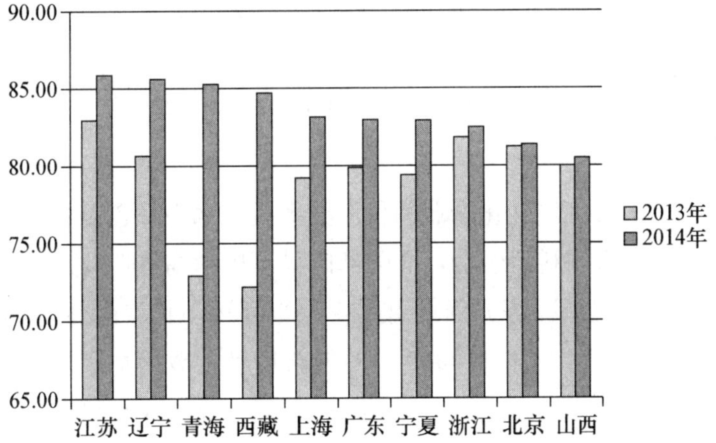

图 4—11　2013—2014 年部分省市市场环境指数得分图

（2）公共环境。

公共环境主要反映的是公共管理部门和公共服务部门为整个产业提供的发展环

境，主要通过专项基金支持力度、政策支持、公共服务满意度三个方面来衡量。由图4—12可知，西藏在2014年以91.0的指数值跃居第一，而2013年的指数值仅为68.9，这是因为西藏在公共环境的三个方面都表现出了极强的优势，而且发展比较均衡。青海在此也表现出很高的指数值，由2013年的70.0上升到2014年的88.8，在公共环境的三个方面也有绝对的优势，稍逊于西藏。另外，2014年辽宁、宁夏、江苏、河北、山西五个省份的公共环境指数值均在80以上，并且三个方面的发展都比较均衡。2014年吉林、黑龙江、甘肃、广西四个省份的公共环境指数值在65～70区间，在专项基金支持力度、政策支持、公共服务满意度三个方面虽然发展均衡，但都表现出很明显的劣势，因此导致公共环境指数落后。其中，甘肃在专项基金支持力度上表现最弱，要想尽快发展公共环境，可以先从此方面着手。广东、浙江、山东、湖南等20个省市的公共环境指数值在70～80区间，指数分布相对集中。

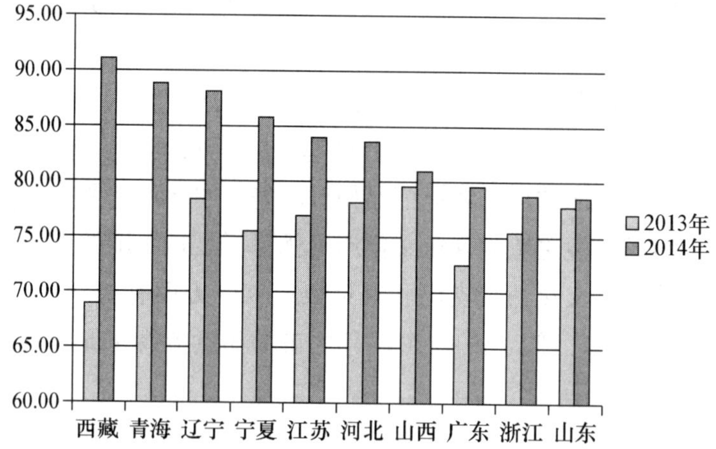

图4—12　2013—2014年部分省市公共环境指数得分图

（3）创新环境。

创新环境主要衡量区域文化产业的科研技术投入水平和创新能力，主要表现在文化科技、科研单位人均科研经费，文化部门科研机构高级职称就业人员每百万人拥有量，以及国际交流情况等方面。由图4—13可知，北京市2014年的创新环境指数为94.7，遥居第一，比本地2013年的创新环境指数增加了近14个点。重庆、宁夏、辽宁、浙江四个省市紧随其后，但是与第一名差距巨大，重庆的指数为77.5，而宁夏、辽宁、浙江分别为71.9、71.0、70.3。其余26个省市的创新环境指数值在60～70区间，虽然分布集中，但是整体表现出弱势，需要重点投入以促进文化产业的发展。其中，天津和吉林的指数值下降较多，天津从2013年的73.1下降到2014年的66.0，吉林从2013年的75.0下降到2014年的65.2，主要表现在文化科技、科研单位人均科研经费和文化部门科研机构高级职称从业人员每百万人拥有量方面优势不足。新疆以 61.3 位列第 30 名，西藏以 61.2 位列第 31 名，这两个省份都在西部，一方面经济发展比较落后，很难投入大量的科研经费，另一方面由于经济落后、科研经费不足，不容易吸引大量的优秀人才，因此导致创新环境落后，指数较低。广东经济发达，优秀人才较多，但是创新环境指数却一直较低，与其实际的经济环境明显不符，说明广东在发展的时候，对文化创新环境的重视不足，需要加大投入力度，以保证文化产业的各个方面能够均衡发展。

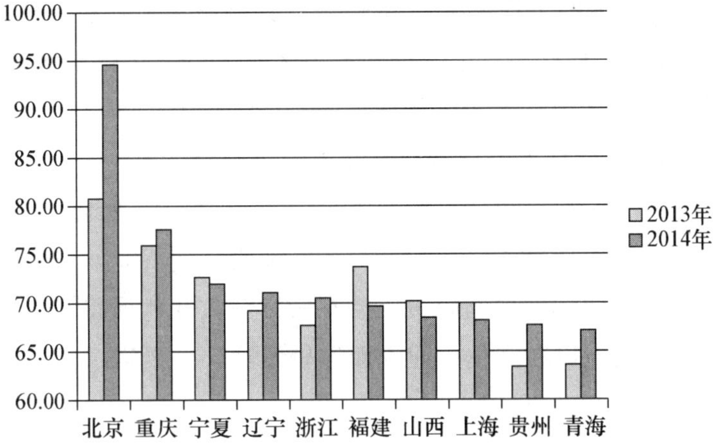

图 4—13　2013—2014 年部分省市创新环境指数得分图

创新环境的优劣主要依赖于本地区经济的发达程度，经济越发达，越有能力投入更多的科研经费，越有可能吸引到更多的高级职称就业人员，国际交流的机会也会更多。一般情况下，创新环境指数与本地区经济发达程度表现一致。但也会出现一些例外情况，如上文提到的广东，虽然经济发达，但由于对创新环境不够重视，导致两者表现不一致。

（二）中国文化产业发展区域特征

从前面具体指数的分析中可以看出，中国文化产业发展总体尚不平衡，各区域影响力水平普遍较高，但生产力水平普遍较低。

1. 中国文化产业总体发展不平衡

我国文化产业总体水平呈现出东部发展较快、中部居中、西部偏弱的特征，这一现象也与中国的经济发展分布特征一致，也说明了经济对文化产业的影响，经济能够从根本上支持文化的发展。

从 2014 年文化产业发展综合指数可以看出，排名前十的省市中有八个来自东部地区，分别为北京、江苏、浙江、广东、上海、山东、辽宁、河北，且排名前五位均被东部省市包揽；中部地区有湖南、江西进入前十，分别排名第九位、第十位；西部地区没有省市进入前十名。而四川省作为西部最优秀的文化产业发展区域排列第11名。从排名靠后的十个省市的情况看，东部地区中只有海南省位列其中；中部地区有三个省份位列其中，分别为吉林、黑龙江、湖北；西部地区有六个省份位列其中，分别为云南、贵州、新疆、内蒙古、甘肃、广西。

从平均指数的角度出发，表4—1反映的是东、中、西部各自省市文化产业综合指数和各个一级指标的平均情况。由表4—1的数据来看，在综合指数方面，东部地区2014年的指数为76.9，远高于西部地区的71.4，中部地区的指数值居中，为72.4；在生产力指数方面，东部地区2014年平均值为76.1，远高于西部地区的69.1，中西部地区指数值差异较小；在影响力指数方面，东西部差距明显，东部2014年为78.5，西部为71.9，中部为73.8，略高于西部地区；在驱动力指数方面，东部地区2014年仍排名第一，但西部地区为73.1，高于中部地区的71.8，说明近两年对西部地区的政策支持有所倾斜，并且取得了一定成效。从总体上看，东部地区之所以在文化产业方面比较发达，主要得益于其较为丰富的资源禀赋和较好的投入产出效益。

表4—1　　各地区综合指数

地区	时间	综合指数	生产力指数	影响力指数	驱动力指数
东部地区	2013年	75.9	75.9	76.7	75.2
	2014年	76.9	76.1	78.5	76.2
中部地区	2013年	72.4	71.3	71.6	74.2
	2014年	72.4	71.5	73.8	71.8
西部地区	2013年	70.9	69.1	70.8	72.8
	2014年	71.4	69.1	71.9	73.1

2. 总体各区域影响力水平较高，而生产力水平偏低

从前文文化产业发展一级指标的情况来看，各地区驱动力指数普遍比较高，而生产力指数普遍比较低，但是西部地区有所不同，虽然影响力指数高于综合指数，但是驱动力指数比影响力指数更高。表4—2反映的是各个一级指标的平均值，从表中可以看出，2013年的驱动力指数最高，2014年的影响力指数最高。由2014年的数据来看，影响力指数的平均值为74.8，在三个指数值中排名第一；驱动力指数的平均值为73.9，接近于影响力指数平均值；生产力指数的平均值为72.2，在三个指数值中排名最后一位。

在我国目前的文化产业发展水平下，文化的投入产出效益有所好转，因此投入在驱动力的作用下，有效地转化为文化产出，文化产业的经济影响和社会影响较为显著。值得注意的是，我国的文化产业所处的外部环境还不够健全，这会阻碍文化产业的快速发展，因此政府应该出台相应的政策措施，规范行业环境，加大扶持力度，为文化产业发展扫清障碍。尤其是对于西部经济不够发达的地区来讲，仅仅靠本地区的投入是远远不够的，更需要得到政府的资金扶持和政策倾斜，这样西部的文化产业才有可能与东中部地区逐步缩小差距进而均衡发展。

表 4—2　　　一级指标全国平均值

	一级指标指数	生产力指数	影响力指数	驱动力指数
全国平均值	2013 年	72.1	73.1	74.0
	2014 年	72.2	74.8	73.9

二、中国文化产业发展强势区域特征及决定要素

本章第一节以文化产业发展指数为基准，对我国各个省市的文化发展特征进行了详细的介绍。由此可知，我国的省市间文化产业发展不平衡，一般来说东部沿海地区文化产业比较发达，西部地区文化产业相对落后。在此后两节中，通过综合分析和对比分析，本书把文化产业发展指数较高的北京、江苏、浙江、广东和上海五个省市作为文化产业发展的强势区域，把文化产业发展指数较低的内蒙古、黑龙江、海南、甘肃和广西五个省份作为文化产业发展的弱势区域。本节将通过对强势区域内部文化产业发展特征的分析，揭示其产业发展现状的深层次原因。

（一）中国文化产业发展强势区域特征

作为 2013—2014 中国文化产业发展的领先地区，北京、江苏、浙江、广东和上海在文化产业生产力、影响力和驱动力三方面均呈现出一定的优势。本节将通过分析这五个省市地区文化产业发展的各细分指数、指数增速和指数变异系数来评述强势区域的文化产业发展特征。

1. 强势区域总指数分析

产业生产力、产业影响力和产业驱动力三个指标共同构成了文化产业发展综合指数。表 4—3 是五个省市的综合指数、综合指数增速和综合指数变异系数数值以及五省市相关数据的平均值和全国相关数据的平均值。

表 4—3　　强势区域文化产业综合指数

地区	综合指数数值		综合指数增速		综合指数变异系数	
	2013 年	2014 年	2013 年	2014 年	2013 年	2014 年
北京	79.5	82.1	−0.38%	3.27%	0.012	0.031
江苏	77.5	81.1	2.92%	4.65%	0.021	0.040
浙江	77.7	79.7	2.24%	2.57%	0.035	0.044
广东	78.1	79.6	0.51%	1.92%	0.074	0.056
上海	78.0	78.8	−1.52%	1.03%	0.064	0.066
区域均值	78.2	80.3	0.76%	2.69%	0.041	0.047
全国均值	73.1	73.6	1.15%	0.75%	0.035	0.039

（1）数值比较。

2014 年和 2013 年强势区域没有变化，由图 4—14 可知，北京得分最高，2014 年和 2013 年综合指数数值分别为 82.1 和 79.5，上海在 2014 年的强势区域中是得分最低的，综合指数数值为 78.8，和 2013 年相比，排名有所下降。2014 年区域平均值为 80.3，总体趋于平稳。2014 年全国平均值为 73.6，比强势区域低 6.7，和 2013 年相比，差距有所扩大，可见强势区域的文化产业整体发展水平高出全国平均发展水平很多。

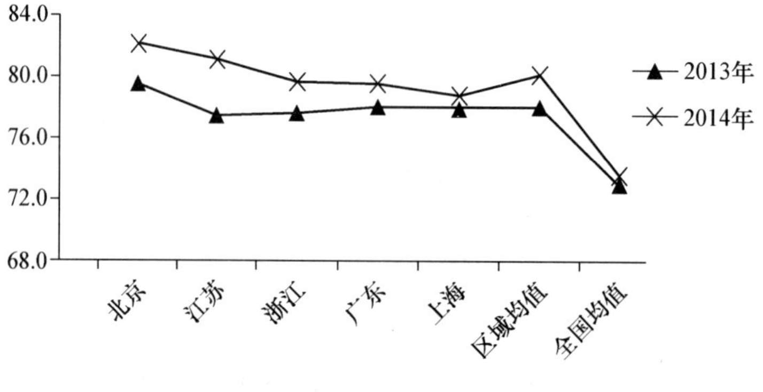

图 4—14　强势区域文化产业综合指数

（2）增速比较。

由图 4—15 可知，强势区域中，2014 年文化产业综合指数均呈现正增长态势，而 2013 年的文化产业综合指数增速既有正增长又有负增长，其中，江苏增速最快，2014 年和 2013 年增速分别为 4.65%和 2.92%，上海增速最低，2014 年和 2013 年增速分别为 1.03%和−1.52%。从整体来看，2014 年区域增速均值为 2.69%，和全国均值相比，高 1.94 个百分点，并高于 2013 年接近两个百分点，而强势区域的

2013 年增速均值却低于全国增速均值，说明强势区域发展快于全国平均速度，呈现加快的趋势。

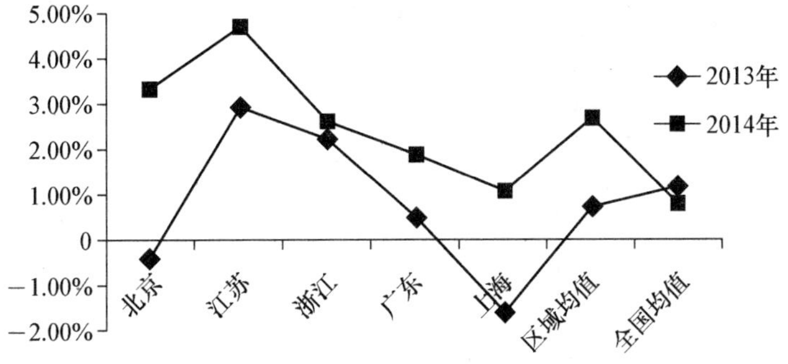

图 4—15　强势区域文化产业综合指数增速

（3）变异系数比较。

如图 4—16 可知，强势区域中，不论 2014 年，还是 2013 年，北京、江苏变异系数均低于其他三个省市，可见北京、江苏不但文化产业发展综合指数最高，而且文化产业发展的均衡度也最高。整体而言，强势区域 2014 年和 2013 年的变异系数均值均高于全国均值，并且 2014 年的区域均值高于全国均值，说明我国文化产业发展强势区域不均衡度进一步提高，并且高于全国平均水平。

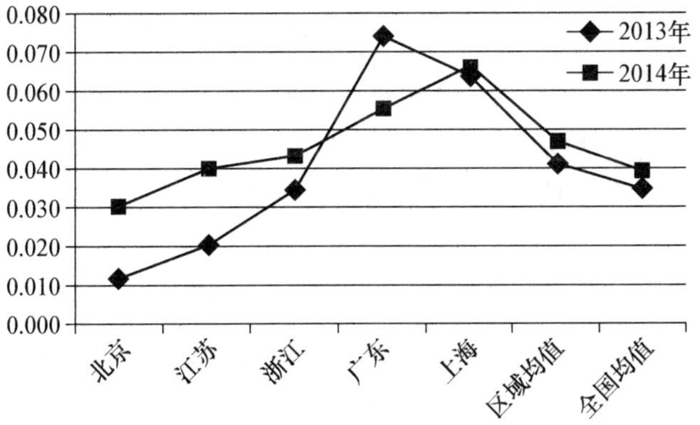

图 4—16　强势区域文化产业综合指数变异系数

2. 强势区域一级指标分析

本节将通过对 2013 年和 2014 年强势区域文化产业生产力、影响力、驱动力指数、指数增速和指数变异系数的分析，评述强势区域各省市地区文化产业发展的特征。

（1）文化产业生产力方面。

表 4—4 显示的是 2013 年和 2014 年强势区域文化产业生产力指数的相关数据。

表 4—4　　强势区域文化产业生产力指数

地区	生产力指数数值		生产力指数增速		生产力指数变异系数	
	2013 年	2014 年	2013 年	2014 年	2013 年	2014 年
北京	79.0	79.1	−2.35%	0.13%	0.053	0.044
江苏	78.8	80.8	6.78%	2.54%	0.046	0.060
浙江	77.8	78.3	3.87%	0.64%	0.058	0.058
广东	83.9	83.9	7.02%	0	0.146	0.136
上海	77.1	76.1	−0.26%	−1.30%	0.041	0.035
区域均值	79.3	79.6	3.01%	0.40%	0.069	0.067
全国均值	72.1	72.2	2.37%	0.20%	0.052	0.058

1）数值比较。

在文化产业生产力方面，强势区域中，2014 年广东省指数值最高，达到 83.9，和 2013 年持平；上海指数值最低，2014 年为 76.1，和 2013 年相比，有略微下降；区域均值和 2012 年相比基本没有变化，2014 年区域均值高于全国均值 7.4，差距和 2013 年相比，几乎没有变化（见图 4—17）。这说明强势区域文化产业生产力状况比较好，可供投入文化产业的要素资源比较丰富，这是本区域文化产业的优势要素，促进了本区域文化产业的快速发展。例如，2013 年广东省旅游总收入为 6 716.69亿元，同比增长 15.9%，旅游总人数达到 40 261.61 万人次，其中城市接待旅游人数为 30 151.01 万人次，入境旅游人数为 10 110.60 万人次。广东省的旅游人数和旅游收入之所以如此之多，主要得益于广东省良好的社会、经济环境和丰富的旅游资源。首先，广东是主要侨乡，南方门户，毗邻港澳，对外开放早，深圳、珠海、汕头率先建立经济特区，创造了良好的社会、经济环境。其次，广东省海岸线绵长，多温泉，地貌形体复杂，丹霞山为丹霞地貌典型，肇庆岩溶地貌发育，西樵山熔岩地貌构成美景，汕头海蚀地貌奇特，鼎湖山自然保护区为北回归线上的绿洲。再次，广东人文资源丰富，广州、潮州为历史文化名城，佛山为四大名镇之一；多有伽蓝浮屠，广东省是伊斯兰教最早传入中国的地区之一；岭南园林别具一格，佛山市顺德区的清晖园、佛山市禅城区的梁园、番禺的余荫山房和东莞的可园为四大名园；并且近代史迹数量多、分布广，从鸦片战争起，历次革命斗争中的名故居、重要遗址、陵园等不胜枚举。近来各开放城市的建设和发展也成为旅游吸引力之一。

2）增速比较。

如图 4—18 所示，强势区域 2014 年文化产业生产力指数增速和 2013 年相比，变化较大。其中，广东文化产业生产力增速变化最大，2013 年增速为

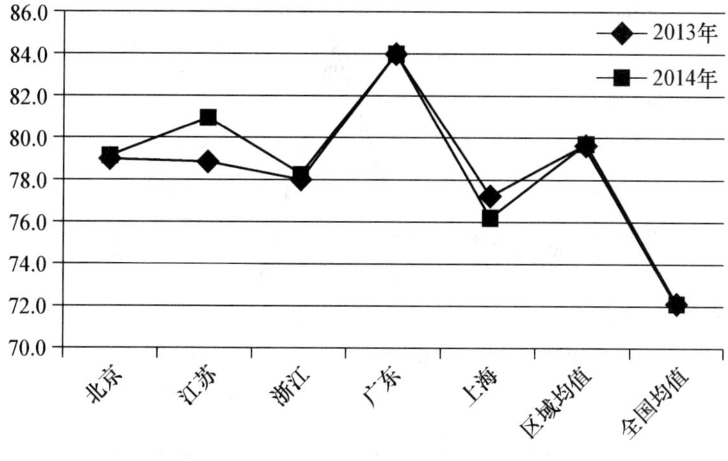

图 4—17 强势区域文化产业生产力指数

7.02%，2014 年增速为 0，和 2013 年相比，相差 7.02 个百分点；上海近两年文化产业生产力指数增速均为负值，且 2014 年增速小于 2013 年增速，说明上海文化产业投入逐年减少，且减少的幅度进一步加大。总体来看，2014 年强势区域增速均值高于全国增速均值，和 2013 年相比，增速均值均有所下降，说明强势区域文化产业生产力和全国文化产业总体投入力度有所放缓。

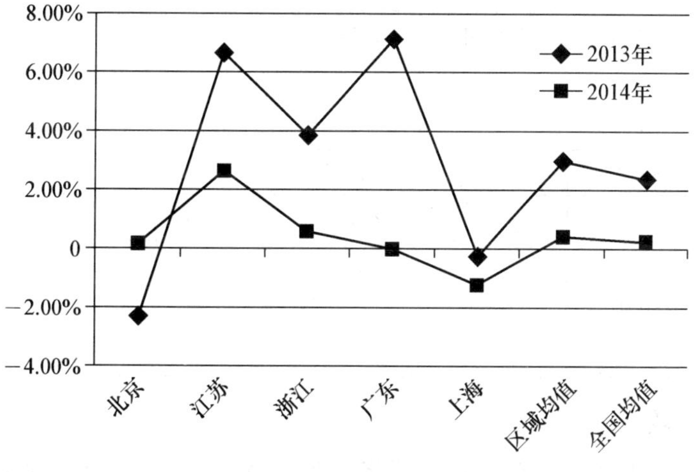

图 4—18 强势区域文化产业生产力指数增速

3）变异系数比较。

由图 4—19 可知，强势区域中，2014 年和 2013 年文化产业生产力指数变异系数相比变化不大，其中广东文化产业生产力指数变异系数最大，显著高于其他省市，2014 年达到 0.136，高于强势区域均值（0.067），上海市文化产业生产力指数变异系数最小，2014 年仅为 0.035。

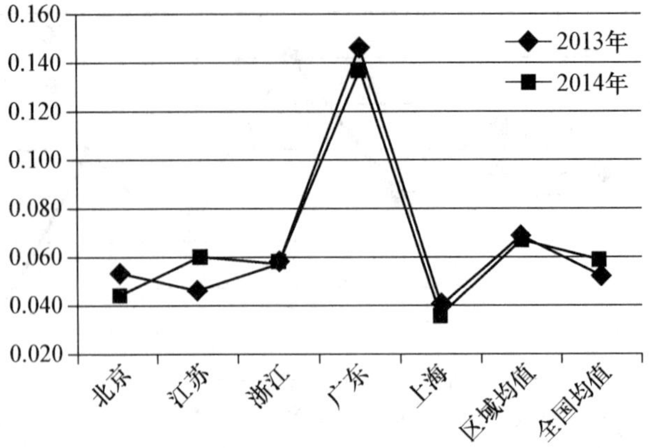

图 4—19　强势区域文化产业生产力指数变异系数

从整体来看，强势区域产业生产力变异系数均值高于全国均值，可见强势区域产业生产力发展均衡性较高。

（2）文化产业影响力方面。

表 4—5 显示的是 2013 年和 2014 年强势区域文化产业影响力指数的相关数据。

表 4—5　　强势区域文化产业影响力指数

地区	影响力指数数值		影响力指数增速		影响力指数变异系数	
	2013 年	2014 年	2013 年	2014 年	2013 年	2014 年
北京	80.5	83.6	−0.37%	3.85%	0.115	0.076
江苏	78.2	84.6	0.90%	8.18%	0.123	0.068
浙江	80.3	83.6	1.52%	4.11%	0.062	0.032
广东	78.0	79.7	−5.80%	2.18%	0.118	0.059
上海	83.4	84.7	−1.18%	1.56%	0.067	0.028
区域均值	80.1	83.2	−0.99%	3.98%	0.097	0.053
全国均值	73.1	74.8	0.47%	2.28%	0.045	0.050

1）数值比较。

如表 4—5 和图 4—20 所示，在文化产业影响力方面，强势区域指数均值较高，平均值在 2013 年达到 80.1，高出 2013 年全国均值 7.0 个数值。而这一差距在 2014 年被进一步拉大，强势区域平均值为 83.2，而全国均值仅为 74.8。在强势区域，上海的指数在 2013 年和 2014 年都达到了最高值，分别为 83.4 和 84.7；广东则以 78.0 和 79.9 的指数值在该区域内连续两年垫底。值得注意的是，强势区域内各地区的产业影响力指数在 2014 年较 2013 年均有较大提高，尤其是江苏省，极大地缩小了之前与上海在产业影响力方面的差距，在 2014 年达到 84.6。这说明强势区域文化产业影响力发展状况良好，这一因素是导致其文化产业发展水平较高的关键因素。强势区域内部各省市指数平均值在2013年和2014年均超过了80，说明强势区域的文化产业具有很好的投入产出效益。例如，上海市目前已有100多个文化产业集聚区，如国家数字出版基地、中国（上海）网络视听产业基地、国家音乐产业基地、国家绿色创意印刷示范园区等一批国家级的文化产业基地。与其他省市相比，上海的文化产业园区起步较早，数量较多，规模较大，产业集聚区正向产业门类集聚、功能定位清晰、部门合作共建的方向发展。同时，产业园区的管理不断完善，许多园区已从一般房屋租赁发展到提供完备物业服务，并逐步发展到帮助企业孵化、开展各类咨询、提供金融服务、参与企业发展等注重园区服务能力提升和园区运营模式创新的管理。这样的聚集规模促进了文化产业之间的交流、合作，使上海的文化产业呈现出欣欣向荣的景象，文化产业的产出水平也在不断地提高。

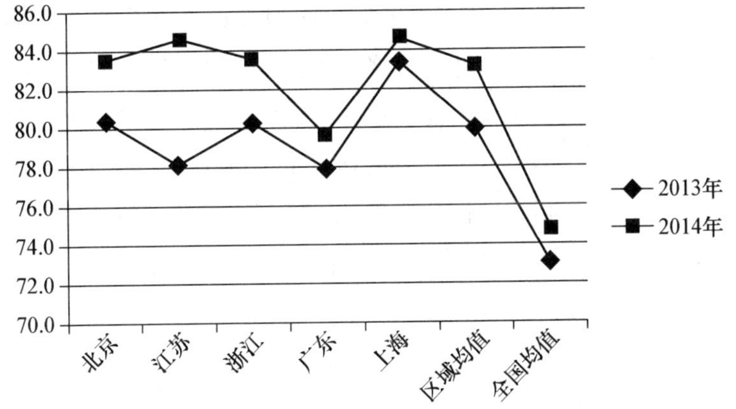

图4—20 强势区域文化产业影响力指数

2）增速比较。

如表4—5和图4—21所示，2013年，强势区域文化产业影响力指数增速普遍偏低，最高值为浙江1.52%，除江苏为0.90%外，北京、广东、上海增速均为负值，其中广东最低，仅为−5.80%。2014年，强势区域文化产业影响力指数增速一改之前的颓势，在2014年均成正增长态势。但区域内各地区增速依旧存在差异，其中江苏一枝独秀，达到8.18%，而上海则最低为1.56%。2013年，强势区域文化产业影响力指数增速平均值为−0.99%，低于全国均值0.47%；2014年，强势区域文化产业影响力指数增速平均值为3.98%，高于全国的均值2.28%，说明强势区域文化产业的影响力从2013年到2014年有所提升，并在一定范围内有更积极的影响。

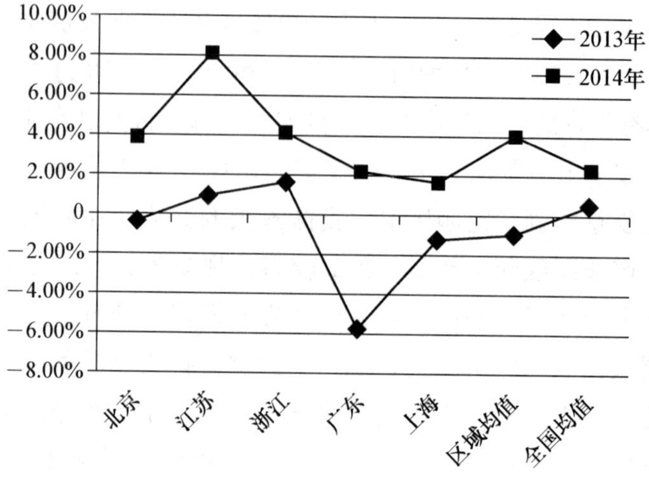

图 4—21　强势区域文化产业影响力指数增速

3）变异系数比较。

如表 4—5 和图 4—22 所示，2014 年强势区域各地区文化产业影响力指数变异系数与 2013 年相比，均有较大幅度的下降。2013 年该区域内，江苏变异系数最高，达到 0.123，浙江最低，为 0.062；而 2014 年北京最高，为 0.076，上海则达到最低，为 0.028。2013 年和 2014 年，强势区域文化产业影响力指数变异系数平均值分别为 0.097 和 0.053，均高于全国均值的 0.045 和 0.050，但区域均值和全国均值间的差距有所缩小。由此可见，强势区域文化产业影响力的均衡发展程度要比全国的均衡发展程度稍差，但这一差距在减小。

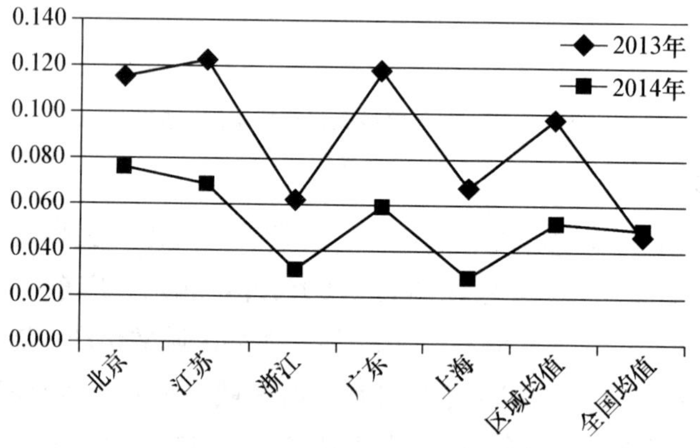

图 4—22　强势区域文化产业影响力指数变异系数

（3）文化产业驱动力方面。

表 4—6 显示的是 2013 年和 2014 年强势区域文化产业驱动力指数的相关数据。

表 4—6　　强势区域文化产业驱动力指数

地区	驱动力指数数值		驱动力指数增速		驱动力指数变异系数	
	2013 年	2014 年	2013 年	2014 年	2013 年	2014 年
北京	78.8	83.5	1.42%	5.96%	0.045	0.123
江苏	75.7	78.0	1.47%	3.04%	0.104	0.152
浙江	74.9	77.1	1.35%	2.94%	0.095	0.080
广东	72.3	75.0	0.42%	3.73%	0.104	0.143
上海	73.4	75.4	−3.42%	2.72%	0.067	0.098
区域均值	75.0	77.8	0.25%	3.68%	0.083	0.119
全国均值	74.0	73.9	0.69%	−0.10%	0.077	0.094

1）数值比较。

如表 4—6 和图 4—23 所示，2014 年，强势区域各省市文化产业驱动力指数与 2013 年相比，都有一定幅度的提高。其中，北京延续 2013 年的优势，由 78.8 提高到 2014 年的 83.5，与该区域内驱动力指数连续两年排名垫底的广东进一步拉开了差距，从 2013 年的 6.5 增加到 2014 年的 8.5。这表明强势区域内部各省市在文化产业驱动力方面存在差距。强势区域文化产业驱动力指数的均值由 2013 年的 75.0 提高到 2014 年的 77.8，均高于全国均值；而全国文化产业驱动力指数的均值则在 2013 年和 2014 年基本持平，分别为 74.0 和 73.9。由此看出，强势区域比全国在市场环境、公共环境和创新环境方面具有整体或部分优势，且处于良好的发展态势。

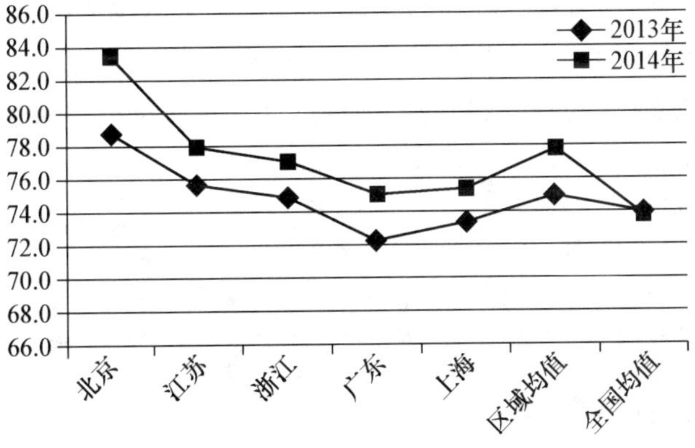

图 4—23　强势区域文化产业驱动力指数

2）增速比较。

由表 4—6 和图 4—24 可知，2014 年强势区域文化产业驱动力指数增速较 2013 年有较大幅度的提高，其中 2013 年增速最快的北京由 2013 年的 1.42%提高到 5.96%；而 2013 年在该区域驱动力指数增速排名垫底、呈负增长（−3.42%）的上海，也在 2014 年达到了 2.72%的增速。相比 2013 年强势局域的产业驱动力均值

（0.25%）略低于全国均值（0.69%）的情况，2014年强势区域增速的均值达到3.68%，远超过全国增速均值（−0.10%）。由此看出，强势区域内驱动力指数增速在2014年远高于全国平均增速，增长优势明显。

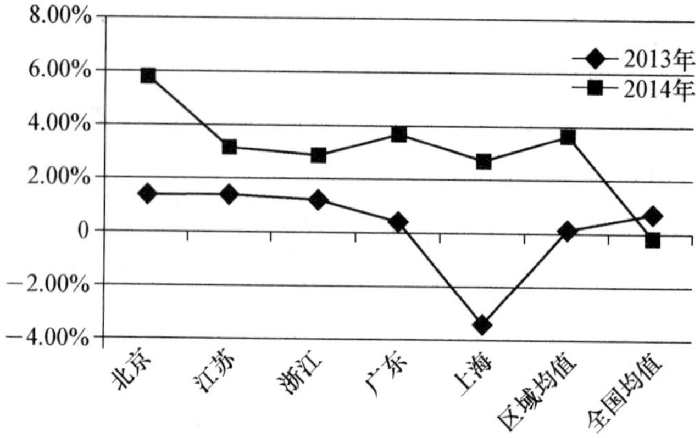

图4—24　强势区域文化产业驱动力指数增速

3）变异系数比较。

如表4—6和图4—25所示，2014年强势区域各省市文化产业驱动力指数变异系数较2013年都有一定程度的变化，除浙江的变异系数由0.095下降到0.080外，其他各省市均有所增加。2013年，文化产业驱动力指数变异系数最低的是北京（0.045），江苏和广东则并列最高，达到0.104。2014年，该地区系数最低的为浙江（0.080），江苏则超越广东达到0.152，为该区域最高。从整体看，强势区域文化产业驱动力指数变异系数均值由2013年的0.083提高到2014年的0.119，均超过全国均值（0.077和0.094）。这表明，强势区域文化产业在驱动力方面发展的均衡程度低于全国的平均水平。

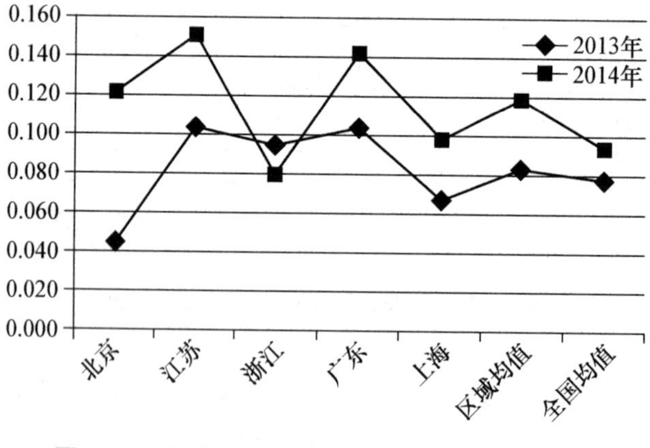

图4—25　强势区域文化产业驱动力指数变异系数

3. 强势区域二级指标分析

根据本书第二章的介绍，文化产业发展指数体系的二级指标一共有8个，分别是文化资源、文化资本、人力资源、经济影响、社会影响、市场环境、公共环境、创新环境。强势区域二级指标指数值及区域平均值和全国平均值如表 4—7 所示。

表 4—7　　强势区域二级指标指数值及区域平均值和全国平均值

地区	时间	文化资源	文化资本	人力资源	经济影响	社会影响	市场环境	公共环境	创新环境
北京	2013 年	81.1	73.1	78.7	87.1	74.0	81.1	74.7	80.7
	2014 年	81.0	74.2	78.6	88.1	79.1	81.2	74.5	94.7
江苏	2013 年	76.5	83.9	80.4	85.0	71.4	82.9	76.9	67.3
	2014 年	78.7	87.9	80.1	88.6	80.5	85.7	84.0	64.4
浙江	2013 年	75.3	78.7	84.4	83.8	76.8	81.7	75.4	67.5
	2014 年	75.2	81.1	84.4	81.7	85.5	82.3	78.7	70.3
广东	2013 年	81.1	76.3	100.0	84.5	71.5	79.8	72.5	64.7
	2014 年	80.1	79.2	100.0	83.1	76.4	82.8	79.5	62.8
上海	2013 年	79.2	73.6	74.2	87.3	79.4	79.1	71.4	69.9
	2014 年	77.9	73.1	73.7	86.4	83.0	83.0	75.1	68.2
区域平均值	2013 年	78.6	77.1	83.5	85.5	74.6	80.9	74.2	70.0
	2014 年	78.6	79.1	83.4	85.6	80.9	83.0	78.4	72.1
全国平均值	2013 年	70.9	75.6	72.1	74.2	72.0	78.4	75.5	68.2
	2014 年	70.8	76.7	71.8	73.3	76.3	78.2	76.4	66.9

（1）文化资源。

表 4—8 显示的是 2013 年和 2014 年强势区域文化资源指数的相关数据。

表 4—8　　强势区域文化资源指数

地区	文化资源指数		文化资源指数增速	
	2013 年	2014 年	2013 年	2014 年
北京	81.1	81.0	−5.92%	−0.12%
江苏	76.5	78.7	5.66%	2.88%
浙江	75.3	75.2	0.40%	−0.13%
广东	81.1	80.1	8.13%	−1.23%
上海	79.2	77.9	−4.81%	−1.64%
区域均值	78.6	78.6	0.69%	−0.05%
全国均值	70.9	70.8	−0.37%	−0.06%

1）数值比较。

如表 4—8 和图 4—26 所示，强势区域文化资源指数普遍偏高。2013 年，北京和广东都达到 81.1，为该区域最高，而排名最低的浙江也达到 75.3。2014 年强势区域文化资源指数基本稳定，最高为北京（81.0），最低则依旧是浙江（75.2）。整体来看，强势区域文化资源指数均值在 2013 年和 2014 年保持稳定（78.6），远远高于全国均值的 70.9 和 70.8。这说明，强势区域的文化资源要素非常丰富，对本区域文化产业的发展做出了很大的贡献，且保持在相对稳定的水平。

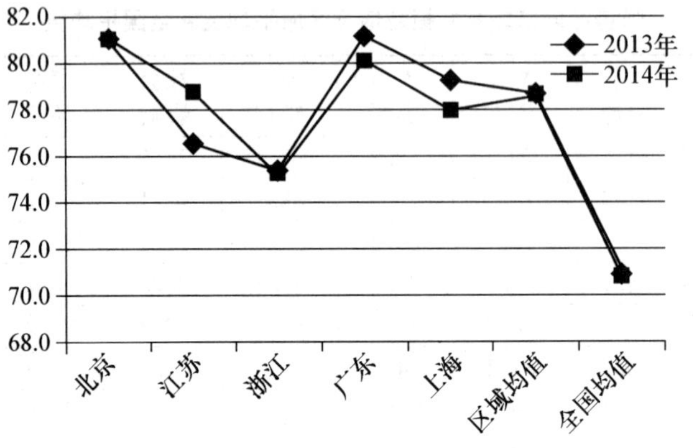

图 4—26 强势区域文化资源指数

2）增速比较。

由表 4—8 和图 4—27 可知，2013 年强势区域各地区文化资源指数增速差异明显，最高为广东（8.13%），最低则为北京呈负增长，仅有－5.92%。2014 年，这一差异有明显的缩小，但该区域各地区文化资源指数增速较 2013 年，除江苏最高（2.88%）外，都发生了较大的变化，呈现负增长，其中上海最低，为－1.64%，但北京 2014 年增速较 2013 年则有所提高，已接近正增长（－0.12%）。强势区域的文化资源指数增速均值则由 2013 年的 0.69%下降到 2014 年的－0.05%，相比 2013 年和 2014 年全国文化资源指数增速的均值（－0.37%和－0.06%），可以看出强势区域相较全国的领先优势在 2014 年不复存在。

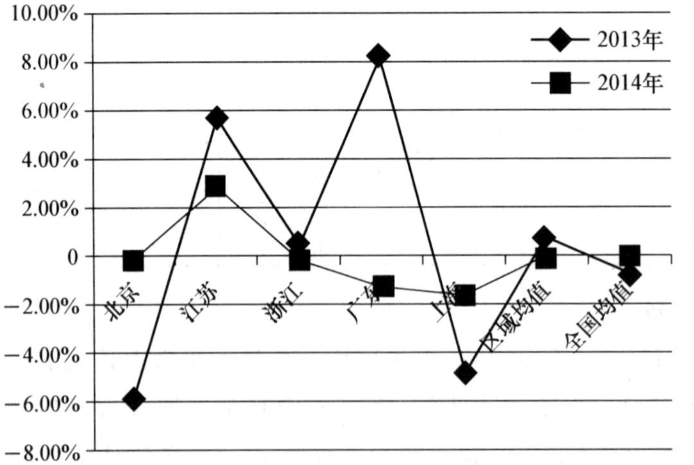

图 4—27 强势区域文化资源指数增速

（2）文化资本。

表 4—9 显示的是 2013 年和 2014 年强势区域文化资本指数的相关数据。

表 4—9　　强势区域文化资本指数

地区	文化资本指数		文化资本指数增速	
	2013 年	2014 年	2013 年	2014 年
北京	73.1	74.2	1.67%	1.50%
江苏	83.9	87.9	17.34%	4.77%
浙江	78.7	81.1	15.06%	3.05%
广东	76.3	79.2	14.22%	3.80%
上海	73.6	73.1	11.35%	−0.68%
区域均值	77.1	79.1	11.93%	2.49%
全国均值	75.6	76.7	8.17%	1.38%

1）数值比较。

如表 4—9 和图 4—28 所示，2013 年和 2014 年强势区域各地区文化资本指数分布趋势大体一致，整体水平略有提高。其中，江苏在 2013 年和 2014 年都排名最高，并处于较高的领先位置，分别达到 83.9 和 87.9；北京和上海则以相同的文化资本指数（73.1），分别在 2013 年和 2014 年在该区域内排名最后。从整体来看，强势区域均值在 2013 年和 2014 年分别达到 77.1 和 79.1，分别高于全国均值 75.6 和 76.7。由此看出，强势区域内部文化资本表现差异显著，但总体发展态势稳定，依旧保持对全国水平的领先优势。

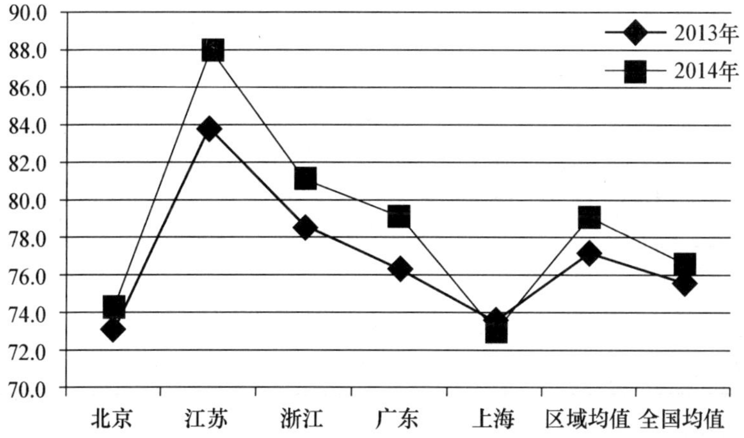

图 4—28　强势区域文化资本指数

2）增速比较。

由表4—9和图4—29可知，2014年强势区域各省市文化资源指数增速较2013年总体明显放缓。江苏在两年中增速都为该区域最快，2013年达到17.34%，但2014年则缩小为4.77%。2013年增速最低为北京（1.67%），2014年增速最低则为上海，仅为−0.68%。强势区域文化资源指数增速均值在2013年和2014年分别达到11.93%和2.49%，领先于全国均值的8.17%和1.38%，可见强势区域相比全国范围在文化资本方面依旧保持相对高速的增长。

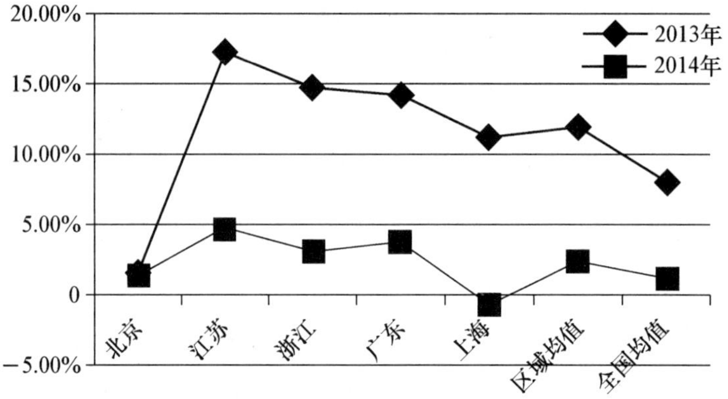

图4—29　强势区域文化资本指数增速

（3）人力资源。

表4—10显示的是2013年和2014年强势区域人力资源指数的相关数据。

表4—10　强势区域人力资源指数

地区	人力资源指数		人力资源指数增速	
	2013年	2014年	2013年	2014年
北京	78.7	78.6	6.21%	−0.13%
江苏	80.4	80.1	0	−0.37%
浙江	84.4	84.4	3.81%	0
广东	100.0	100.0	0	0
上海	74.2	73.7	5.10%	−0.67%
区域均值	83.5	83.4	3.02%	−0.23%
全国均值	72.1	71.8	6.19%	−0.34%

1）数值比较。

如表4—10和图4—30所示，2014年强势区域人力资源指数情况与2013年基本持平。强势区域各地区有较大差异，广东连续两年达到最高值100，上海则以74.2和

73.7 的指数值在两年中都位列该区域最低。强势区域人力资源指数均值在 2013 年为 83.5，2014 年为 83.4，都远超两年的全国均值（分别为 72.1 和 71.8），表明强势区域文化产业从业人员多，人力资源相对丰富，这对该区域的文化产业发展有很大的促进作用。

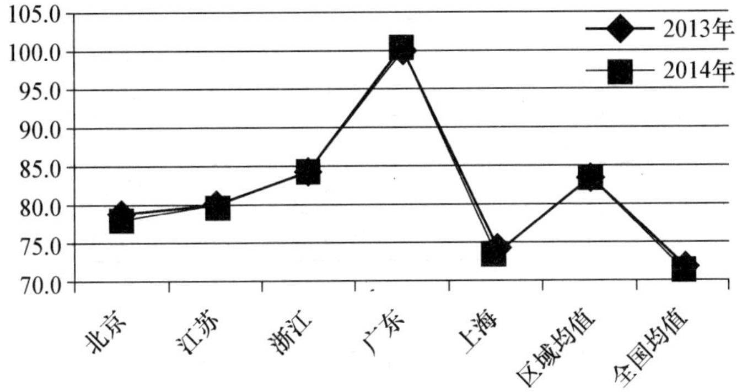

图 4—30 强势区域人力资源指数

2）增速比较。

由表 4—10 和图 4—31 可见，强势区域 2013 年和 2014 年人力资源指数增速整体变化较大。2013 年，区域内各地区人力资源指数增速差异明显，但除江苏和广东零增长外，都实现了正增长，其中北京最高，为 6.21%。2014 年，除广东、浙江零增长外，强势区域内各地区均为负增长，其中上海最低，为－0.67%。2013 年强势区域人力资源指数均值为 3.02%，低于全国均值（6.19%），2014 年强势区域增速均值（－0.23%）则略高于全国均值（－0.34%）。总体来看，2014 年无论是强势区域还是全国范围，人力资源方面的发展都不如 2013 年。

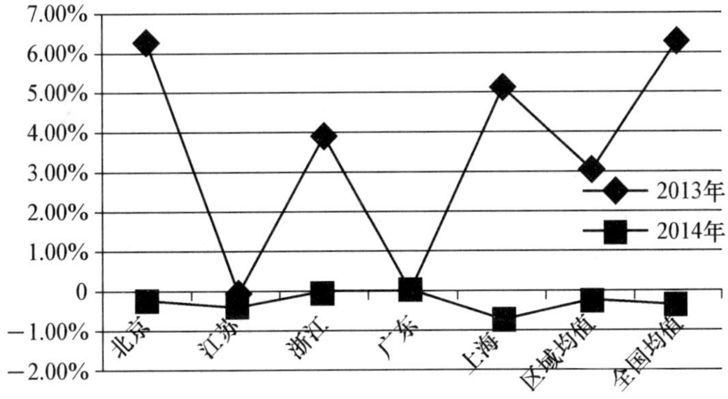

图 4—31 强势区域人力资源指数增速

（4）经济影响。

表 4—11 显示的是 2013 年和 2014 年强势区域经济影响指数的相关数据。

表 4—11　　强势区域经济影响指数

地区	经济影响指数		经济影响指数增速	
	2013 年	2014 年	2013 年	2014 年
北京	87.1	88.1	5.32%	1.15%
江苏	85.0	88.6	4.68%	4.24%
浙江	83.8	81.7	1.95%	−2.51%
广东	84.5	83.1	0.48%	−1.66%
上海	87.3	86.4	0.81%	−1.03%
区域均值	85.5	85.6	2.65%	0.04%
全国均值	74.2	73.3	1.24%	−1.36%

1）数值比较。

如表 4—11 和图 4—32 所示，2013 年和 2014 年强势区域经济影响指数整体差异并不明显。2013 年上海为强势区域最高值（87.3），北京则以 87.1 紧随其后；而 2014 年江苏达到强势区域的最高值（88.6），北京则为 88.1。在 2013 和 2014 两年中，浙江分别以 83.8 和 81.7 在强势区域中排名垫底。强势区域在 2013 和 2014 两年的经济影响指数均值分别为 85.5 和 85.6，远远领先于全国均值（74.2 和 73.3），表明强势区域较全国其他地区在文化产业产出和收入方面具有较大优势。

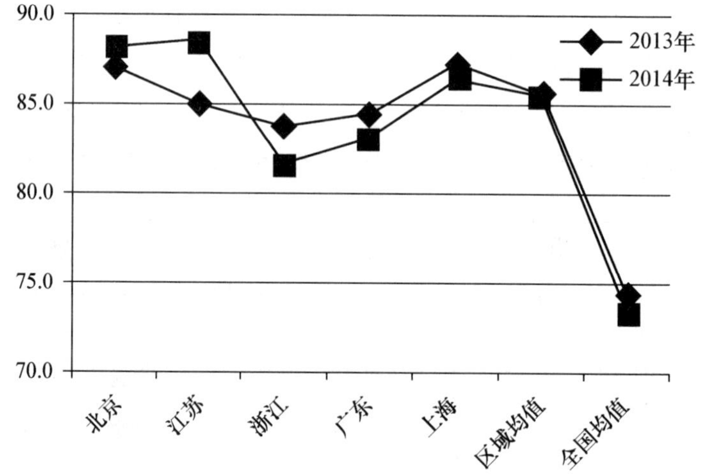

图 4—32　强势区域经济影响指数

2）增速比较。

由表 4—11 和图 4—33 可见，2014 年相较 2013 年，强势区域经济影响指数增速变化较大，整体有一定程度的下降。2013 年，强势区域各地区差异明显，其中北京最高，为 5.32%；广东最低，为 0.48%。而 2014 年，该区域各地区增速差异增大，最高为江苏（4.24%）；最低为浙江，增速为－2.51%。强势区域经济影响指数增速均值在 2013 年为 2.65%，2014 年为 0.04%，分别高于全国均值 1.24% 和－1.36%。

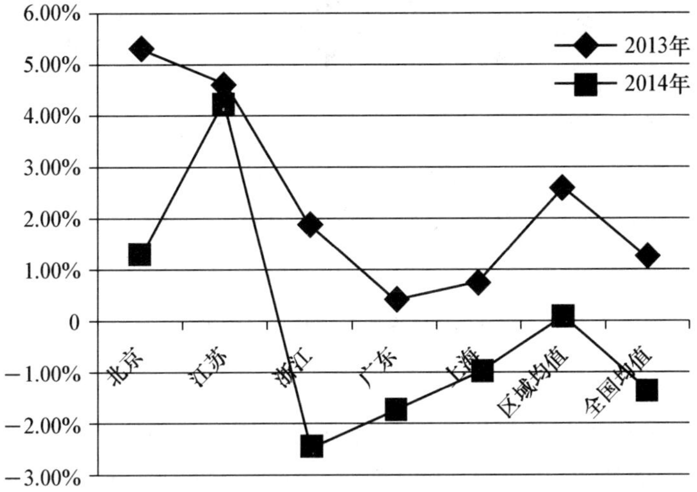

图 4—33　强势区域经济影响指数增速

（5）社会影响。

表 4—12 显示的是 2013 年和 2014 年强势区域社会影响指数的相关数据。

表 4—12　强势区域社会影响指数

地区	社会影响指数		社会影响指数增速	
	2013 年	2014 年	2013 年	2014 年
北京	74.0	79.1	－6.33%	6.89%
江苏	71.4	80.5	－3.25%	12.75%
浙江	76.8	85.5	1.19%	11.33%
广东	71.5	76.4	－12.27%	6.85%
上海	79.4	83.0	－3.29%	4.53%
区域均值	74.6	80.9	－4.79%	8.47%
全国均值	72.0	76.3	－0.26%	6.13%

1）数值比较。

如表 4—12 和图 4—34 所示，强势区域内各地区社会影响指数 2014 年相比 2013 年均有一定程度的增长。2014 年，浙江达到最高值（85.5），相比 2013 年最高值的上海（79.4），提高了 6.1 个点。2014 年最低值为广东（76.4），相比 2013 年最低值江苏（71.4），也提高了 5 个点。

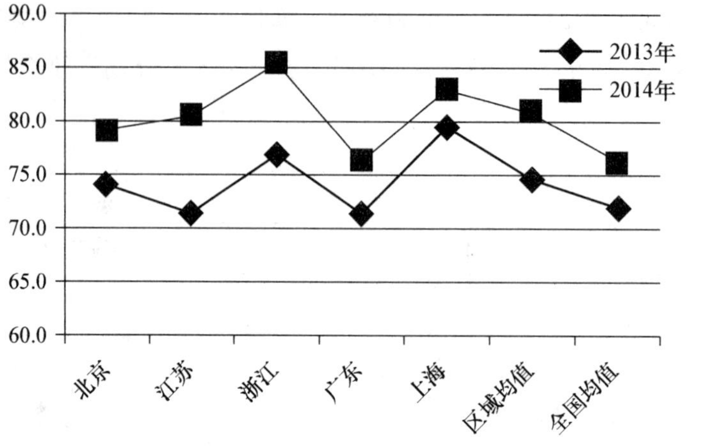

图 4—34　强势区域社会影响指数

2）增速比较。

由表 4—12 和图 4—35 可知，2014 年强势区域内各地区社会影响指数增速相比 2013 年有较大幅度的提高。2013 年，除浙江增速为正值（1.19%）外，其他地区增速均为负值，其中最低为广东（−12.27%）。2014 年，强势区域中除上海增速最低为 4.53%外，其余各地区增速均在 6.50%以上，江苏最高为 12.75%。2013 年强势区域社会影响指数增速均值（−4.79%）低于全国均值（−0.26%），但 2014 年强势区域均值（8.47%）则超过全国均值（6.13%）。

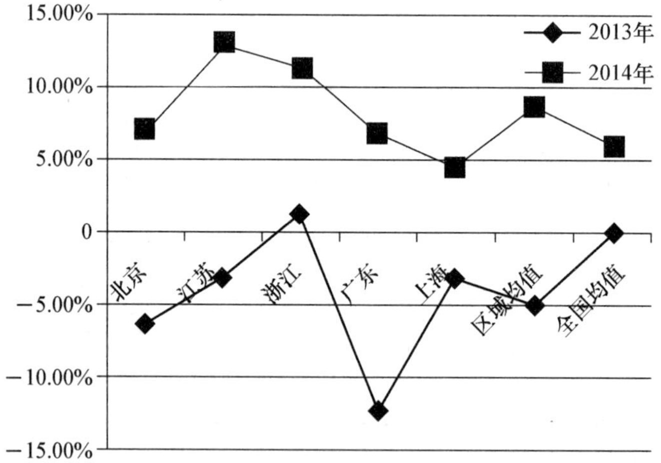

图 4—35　强势区域社会影响指数增速

（6）市场环境。

表 4—13 显示的是 2013 年和 2014 年强势区域市场环境指数的相关数据。

表 4—13　　强势区域市场环境指数

地区	市场环境指数		市场环境指数增速	
	2013 年	2014 年	2013 年	2014 年
北京	81.1	81.2	2.27%	0.12%
江苏	82.9	85.7	5.87%	3.38%
浙江	81.7	82.3	6.80%	0.73%
广东	79.8	82.8	6.97%	3.76%
上海	79.1	83.0	1.80%	4.93%
区域均值	80.9	83.0	4.74%	2.59%
全国均值	78.4	78.2	5.44%	−0.11%

1）数值比较。

如表 4—13 和图 4—36 所示，2014 年强势区域市场环境指数较 2013 年，有一定程度的提高。江苏在 2013 年和 2014 年市场环境指数均为最高，分别达到 82.9 和 85.7，上海（79.1）和北京（81.2）则分别在 2013 年和 2014 年排名最低。2013 年和 2014 年，强势区域市场环境指数均值都高于全国均值，且差距拉大，表明强势区域在市场环境方面具有优势。

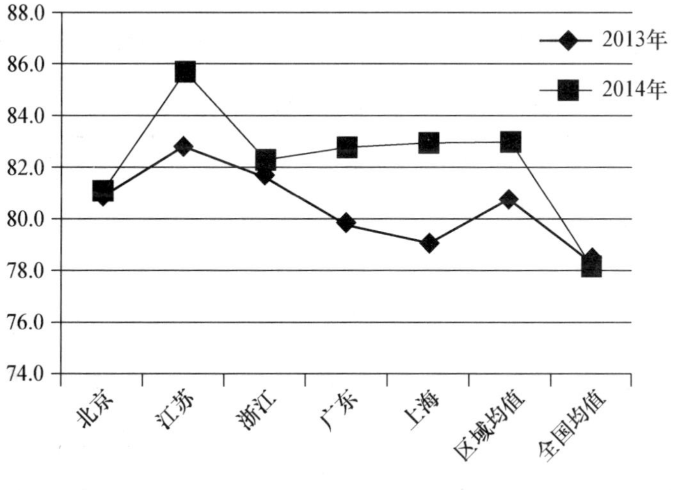

图 4—36　强势区域市场环境指数

2）增速比较。

由表 4—13 和图 4—37 可见，强势区域各地区市场环境指数增速在 2014 年相比 2013 年均有较大差异。2013 年，广东增速为最高值（6.97%），上海为最低值（1.80%）；而 2014 年，上海增速则为最高值（4.93%），北京为最低值（0.12%）。总体来看，2013 年强势区域市场环境指数增速均值（4.74%）略低于全国均值（5.44%）；2014年强势区域增速均值和全国增速均值都有较大幅度的下降，但强势区域增速均值（2.59%）高于全国均值（−0.11%）。这说明，强势区域和全国其他省市的市场环境提高速度都有所放缓，全国其他地区更为明显。

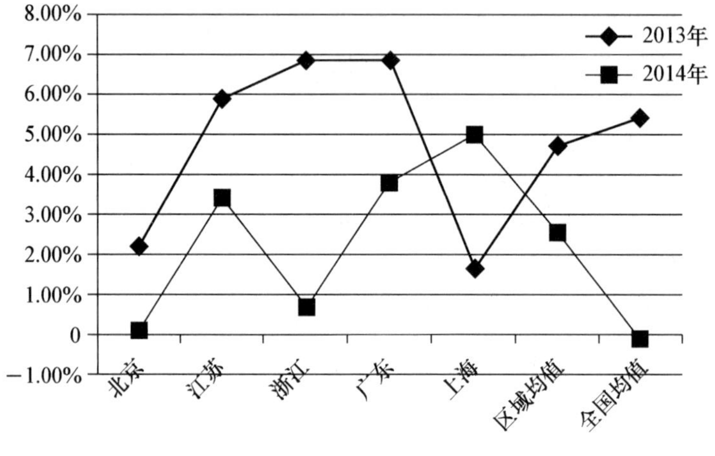

图 4—37　强势区域市场环境指数增速

(7) 公共环境。

表4—14显示的是2013年和2014年强势区域公共环境指数的相关数据。

表 4—14　　强势区域公共环境指数

地区	公共环境指数		公共环境指数增速	
	2013年	2014年	2013年	2014年
北京	74.7	74.5	−0.93%	−0.27%
江苏	76.9	84.0	2.12%	9.23%
浙江	75.4	78.7	1.34%	4.38%
广东	72.5	79.5	2.69%	9.66%
上海	71.4	75.1	−0.14%	5.18%
区域均值	74.2	78.4	1.02%	5.64%
全国均值	75.5	76.4	1.20%	1.53%

1）数值比较。

如表4—14和图4—38所示，2014年强势区域内各地区公共环境指数较2013年均有所提高。2013年和2014年的最高值均是江苏，分别为76.9和84.0；而2013年和2014年最低值则分别是上海（71.4）和北京（74.5）。2013年，强势区域公共环境指数均值（74.2）低于全国均值（75.5），而2014年，强势区域均值（78.4）

反超全国均值（76.4）。

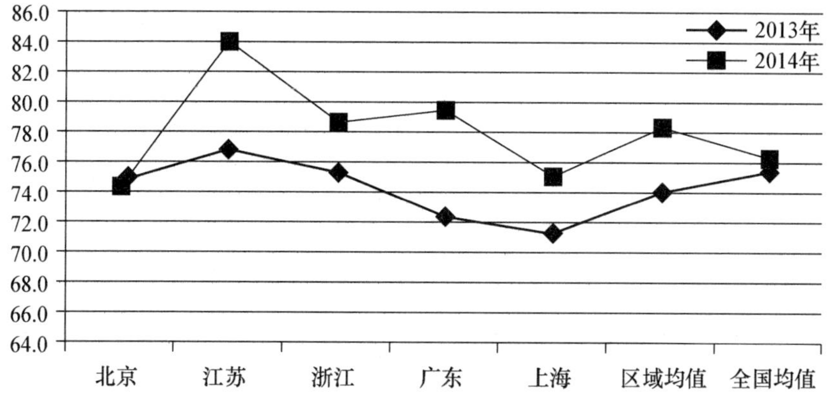

图 4—38 强势区域公共环境指数

2）增速比较。

由表 4—14 和图 4—39 可见，2014 年强势区域公共环境指数增速差异明显，相比 2013 年有一定程度的提高。2013 年和 2014 年，该区域内最高值都为广东，分别为 2.69％和 9.66％；最低值则都是北京，分别为－0.93％和－0.27％，可以看出在同一年内强势区域内各地区差距愈加明显。2013 年，强势区域公共环境指数增速均值（1.02％）略低于全国均值（1.20％），而 2014 年强势区域增速均值（5.64％）则反超全国均值（1.53％）。

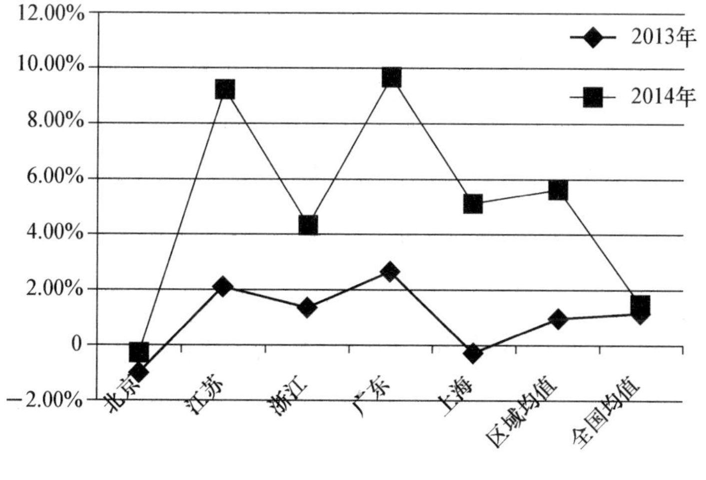

图 4—39 强势区域公共环境指数增速

（8）创新环境。

表 4—15 显示的是 2013 年和 2014 年强势区域创新环境指数的相关数据。

表 4—15　　强势区域创新环境指数

地区	创新环境指数		创新环境指数增速	
	2013 年	2014 年	2013 年	2014 年
北京	80.7	94.7	2.93%	17.35%
江苏	67.3	64.4	−4.27%	−4.31%
浙江	67.5	70.3	−4.93%	4.15%
广东	64.7	62.8	−8.49%	−2.94%
上海	69.9	68.2	−11.18%	−2.43%
区域均值	70.0	72.1	−5.19%	2.36%
全国均值	68.2	66.9	−4.54%	−1.89%

1）数值比较。

如表 4—15 和图 4—40 所示，2013 年强势区域内各地区创新环境指数分布与 2014 年相比大致相同。2013 年和 2014 年，北京指数均最高，分别是 80.7 和 94.7，广东则均最低，分别是 64.7 和 62.8。2013 年，强势区域创新环境指数均值为 70.0，全国均值为 68.2；2014 年，前者为 72.1，后者为 66.9，表明强势区域创新环境指数均值均超过全国均值。

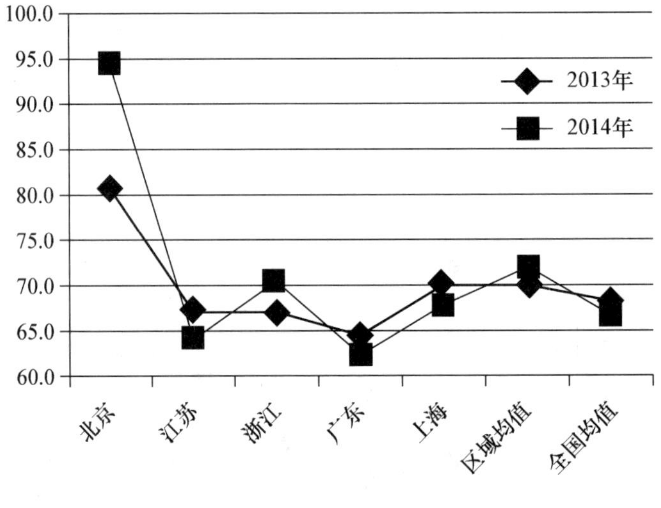

图 4—40　强势区域创新环境指数

2）增速比较。

由表 4—15 和图 4—41 可见，2014 年强势区域内各地区创新环境指数增速与 2013 年相比，均有一定幅度的提高。北京在 2013 年和 2014 年持续在该区域内最高，分别为 2.93%和 17.35%；而上海（−11.18%）和江苏（−4.31%）则分别在 2013 年和 2014 年为该区域内最低。从总体上看，2013 年强势区域增速均值为

—5.19%，略低于全国均值（—4.54%）；而 2014 年强势区域增速均值（2.36%）则反超全国均值（—1.89%）。

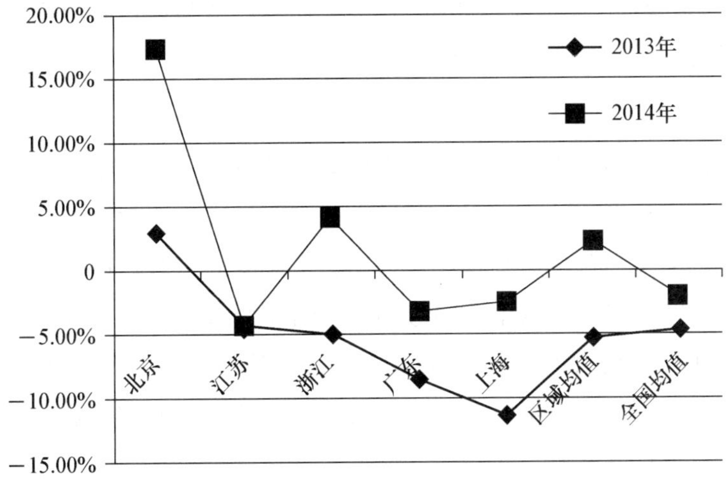

图 4—41　强势区域创新环境指数增速

（二）中国文化产业发展强势区域决定因素

通过前一节强势区域文化产业发展二级评价指标的分析，可以看出雄厚的文化资源、丰富的人力资源和不断完善的市场环境是促进强势区域文化产业发展的关键因素。

1. 雄厚的文化资源

文化资源代表一个地区发展文化产业可投入的资源量，是发展文化产业的主要根基。中国是文化资源大国，拥有五千年的文明史，历史文化积淀十分深厚，中华文化源远流长且博大精深，文化资源禀赋独特、丰厚，发展文化产业具有得天独厚的资源优势。随着推动文化产业成为国民经济支柱产业目标的确立，社会各界对我国文化资源蕴含的多层次价值的认知逐渐深入，对其需求也显得更为迫切和直接。例如，根据《中国统计年鉴 2014》，广东和江苏的普通高校本专科在校生人数分别为 171.0 万和 168.4 万，人数总量位于全国各省市的前三位。我国许多著名高校也坐落于文化产业发展的强势区域，如北京有北京大学、清华大学、中国人民大学等，上海有复旦大学、交通大学、同济大学等，广东有中山大学、暨南大学、华南理工大学等，江苏有南京大学、东南大学，浙江有浙江大学等，这些重点高校都是该地区发展文化产业的宝贵资源。在文化产业基地方面，强势区域在文化创意产业基地和集聚区的建设优势突出。该区域各地拥有的文化创意产业基地数量在全国都名列前茅，且都属于中国六大文化创意产业集群，即环渤海文化创意产业集群（北京）、长三角文化创意产业集群（上海、南京、杭州和苏州）、珠三角文化创意产业集群（广州和深圳）。例如，上海市拥有 87 个创意产业集聚区，总面积 336 万平方米；全球排名前 10 位的广告公司都落户上海。①

2. 丰富的人力资源

在发展文化产业的过程中，人力资本要素至关重要，它在很大程度上影响着文化产业的发展程度和发展结构。强势区域文化产业的人力资源相对丰富，覆盖产业各个领域，使得文化产业发展结构比较合理、发展空间比较广阔。以北京为例，在人力资源方面，2013 年北京文化产业从业人员平均人数达 161.7 万，上海则近 130 万人。较高的薪资和较大的上升发展空间都对文化产业人才起到了吸纳和激励作用。各地政府也积极制定政策引进和培养文化创意产业领域的专业人才，为文化创意产业的发展打下良好基础。

3. 不断完善的市场环境

良好的市场环境是文化创意产业健康快速发展的土壤。良好的知识产权保护、文化消费、行业协会和融资环境等方面都对充分吸引企业投资文化产业，使其为地方文化产业发展做贡献起到了至关重要的作用。在知识产权保护方面，我国起步较晚，但政府已充分认识到保护从业者的劳动成果对于文化创意产业发展的重要意义，制度体系和管理手段在不断完善。居民对于文化产品和服务的消费需求也是促进文化创意产业发展的重要推动力。强势区域在文化消费方面表现突出，如北京，其城镇居民家庭在教育文化娱乐服务的人均消费为 3 985 元，占人均总消费的 15.2%。② 在融资环境方面，针对文化企业本身多拥有无形资产，评估作价困难的特点，强势地区的政府制定了一系列政策，如北京市的《关于进一步加强金融支持小微企业发展的若干措施》，着手在无形资产评估、完善信贷环境、拓宽融资渠道、完善保障体系等方面，为文化产业企业，特别是中小企业融资发展铺路。

（三）中国文化产业发展强势区域典型省份分析

在整体评述强势区域文化产业发展特征的基础上，本节将依照综合指数的排名详细分析北京、江苏、浙江、广东和上海文化产业发展的现状与瓶颈，并找出促进各地区发展的关键因素。

① 参见《上海文化创意产业从业人员约 130 万人》，见 http://sh.eastday.com/m/20140609/u1a8138131.html。

② 参见《北京市 2014 年国民经济和社会发展统计公报》，见新华网。

1. 北京市

(1) 北京市文化产业发展现状与瓶颈。

近几年，北京市的文化产业发展状况良好，文化资源、人力资源、经济影响和创新环境均远超全国平均水平（见图 4—42）。2014 年文化创意产业实现增加值 2 794.3亿元，比 2013 年增长 8.4%（2013 年实现增加值 2 406.7 亿元）；占地区生产总值的比重为 13.1%，比 2013 年提高 0.1 个百分点。北京在文化创意产业领域实现的增加值已经连续四年增长在 8%以上，占地区生产总值的比重也连续四年都在 12%以上，表明北京文化创意产业发展态势良好，已成为支柱产业。[①]

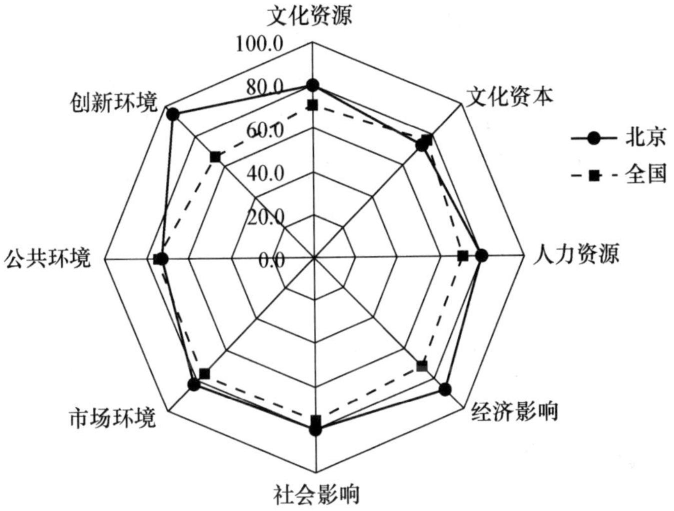

图 4—42　2014 年北京市文化产业二级指标雷达图

文化资源方面，北京市的指数在 2014 年排名全国第一。根据《北京市 2014 年国民经济和社会发展统计公报》，截至 2014 年末北京共有公共图书馆 25 个，总藏量 5 452.9 万册；档案馆 18 个，馆藏案卷 652 万卷件；博物馆 171 个，其中免费开放 79 个；群众艺术馆、文化馆 20 个，组织文艺活动 4 769 次；专业艺术剧团 35 个，演出13 016场（次）。[②] 截至 2014 年末，北京有线电视注册用户达到 551.6 万户，其中高清交互数字电视用户 420 万户。

经济影响方面，北京市文化创意产业经济效益显著。2014 年，北京文化创意产业实现增加值 2 794.3 亿元，比 2013 年增长 8.4%。北京地区 23 条院线 169 家影院（963 块银幕，其中 IMAX 银幕 11 块）共放映电影 162.5 万场，观众 5 184.6 万

①② 参见《北京市 2014 年国民经济和社会发展统计公报》，见新华网。

人次，票房收入 22.8 亿元。[①] 电影、电视、广播广告总收入达到约 168.9 亿元。北京地区出版报纸 254 种，期刊 3 053 种，图书 19.2 万种。[②] 根据北京动漫游戏产业联盟的统计，2014 年北京动漫游戏产业企业总产值约 372 亿元，同比增长 69%，占全国动漫游戏产业总产值 1 144.8 亿元的三成。北京动漫游戏企业 2014 年的出口金额约 42.3 亿元，继续稳居全国第一。[③] 社会影响方面，北京文化领域繁荣活跃，人民群众参与文化类消费程度高，人均文化事业费达到 115.66 元，在全国各地区中排名第二，远远领先于全国水平（38.99 元）。[④]

市场环境方面，北京仍须完善文化创意产业的市场要素，尤其是知识产权保护和融资渠道方面还有待提高。在知识产权保护方面，首先，法规体系有待完善，一些涉及著作权、商标权等权利类型的保护尚处于地方立法空白状态，而著作权、商标权等正是文化创意产业知识产权保护的主要权利类型，因此应结合本地区发展特点对国家立法进行细化和补充。第二，行政查处的协调力、统筹性、有效性，专项执法的常态性，行政执法的力度、主动性和针对性有待加强。第三，权利人通过诉讼途径维权的成本较高，主要体现在诉讼程序烦琐，易延迟，导致同类竞争产品可能占领市场，给权利人的利益造成重大损害，因为创新的成本和风险是难以估量的。此外，由于在知识产权事实认定中，当事人需要举证质证，很可能导致商业秘密被公众知悉，而事实上也存在一方当事人以诉讼为策略企图套取对方商业秘密的可能。第四，权利人避免和防止被侵权的意识和能力不足。[⑤] 公共环境方面，北京在政策支持和提供公共服务方面仍须加强。应该看到，2014 年北京市出台了多项政策，如《北京市文化创意产业提升规划（2014—2020 年）》《北京市文化创意产业功能区建设发展规划（2014—2020 年）》《关于进一步加强金融支持小微企业发展的若干措施》《北京市人民政府 文化部关于加快国家对外文化贸易基地（北京）建设发展的意见》[⑥] 等等，但如何使这些政策真正发挥作用，落到实处，并加强公共服务力度，对进一步发展北京文化产业十分重要。

（2）北京市文化产业发展成功的关键因素。

1）政策优势明显。近年来，北京市政府在促进文化创意产业高效发展方面，

---

① 参见《北京市 2014 年国民经济和社会发展统计公报》，见新华网。

② 参见《北京统计年鉴 2014》，北京，中国统计出版社，2014。

③ 参见《2014 年北京动漫游戏产业产值占全国近三分之一》，见 http://district.ce.cn/newarea/roll/201501/06/t20150106_4274965.shtml。

④ 参见《中国文化文物统计年鉴 2014》，北京，国家图书馆出版社，2014。

⑤ 参见于雯雯：《文化创意产业知识产权保护法律问题研究——以北京市为例》，载《贵州师范大学学报》（社会科学版），2013（5），85～89 页。

⑥ 参见 http://www.ce.cn/culture/gd/201412/24/t20141224_4193876.shtml。

做出了很多积极的努力。例如，加大文化创意产业发展专项资金等支持力度，综合运用多种政策手段，对文化服务出口、境外投资、营销渠道建设、市场开拓、公共服务平台建设、文化贸易人才培养等方面给予支持等。

2）文化消费水平高。根据北京市统计局和国家统计局北京调查总队公布的普查数据①，北京的文化消费对文化创意产业收入的贡献效应明显。2013 年，与文化消费直接相关的艺术品交易，文化艺术，旅游、休闲娱乐 3 个领域的收入分别比第二次全国经济普查增长 7.3 倍、1.8 倍和 1.4 倍，对文化创意产业收入增长的贡献率分别为 13.4%、3.2%和 8.2%。在 2014 年 8 月底至 10 月底的“惠民文化消费季”里，3 772.5 万人次市民在图书、演出、电影、艺术品、珠宝、数码等领域享受了一顿文化饕餮大餐，消费总额达 101.8 亿元。

2. 江苏省

(1) 江苏省文化产业发展现状与瓶颈。

2014 年，江苏省在文化资源、文化资本、人力资源、经济影响、市场环境和公共环境方面表现突出，均超过全国平均水平（见图 4—43）。

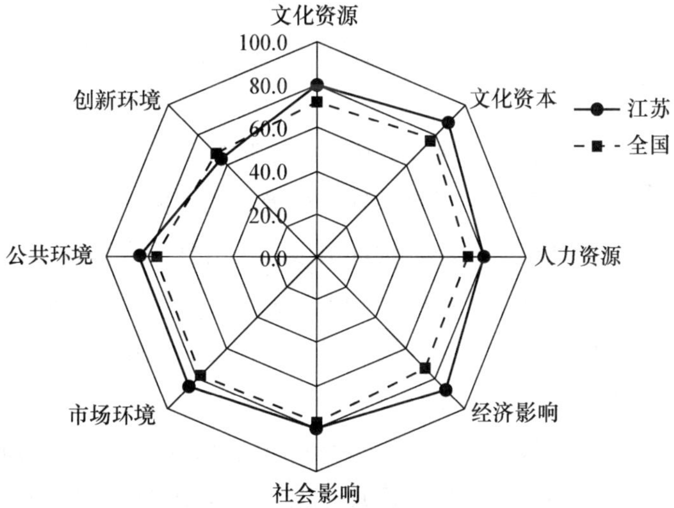

图 4—43 2014 年江苏省文化产业二级指标雷达图

文化资源方面，江苏省公共文化服务水平稳步提高，文化场馆类资源优势尤其明显。根据《2014 年江苏省国民经济和社会发展统计公报》，截至 2014 年末，江苏全省共有文化馆、群众艺术馆 116 个，公共图书馆 113 个，博物馆 292 个，

① 参见《2014 年北京文化产业企业总收入冲破 1.2 万亿元》，见 http://www.admaimai.com/News/Detail/2/120392.htm。

美术馆17个，综合档案馆169个，向社会开放档案328万卷（件、册）。共有广播电台14座，中短波广播发射台和转播台21座，电视台14座，广播综合人口覆盖率和电视综合人口覆盖率分别达99.99%和99.88%。有线电视用户2 287.7万户，比上年增长1.9%。生产故事影剧片14部。全年报纸出版28亿份，杂志出版1.2亿册，图书出版5.5亿册。此外，江苏拥有18家文化科技产业园、23家重点文化产业园区、80家重点文化科技企业，这些构成了江苏文化产业的第一方阵。

人力资源方面，2014年江苏省指数为80.1，表现良好。2013年底全省文化及相关行业机构从业人员158 483人，比上年增加4 085人。作为教育大省，江苏在充分利用教育资源，发挥教育优势培养专业的文化创意产业从业人员，举办以文化创意为主题的国际学术交流活动，促进人才的交流互动等方面做出了积极努力。

经济影响方面，2014年江苏省文化产业指数排名强势地区第一位，达到88.6。其文化创意产业继续保持20%以上增速，增加值超过3 000亿元人民币，占江苏省国民生产总值的比重达5%，初具支柱产业雏形，提前一年实现了“十二五规划”中关于文化产业的目标，向该省文化产业总收入超过1万亿元的目标迈进。①

社会影响方面，江苏省文化企业尝试整合全球资源、拓展国际市场，对在全国乃至世界的舞台上展示江苏文化形象起到了积极作用。例如，由该省广电集团出品的《非诚勿扰》在海内外广受关注，投资拍摄的《白日焰火》在柏林电影节上揽得金熊奖；YouTube上开设的江苏卫视官网成为该网站上最受欢迎的华语频道；凤凰集团每年向包括英国、美国、澳大利亚等非华语地区输出图书超过150种，其精心打造的音乐剧《锦绣万花谷》亮相英国爱丁堡艺术节，被《泰晤士报》称为“艺术节期间最耀眼的中国元素”；苏州蜗牛通过Google、Facebook等知名媒体，在美国、俄罗斯进行原创网络游戏的推广运营；无锡歌舞剧院创排的舞剧《绣娘》在美国肯尼迪艺术中心商演，上座率90%；盐城杂技团的《猴·西游记》在美国林肯中心连演27场，创该中心单一剧目演出的最高纪录。②

市场环境方面，江苏在2014年强势区域指数排名位列第一，达到85.7。依靠

---

① 参见《2014年江苏文化产业增加值占GDP比重首达5%》，见 http://js.people.com.cn/culture/n/2015/0217/c360308-23939904.html。

② 参见《增加值占GDP比重首达5% 江苏文化产业破茧成蝶》，见 http://jsnews.jschina.com.cn/system/2015/02/17/023770170.shtml。

创新驱动、嫁接科技、借力金融、拥抱国际市场的发展策略，江苏省取得了可喜的成绩。江苏知名文化品牌众多，如苏州加入“全球创意城市网络”；单网规模中国第一、世界第二的江苏有线，被称为“华莱坞”的无锡国家数字电影产业园，为 2014 年 APEC 会议提供国宴用瓷的南京高淳陶瓷，实现中国出版业迄今最大一次跨国并购的凤凰传媒集团，这些文化龙头企业也大大推动了江苏省文化市场的兴盛。①

公共环境方面，江苏各地政府积极出台政策为文化创意产业发展铺路，尤其是给予资金支持，为金融投资文化产业创造便利条件。2013 年，江苏省文化（文物）事业机构的财政拨款总额为 50.03 亿元，在全国排名第 2 位，各级财政继续加大对文化部门的经费投入，同比上年增长 22.7%。② 全年下拨省级文化产业引导资金 2.09 亿元，扶持了 245 个文化产业项目，带动项目总投资额达 231 亿元。全省各地文化与金融融合取得新进展，如作为省会城市，南京在 2013 年底成立文化金融中心，首批 4 家“文化银行”累计发放贷款近 10 亿元；成立全国首家文化小额贷款公司，累计发放贷款 4.91 亿元；组建天使投资基金和新兴产业投资基金，目前已到位资金 9 亿元；遴选 2 家保险公司推出信用保证保险，为文化企业提供信用保证和风险保障。苏州成立了文化产业担保基金、创业投资基金；无锡成立了文化产业引导投资基金和中小企业投资基金；徐州举办文化产业银企对接会，签订了 3 年 20 亿元的文化产业融资合作协议。这些举措产生了良好的社会和经济效益，提高了公众服务满意度。

2013 年至 2014 年，江苏省在文化创意产业领域取得了长足的进步，在诸多方面表现优异，但在一些方面仍存在问题。在创新环境方面，2014 年江苏创新环境排名全国第 21 名，说明文化创新上不足。具体表现在高级职称就业人数方面，位居全国第 19 名；国际交流方面，位居全国第 24 名；而人均科研经费方面，虽然位居全国第 7 名，但是得分仅为 64.9 分，与北京的 100 分相比，有很大的差距。针对这一问题，江苏应加大文化科研经费投入，设立文化产业研究专项资金，鼓励文化创新；增加财政对企业科技创新的支持力度，引导企业加大科技研发投入力度。充分利用高校等的高素质创新人才群体，推动文化人才集群形成。针对高端、复合型文化人才，构建世界一流的人才培养体系；建立领军人才发现、评

① 参见《增加值占 GDP 比重首达 5% 江苏文化产业破茧成蝶》，见 http://jsnews.jschina.com.cn/system/2015/02/17/023770170.shtml。

② 参见《江苏省 2013 年度文化发展情况统计分析》，见 http://www.jscnt.gov.cn/gk/zd/tj/201407/t20140714_23779.html。

估、奖励和引进机制，培养更多具有创新精神的创新型人才。另外，鼓励文化产业跨省合作项目落地，加大政策扶持力度，鼓励特色文化产品、服务走出江苏，跨出国门。

(2) 江苏省文化产业发展成功的关键因素。

1) 政府政策的大力支持。江苏近两年来的文化创意产业发展与省政府的重视和大力扶植是分不开的。江苏将文化产业的发展列入“十二五”的重点规划，将文化强省建设作为经济结构转型的抓手，出台了一系列政策促进文化产业转型升级，推动文化产业成为国民经济支柱性产业。首先，加强文化产业示范园区建设，扶植重点、特色文化产业项目重点支持，打造文化精品和文化品牌。例如，江苏省共有44个项目入选财政部公布的《2014年度中央文化产业发展专项资金支持名录》[①]，使这些项目获得更多的资金支持和更便利的发展条件。第二，在财政上加大对文化产业的投入，建立专项资助扶持资金、拓展投融资渠道、积极搭建文化产业与金融资本的合作和服务平台，创造条件鼓励风投资本进入文化产业。例如，已成功运作一期的江苏省紫金文化产业基金（一期）在二期中将由省财政、省直属企业共同出资，鼓励更多的文化企业“走出去”和“引进来”，使文化产业健康有序发展。第三，健全文化产业市场体系，发展大众性文化消费市场，培育特色文化消费，开拓国际文化消费市场。

2) 公共基础设施完善，文化资源丰富，居民文化消费水平较高。截至2013年底，江苏省文化及相关行业机构共计18 979个，共有各级非物质文化遗产保护机构（含非物质文化遗产保护中心）181个，艺术表演团体和艺术表演场馆400个，原创首演剧目64个，国内演出44.70万场次，观众4 820.95万人次[②]，在强势区域中均排名前列[③]。这些完善的文化基础设施，对于促进该省居民参与文化活动，促进文化消费和树立文化形象等方面都起到了积极作用。

3. 浙江省

(1) 浙江省文化产业发展现状与瓶颈。

2013年，浙江文化产业增加值达到1 880.4亿元，占全省GDP的5%，成为浙江省国民经济支柱性产业。其中，杭州市文化及相关产业实现增加值达484亿元，

---

① 参见《盘点2014：江苏推进体育产业基地发展》，见 http://www.ce.cn/culture/gd/201412/25/t20141225_4203219.shtml。

② 参见《江苏省2013年度文化发展情况统计分析》，见 http://www.jscnt.gov.cn/gk/zd/tj/201407/t20140714_23779.html。

③ 参见《中国文化文物统计年鉴2014》。

占全省总量的 30%以上，杭州、宁波和金华 3 市增加值合计占全省的近 60%。[①] 如图 4—44 所示，浙江省在文化资源、文化资本、人力资源、经济影响、社会影响、市场环境和公共环境等方面发展均衡，均超过全国平均水平。

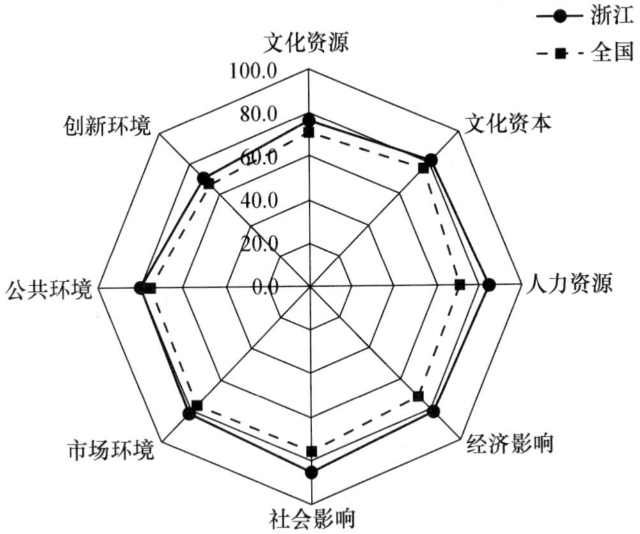

图 4—44　2014 年浙江省文化产业二级指标雷达图

文化资源方面，强势区域总体文化资源指数较高，浙江虽在该区域排名略低，但远高于全国平均水平。浙江省是吴越文化的重要发祥地，拥有越剧、丝绸、瓷器、木雕、根雕等一大批特色传统文化资源。[②] 根据《2014 年浙江省国民经济和社会发展统计公报》，截至 2014 年末浙江全省共有公共图书馆 98 个，文化馆 102 个，博物馆 148 个，隶属文化部门艺术表演团体 57 个。省市级广播电台、电视台各 78 座，县级广播电视台 66 家。有线电视用户 1 495 万户，比 2013 年增长 3.0%；广播、电视综合覆盖率分别为 99.6 %和 99.65%。全年共审查电影 38 部，制作电视剧 62 部2 717集；制作动画片 41 部 1 750 集，19 020 分钟。

文化资本方面，浙江具有较大优势，其指数在强势区域中排名第二，达到 81.1。根据《中国文化文物统计年鉴 2014》，2013 年浙江文化事业费达 36 亿元，占财政支出的比重排名全国第一；人均文化事业费为 65.71 元，位列全国第七。浙江省在其首届文化产业项目推介会上，一批重点文化项目获得来自以工商银行和中

① 参见《浙江省经济转型升级主要指标分析》，见 http://www.zj.stats.gov.cn/tjfx_1475/tjfx_sjfx/201412/t20141208_150343.html。

② 参见《浙江省文化创意产业政策》，见 http://www.zgsxzs.com/a/news/zhaoshangdongtai/shengquzhengce/2014/0225/594544.html。

国银行为代表的总额近 1 500 亿元的授信额度和直接投资额度；2014—2018 年，中国文化产业投资基金公司、国家开发银行、工商银行、中国银行、交通银行等银行的浙江省分行还将为浙江文化产业助力，授信额达到 1 150 亿元。[①]

人力资源方面，2014 年浙江省在强势区域中以指数 84.4 排名第二。浙江省延续了良好的态势，聚集了一批文化创意产业的创新人才，其中以文化科技领域的领军人物、阿里巴巴的马云和华数传媒的曹强为代表。浙江省拥有浙江大学、中国美术学院、浙江传媒学院、浙江理工大学、杭州师范大学美术学院等相关高等院校，在书画、雕塑、动画、工艺设计、服装设计、影视传媒等专业领域拥有一批国内有影响的专家名师，在文化创意专业人才培养能力方面居全国一流。[②]

经济影响方面，2014 年广播影视经营收入 340 亿元，比上年增长 10.2%，其中电影票房收入 23.61 亿元，增长 30.9%。全年观影 6 426 万人次，共完成 28.7 万场农村电影放映任务。全省 14 家图书出版社，共出版图书 12 963 种，总印数 3.68 亿册，比上年下降 3.9%；公开发行报纸 69 种；出版期刊 223 种。[③]

社会影响方面，2014 年浙江省继续扩大 2013 年的优势，超越上海，以 85.5 的指数在强势区域领跑。根据《中国文化文物统计年鉴 2014》，2013 年浙江公共图书馆总流通人次达 4 946 万人次，外借 3 919 万册次，在全国各地区中均排名前三。浙江艺术表演团体国内演出观众 9 272 万人次，位列全国第二。

近几年来，浙江省文化创意产业稳健发展，取得了较好的成绩。但在公共环境和创新环境两方面相较全国平均水平的优势并不大，仍有进步的空间。各级政府应进一步明晰其在规划引导、政策扶持、项目支持、园区建设、企业孵化等方面的职责重点，努力搭建更加便利的文化创意产业园区公共服务平台，使文化产业信息集散、人才培训、成果转化、评估交易、风险投资等配套服务能力不断增强，同时积极完善创意成果的知识产权保护体系，鼓励创新。

（2）浙江省文化产业发展成功的关键因素。

1）拥有全国领先的文化创意城市和龙头企业。根据台湾亚太文化创意产业协会发布的《2013 两岸城市文化创意产业竞争力调查报告》，杭州在两岸 42 个城市文化创意产业竞争力排行中位列第四，在大陆 35 个城市中位列第三。2014 年，杭州

---

① 参见《未来 5 年浙江文化产业获银行授信额达 1 150 亿元》，见 http://www.ccitimes.com/yejie/caijing/2014-02-13/9935499354.html。

② 参见《浙江省文化创意产业政策》，见 http://www.zgsxzs.com/a/news/zhaoshangdongtai/shengquzhengce/2014/0225/594544.html。

③ 参见《2014 年浙江省国民经济和社会发展统计公报》，见 http://www.zj.stats.gov.cn/tjgb/gmjjshfzgb/201502/t20150227_153394.html。

实现 1 607.27 亿元的文化创意产业增加值，占国内生产总值的 17.4%。其中，杭州文创企业单位资产总额达 4 337.56 亿元以上；文创企业主营业务收入达 2 842.07 亿元以上，利润总额达 587.32 亿元。杭州拥有 3 183 家规模以上文创企业，33.68 万从业人员；其中包括 5 家国家动画产业（教育）基地，8 家国家文化产业示范基地，24 家市级园区，33 家市级文创楼宇。浙江省文化创意产业的发展孕育了一批具有全国甚至世界影响力的文化品牌企业，这些企业的发展大大推动了当地文化创意产业的发展。在 2014 年第六届全国“文化企业 30 强”评选中，杭州市宋城集团控股有限公司、华策影视股份有限公司和思美传媒三家企业入选，占到了总数的十分之一，在全国起到了典型的表率作用。此外，横店影视产业实验区近十年来发展态势良好，除作为全球规模最大的影视拍摄基地被誉为“中国好莱坞”外，还开创了独特的以影视外景和娱乐活动为主题的旅游景区模式，开发出“梦幻太极”“梦回秦汉”“紫禁大典”“龙帝惊临”等 30 多场精彩的演艺节目，2013 年接待游客 1 200多万人次，实现旅游收入 95.7 亿元，同比分别增长 11.0%和 15.4%，实现影视业、旅游业的联动发展，成为以影视为特色的知名旅游目的地。“秦时明月”是杭州玄机科技信息技术有限公司旗下注册品牌，自 2007 年作为大型武侠 3D 动画登陆荧屏后，新媒体的点击量突破 20 亿次，更囊括了法国戛纳电视节亚洲展映会最佳作品、日本动漫产业白皮书推荐、美国 AUTODESK 最佳作品、亚洲电视节 3D 最佳推荐影片奖等诸多国际大奖，已成为当下“中国最具影响力”的原创动画品牌。[①]

2）业态创新取得新进展。浙江省在实施建设文化大省、发展文化产业战略过程中，包括国有和民营企业在内的一批文化企业积极利用创新科学技术，将现代营销理念应用于旅游、科技、文化的融合发展，拓展了发展空间，取得了业态创新的新进展。

4. 广东省

（1）广东省文化产业发展现状与瓶颈。

如图 4—45 所示，2014 年广东省在文化资源、文化资本、人力资源、经济影响、社会影响、市场环境和公共环境方面的表现都超过了全国平均水平，其在人力资源、经济影响和市场环境方面表现尤为突出。

文化资源方面，《2014 年广东省国民经济和社会发展统计报告》显示，截至 2014 年末，广东全省共有各类专业艺术表演团体（公有制）73 个，群众艺术馆、

① 参见《秦时明月领跑动漫次世代 〈君临天下〉呼之欲出》，见 http://www.ccitimes.com/yejie/huodong/2014-02-10/9917199171.html。

文化馆147个，县级及以上公共图书馆137个，博物馆、纪念馆175个。全省有广播电台22座，电视台24座。广播综合人口覆盖率和电视综合人口覆盖率均为99.9%。有线广播电视用户1 983.85万户，有线数字电视用户1 617.57万户，分别比上年末增长1.22%和2.96%。全年出版报纸41.04亿份，各类期刊1.68亿册，图书3.14亿册；全省共有综合档案馆143个。

人力资源方面，广东省连续三年都位列第一，且达到100的指数。作为全国人口大省，广东在人才方面具有得天独厚的优势。2013年，广东文化产业法人单位数量也明显增多，经国家初步审核认定的文化及相关产业法人单位超过10.4万家，位居全国第一，为聚集文化产业人才起到了重要作用。

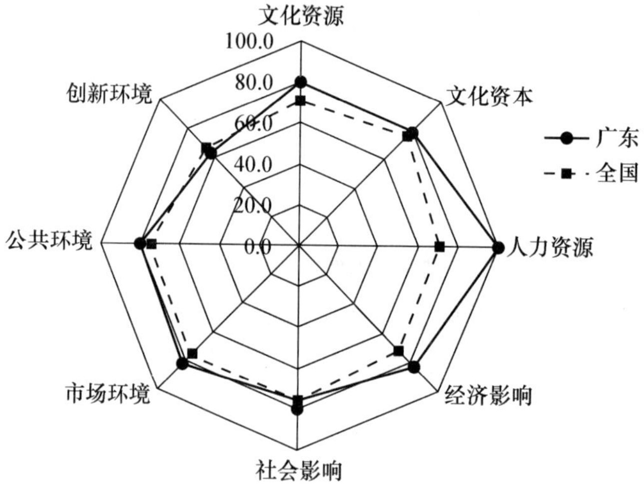

图4—45　2014年广东省文化产业二级指标雷达图

经济影响方面，2013年全年广东省文化及相关产业法人单位创造的增加值达到3 011亿元（初步核算数，未经国家最后确认），比上年增加305亿元，增长11.3%。[①] 其中，2013年，东莞文化产业实现增加值264亿元，比上年约增长20.5%，占全市GDP达到4.8%，增加值占GDP比重位居广东省第三位。[②] 2014年深圳文化创意产业持续保持较快的增长，前三个季度文化创意产业增加值为1 168亿元，与上年同比增加15.5%。[③]

① 参见《2013年广东文化及相关产业法人单位情况分析》，见 http://www.gdstats.gov.cn/tjzl../tjfx/201412/t20141204_189161.html。

② 参见《东莞文化产业实现增加值264亿元》，见 http://www.ycwb.com/ePaper/ycwb/html/2014-08/21/content_523100.htm? div=－1。

③ 参见《2014年深圳文化创意产业增加值实现1 560亿元》，见 http://www.gdwh.com.cn/gdwh/2015/0204/article_68685.html。

制约广东省文化创意产业的发展因素主要表现在创新环境偏差。长期以来，广东省文化产业的增加值主要来自辅助文化产品和文化用品生产制造企业，如生产玩具、游戏机、电视机、印刷品、包装产品的全国知名工业企业，但在广播电影电视、新闻出版、文化创意和设计、文化娱乐等属于表现文化产品核心竞争力的一些行业则知名企业单位数量少、大部分企业单位实力不强。① 如广东省的文化产业法人单位增加值比江苏省高出几百亿元，但其中的文化创意和设计服务增加值却比江苏省少几十亿元。② 这种文化产业的构成从侧面体现出广东省在文化产业中偏“制”造而非“智”造，创新和科研能力偏弱。因此，加大科研投入，提高创新能力，促使文化产业转型升级，增强文化产业的核心竞争力，是当前广东面临的主要任务。此外，在文化资本和公共环境方面，广东省文化产业固定资产投资主要集中在广州、深圳、东莞、佛山等珠三角的大中城市，其他许多地方发展滞后，公共服务体系并不健全，全省发展并不均衡。因此，应完善文化设施建设，尤其是在粤东西北地区，使更多的群众享受文化成果；更要充分利用广东省沿海、沿边，处于改革开放前沿、海外侨胞众多、对外文化贸易发达的优势，在财政、税收、金融等方面对从事对外文化贸易的企业给予更多支持。③

（2）广东省文化产业发展成功的关键因素。

1）重点文化企业单位是文化产业发展的主力。多年来，广东注重鼓励和吸引各类社会资本发展文化产业，民间投资文化产业热情旺盛，民营文化企业成为发展文化产业的生力军。从文化产业规模总量看，2014 年广东国有、民营各占半壁江山，民营文化企业和从业人员数量占到全省总数的 80%，在数字出版、动漫游戏、网络音乐、印刷复制、文化用品制造、影视节目制作、演出娱乐等行业所占比重超过 80%。④ 而以腾讯、网易、南方新闻网等为代表的网络文化服务企业对于提升广东省文化创意产业知名度，增强文化市场活力，促进当地乃至全国文化产业快速发展起到了不可估量的作用。

2）珠三角地区文化产业建设蓬勃发展。2013 年，在全省各地区中，珠三角地区不但在文化产业单位数量上占有绝对优势，在吸纳人员就业、企业经营收入、资产总计等方面也远远领先其他地区。在吸纳人员就业方面，2013 年，珠三角地区共吸纳 277 万人到文化企业单位就业，占全省文化产业法人单位就业人员总数的 82.9%。全年珠三角地区文化产业法人单位企业主营业务收入达到 1.3 万亿元，占

---

①②③　参见《2013 年广东文化及相关产业法人单位情况分析》，见广东统计信息网。

④　参见《文化产业“粤军”崛起正当时》，见 http://news.southcn.com/g/2014-05/15/content.99745932.htm。

全省全部文化产业法人单位企业主营业务总收入的89.2%。珠三角地区文化产业法人单位总资产达到1.2万亿元，占全省全部文化产业法人单位资产总计的91%。尤其是珠三角地区的深圳、广州两市，集中了全省最高水平的文化产业企业单位，文化产业极为发达，占据了全省文化产业的半壁江山。广东省加大了对文化产业园区的建设，一大批文化创意企业也都在这些地区落户。全省由文化部及文化厅认定的文化产业园区超过120家，已拥有国家级文化产业示范园13个，省级文化产业示范基地40个。其中，深圳市文化产业园区基地年产值超过500亿元。

5. 上海市

（1）上海市文化产业发展现状与瓶颈。

2014年，上海的文化资源、经济影响、社会影响、市场环境等方面发展情况良好，均超过了全国平均水平（见图4—46）。

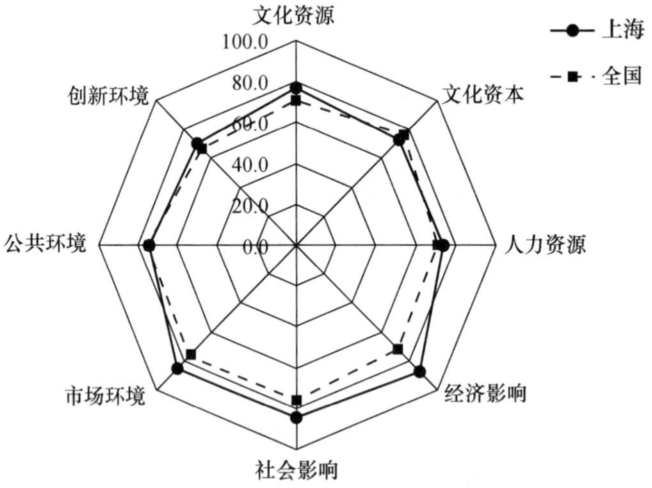

图4—46　2014年上海市文化产业二级指标雷达图

文化资源方面，根据《2014年上海市国民经济和社会发展统计公报》，至2014年末，全市有市、区（县）级文化馆、群众艺术馆26个，艺术表演团体180个，市、区（县）级公共图书馆25个，档案馆44个，博物馆120个。全市共有公共广播节目21套，公共电视节目25套。有线电视用户687.48万户，有线数字电视用户564.73万户。全年生产电视剧49部，共1 774集；动画电视4 386分钟。全年共出版报纸12.01亿份、各类期刊1.45亿册、图书3.26亿册，摄制完成36部故事片。

经济影响方面，2014年，上海市文化创意产业增加值占全市GDP比重的12%，提前一年实现“十二五”规划目标。文化产业已经成为上海的支柱性产业之一，成为“创新驱动发展、经济转型升级”的重要力量。① 同时，2014 年内成功举办第三十一届“上海之春”国际音乐节、第十六届中国上海国际艺术节等重大文化活动。2014 全年市民参与文化活动人数达到 3 100 万人次；实施公共文化服务人员“三年万人培训计划”，年内培训 4 050 人次。上海也在文化氛围、文化包容度、文化形象等方面全面提高文化产业的社会影响。

市场环境方面，上海居民的文化消费在全国处于相对较高的水平，城市居民家庭人均消费支出构成达到 16.8%。在国际文化大都市的建设中，上海文化产业结构不断优化，以文化软件服务、广告服务、设计服务为主的文化创意和设计服务等新兴文化产业占比大。随着自贸区建设不断深化，国家对外文化贸易基地建设加快，上海文化市场对外开放程度提高，吸引了大批文化创意企业。

创新环境方面，上海 2014 年表现略高于全国平均水平。上海研究与试验发展（R&D）经费逐年攀升，2014 全年用于 R&D 经费支出 831 亿元，相当于上海市生产总值的 3.60%。② 全年受理专利申请 81 664 件，比 2013 年下降 5.5%，其中，受理发明专利申请 39 133 件，下降 0.1%。全年专利授权量为 50 488 件，增长 3.7%，其中，发明专利授权量为 11 614 件，增长 9.1%。全市国家级创新型企业 15 家，国家级创新型试点企业 19 家，市级创新型企业 500 家。③ 但文化创意产业类企业在申请专利中比例较小，政府应积极出台政策，吸引创新人才，鼓励创意创新，为文化产业发展注入活力。

但是，上海在创意产业发展中同样面临问题。文化资本方面，2014 年上海文化产业人均固定资产投资低于全国平均水平，需要政府文化产业相关部门给予更多的重视。公共环境方面，上海 2014 年指数也略低于全国均值，应在保证专项资金支持力度的同时，更加注重资金使用的实效，切实有效地提高公众服务满意度。

（2）上海市文化产业发展成功的关键因素。

1）文化产业跨界融合的创新模式。近年来，上海积极探索文化产业与金融、科技、教育、旅游以及商业的融合。例如，设立文化创投风险引导基金，连续 3 年，每年安排 1 亿元，鼓励更多专业化风险投资基金和天使投资基金投资文化小微企业。以张江示范基地为代表的文化科技融合示范工程发展迅猛，集聚了网络动漫、网络视听、数字出版的具有强大竞争力的文化科技企业。2014 年，第 17 届上

---

① 参见《2014 年上海文化产业发展报告》，见 http://shcci.eastday.com/c/20150128/u1ai8558349.html。

②③ 参见《2014 年上海市国民经济和社会发展统计公报》。

海国际电影节观众人次近30万，第十八届上海艺术博览会吸引观众约为5万人次，第十届中国国际动漫游戏博览会主展馆现场人次逾22.3万，各类文化节庆活动覆盖面不断扩大、品牌影响力不断提升。

2）制定了有效的刺激措施。2014年，上海进一步发展文化产业重点项目，采取了一系列措施扶植和促进上海文化创意企业的发展。上海共有35家文化企业和12个项目被商务部、中宣部等国家六部委认定为2013—2014年度国家文化出口重点企业和重点项目。有264个项目获得上海市文化创意产业扶持资金共计2.9亿元，市区两级扶持资金总量为4.1亿元，撬动社会资金投入21亿元。因产业扶持政策的落实，一批功能性定位明确的服务平台应运而生，如上海文化贸易语言服务基地、音乐制作公共服务平台等。此外，上海制定出台的《上海市人民政府关于加快发展本市对外文化贸易的实施意见》和上海文化出口重点企业认定标准通过创新国际合作模式、拓展国际贸易渠道、搭建文化贸易平台，加快了文化“走出去”的步伐，提升了国际影响力。例如，《中国好歌曲》成为中国首档输出海外的原创电视节目，2014年7月，格莱美合作项目落户上海；上海市与柏林中国文化中心开展年度合作，以“海派文化”为重点，共同策划在柏林举办“2014德国·中国上海文化节”；在洛杉矶和温哥华举办中国上海电视周活动，集中展播外语频道制作的《中国面临的挑战1》《城市节拍》等优秀节目，为本土节目“走出去”搭建平台；大型人文历史纪录片《外滩》成功销往海外，以34种语言在166个国家播出。

三、中国文化产业发展弱势区域特征及决定要素

本书把文化产业发展指数较低的内蒙古、黑龙江、海南、甘肃、广西五省区作为文化发展弱势区域，从文化产业发展指数体系角度出发，对五省区的各级指标进行逐一分析，探究其文化发展水平的决定因素，并对典型城市进行具体分析。

（一）中国文化产业发展弱势区域特征

1. 弱势区域综合指数分析

表4—16显示了弱势区域的文化产业综合指数、文化产业综合指数增速和文化产业综合指数变异系数数值，以及五省区相关数据的平均值和全国相关数据的平均值。

表 4—16 弱势区域文化产业综合指数

地区	综合指数数值		综合指数增速		综合指数变异系数	
	2013 年	2014 年	2013 年	2014 年	2013 年	2014 年
内蒙古	71.5	69.9	0	−2.24%	0.045	0.021
黑龙江	70.3	69.7	0.43%	−0.85%	0.044	0.009
海南	68.0	69.0	−0.29%	1.47%	0.031	0.044
甘肃	68.7	68.8	4.41%	0.15%	0.013	0.005
广西	70.7	68.6	0.86%	−2.97%	0.054	0.014
区域均值	69.8	69.2	1.08%	−0.89%	0.037	0.019
全国均值	73.1	73.6	1.15%	0.75%	0.035	0.039

（1）数值比较。

由表 4—16 和图 4—47 可知，2014 年弱势区域的文化产业综合指数平均值为 69.2，与 2013 年（69.8）相比略有下降，均低于全国平均水平（73.6 和 73.1）。在弱势区域中，内蒙古的综合指数在 2013 年和 2014 年均位列最高，分别为 71.5 和 69.9，但均低于全国的平均水平，且有下降趋势。在 2013 年排名落后的海南（68.0）在 2014 年有小幅增长，达到 69.0；而在 2013 年排名第二的广西（70.7）则在 2014 年排名垫底，指数为 68.6。可见，弱势区域的文化产业和整体发展水平距离全国平均水平还有较大差距。

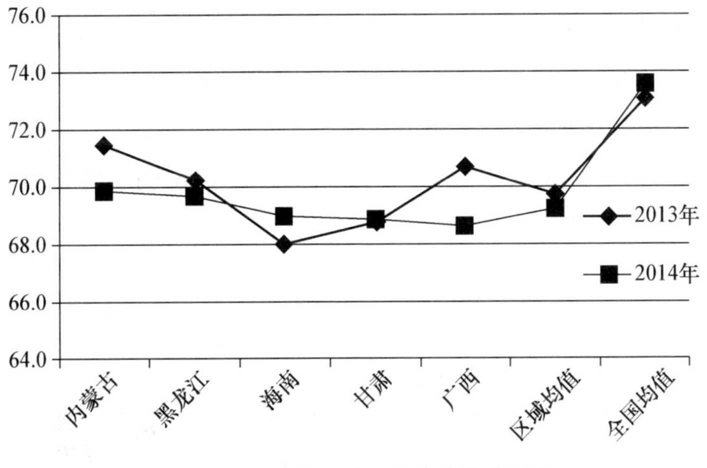

图 4—47 弱势区域文化产业综合指数

（2）增速比较。

由表 4—16 和图 4—48 可知，2014 年弱势区域的文化产业综合指数增速相较 2013 年，除海南外都有所下降，区域平均增速由正增长（1.08%）变为负增长（−0.89%），且均低于全国平均水平（1.15%和 0.75%）。2013 年，甘肃文化产业综合指数增速最高，达到 4.41%；而 2013 年增速最低的海南（−0.29%）在 2014 年增速上升最快，达到 1.47%；广西则以−2.97%的增速在 2014 年排名垫底。由此可见，2014 年弱势区域以及全国平均的文化产业发展速度都有所减缓，弱势区域与全国平均水平依然有一定差距。

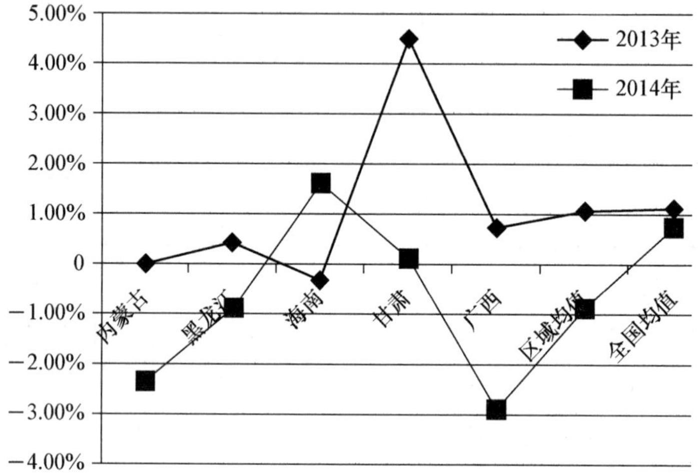

图 4—48　弱势区域文化产业综合指数增速

(3) 变异系数比较。

由表 4—16 和图 4—49 可见，2014 年弱势区域各地区文化产业综合指数变异系数与 2013 年相比变化较大，除海南外均有所下降。2013 年，广西文化产业综合指数变异系数最高为 0.054，2014 年变异系数最高的则为海南（0.044）；两年中，甘肃分别以 0.013 和 0.005 的综合指数变异系数排名最低。2013 年弱势区域文化产业综合指数变异系数均值为 0.037，稍高于全国平均水平（0.035）；但 2014 年变异系数降低到 0.019，已较明显低于全国平均水平 0.039，说明弱势区域文化产业发展均衡度优于国家平均水平。

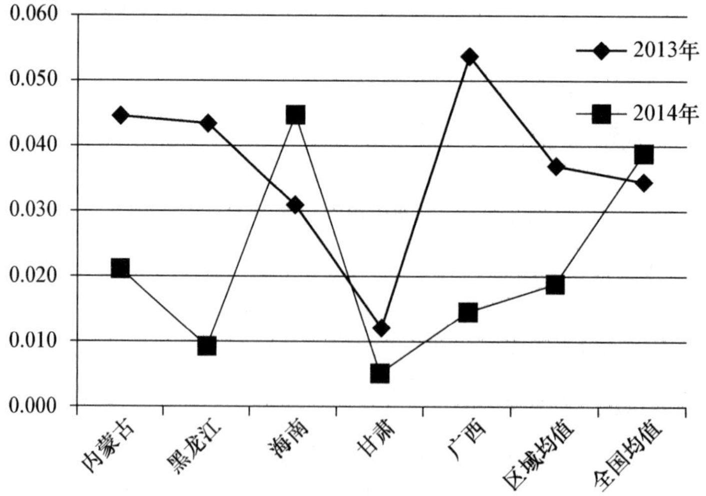

图 4—49　弱势区域文化产业综合指数变异系数

2. 弱势区域一级指标分析

总体来看，弱势区域文化产业发展在生产力、影响力和驱动力方面与全国平均水平相比都有一定差距。本节将从文化产业生产力、影响力和驱动力的指数、指数增速和指数变异系数方面来全面评价和分析弱势区域文化产业发展特征。

(1) 文化产业生产力方面。

表4—17显示的是2013年和2014年弱势区域文化产业生产力指数的相关数据。

表4—17　　弱势区域文化产业生产力指数

地区	生产力指数数值		生产力指数增速		生产力指数变异系数	
	2013年	2014年	2013年	2014年	2013年	2014年
内蒙古	68.4	68.3	−1.72%	−0.15%	0.069	0.071
黑龙江	70.0	69.8	2.04%	−0.29%	0.057	0.048
海南	65.6	65.7	−7.08%	0.15%	0.051	0.065
甘肃	68.2	68.4	1.19%	0.29%	0.039	0.064
广西	68.7	68.6	4.09%	−0.15%	0.059	0.064
区域均值	68.2	68.1	−0.30%	−0.03%	0.055	0.062
全国均值	72.1	72.2	2.37%	0.20%	0.052	0.058

1) 数值比较。

如表4—17和图4—50所示，在文化产业生产力指数方面，弱势区域各地区2014年与2013年的指数基本吻合。黑龙江的文化产业生产力指数在2013年和2014年均为该区域最高，分别为70.0和69.8；海南则在两年中都排名垫底（65.6和65.7）。2013年和2014年，弱势区域文化产业生产力指数平均值分别为68.2和68.1，均远低于全国平均水平（72.1和72.2）。由此看出，弱势区域的文化产业生产力水平比较低，文化产业投入的要素资源相对匮乏，这是弱势区域发展文化产业的一大劣势。

2) 增速比较。

如表4—17和图4—51所示，2014年弱势区域文化产业生产力指数增速相比2013有较大变化。2013年弱势区域内各地区生产力指数增速差异较大，其中广西最高，为4.09%，海南最低，为−7.08%。而2014年弱势区域各地区增速趋于相近，其中最高为甘肃（0.29%），最低为黑龙江（−0.29%）。从整体来看，2013年弱势区域的文化产业生产力指数增速均值为−0.30%，与全国平均水平（2.37%）差距较大；但2014年弱势区域增速均值提高到−0.03%，缩小了与全国平均水平（0.20%）的差距，可见弱势区域在文化创意产业方面的发展速度有所提高。

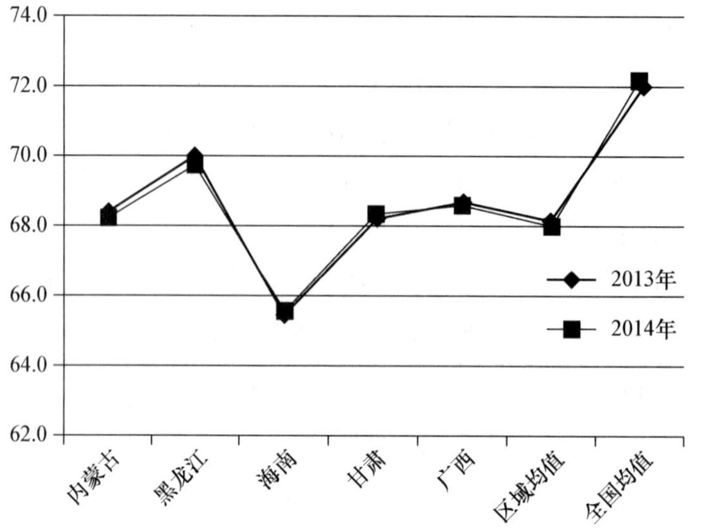

图 4—50　弱势区域文化产业生产力指数

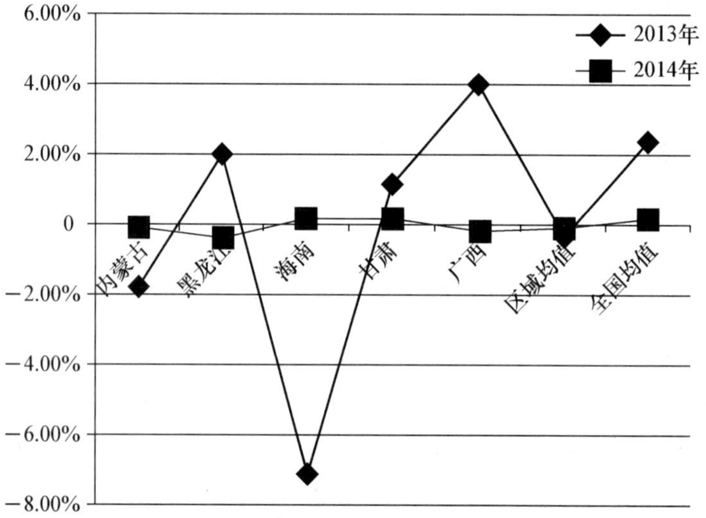

图 4—51　弱势区域文化产业生产力指数增速

3）变异系数比较。

如表 4—17 和图 4—52 所示，2014 年除内蒙古外，弱势区域各地区文化产业生产力指数变异系数与 2013 年相比均有较大的变化。2013 年和 2014 年内蒙古分别以 0.069 和 0.071 的变异系数在该区域中位列最高，表明内蒙古文化产业发展尚不均衡；甘肃和黑龙江则分别在 2013 年和 2014 年获得变异系数最低值 0.039 和 0.048。从整体来看，2014 年弱势区域文化产业生产力指数的变异系数平均值为 0.062，高于全国平均值（0.058），相比二者在 2013 年的均值

(0.055 和 0.052)，都有所提高。这说明弱势区域生产力发展均衡程度低于国家平均水平。

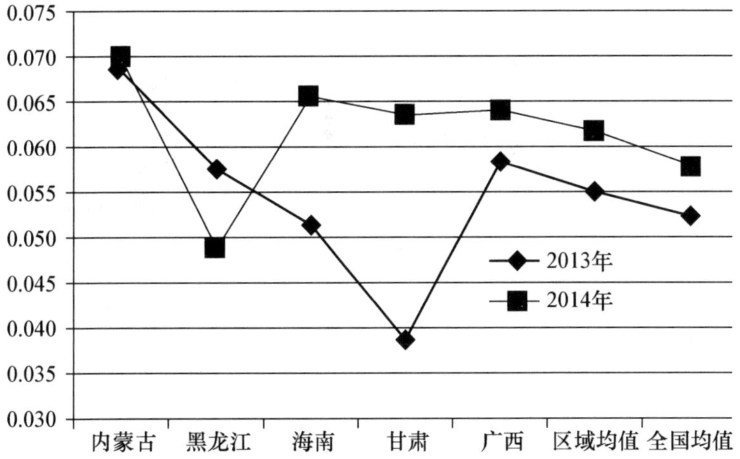

图 4—52　弱势区域文化产业生产力指数变异系数

(2) 文化产业影响力方面。

表 4—18 显示的是 2013 年和 2014 年弱势区域文化产业影响力指数的相关数据。

表 4—18　弱势区域文化产业影响力指数

地区	影响力指数数值		影响力指数增速		影响力指数变异系数	
	2013 年	2014 年	2013 年	2014 年	2013 年	2014 年
内蒙古	71.4	70.1	5.31%	−1.82%	0.024	0.034
黑龙江	67.4	70.3	−1.46%	4.30%	0.032	0.110
海南	69.6	69.8	2.35%	0.29%	0.043	0.015
甘肃	68.2	68.9	2.10%	1.03%	0.033	0.107
广西	68.3	69.6	−3.26%	1.90%	0.044	0.062
区域均值	69.0	69.7	1.01%	1.14%	0.035	0.066
全国均值	73.1	74.8	0.47%	2.28%	0.045	0.050

1) 数值比较。

如表 4—18 和图 4—53 所示，除内蒙古外，2014 年弱势区域文化产业影响力指数较 2013 年均有所提高。2013 年，内蒙古影响力指数在该区域最高，达到 71.4；2014 年，黑龙江则为最高值，达到 70.3。黑龙江在 2013 年排名垫底，为 67.4；甘肃在 2014 年排名垫底，为 68.9。整体来看，2013 年和 2014 年弱势区域文化产业影响力指数平均值分别为 69.0 和 69.7，均低于全国平均值（73.1 和 74.8），说明弱势区域文化产业产出效益有待提升。

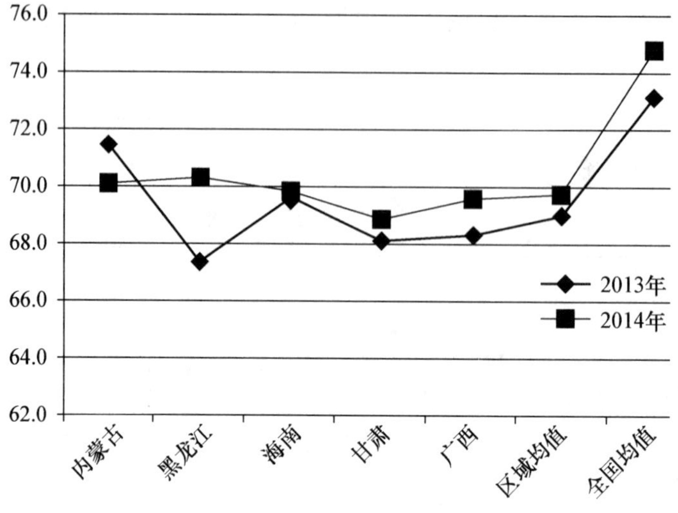

图 4—53　弱势区域文化产业影响力指数

2）增速比较。

如表 4—18 和图 4—54 所示，2014 年弱势区域文化产业影响力指数增速与 2013 年相比变化较大，且区域内各地区差异明显。2013 年增速最高达到 5.31%的内蒙古在 2014 年增速却为负值（−1.82%），在该区域各地区中排名最低。2013 年增速最低的广西（−3.26%）在 2014 年增速上升到 1.90%，在该区域中位列第二。2014 年黑龙江增速达到 4.30%，位列该区域最高，而在 2013 年其增速仅为 −1.46%。从总体来看，2014 年和 2013 年弱势区域平均值基本持平，分别为 1.01%和 1.14%，虽在 2014 年低于全国均值（2.28%），但在 2013 年曾超过全国均值（0.47%），表明弱势区域在影响力发展上与全国平均水平差距较小。

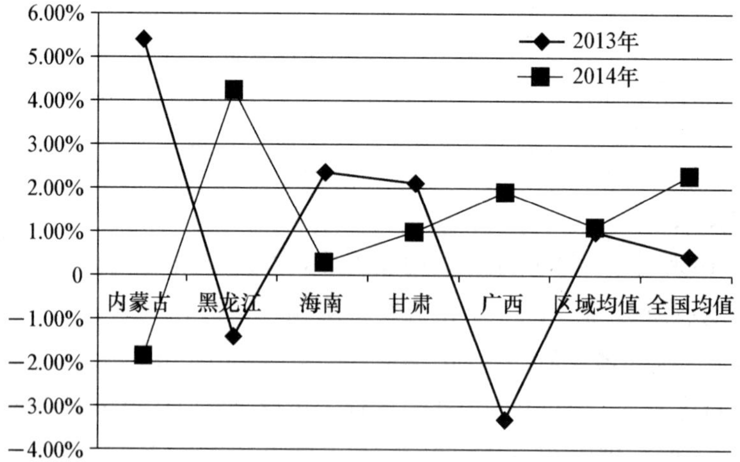

图 4—54　弱势区域文化产业影响力指数增速

3）变异系数比较。

如表 4—18 和图 4—55 所示，2014 年除海南外，弱势区域内各地区文化产业影响力指数变异系数较 2013 年均有一定幅度的提高，且各地区差异进一步拉大。其中，2013 年广西的影响力变异系数最高为 0.044，内蒙古最低为 0.024；而 2014 年黑龙江的变异系数最高（0.110），海南省则最低（0.015）。整体来看，2013 年弱势区域变异系数平均值为 0.035，低于全国均值（0.045），而 2014 年该区域变异系数均值提高到 0.066，高于全国均值（0.050）。这说明弱势区域在文化产业影响力方面的发展尚不均衡。

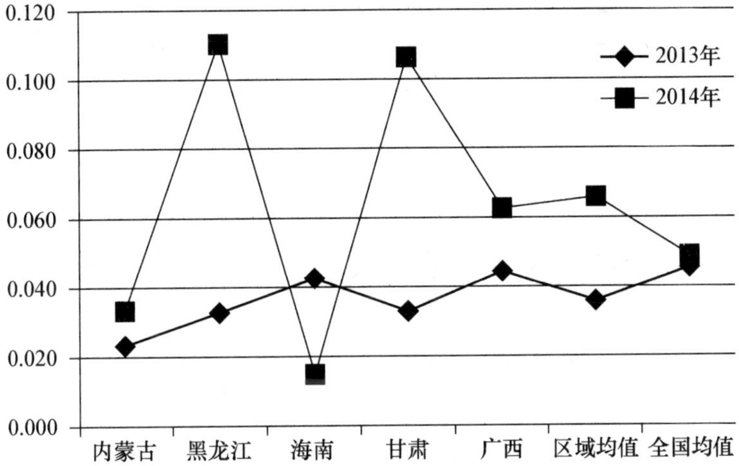

图 4—55　弱势区域文化产业影响力指数变异系数

（3）文化产业驱动力方面。

表 4—19 显示的是 2013 年和 2014 年弱势区域文化产业驱动力指数的相关数据。

表 4—19　弱势区域文化产业驱动力指数

地区	驱动力指数数值		驱动力指数增速		驱动力指数变异系数	
	2013 年	2014 年	2013 年	2014 年	2013 年	2014 年
内蒙古	74.8	71.2	−3.23%	−4.81%	0.065	0.077
黑龙江	73.5	69.0	0.55%	−6.12%	0.069	0.054
海南	68.7	71.6	4.25%	4.22%	0.097	0.084
甘肃	69.7	69.1	10.63%	−0.86%	0.088	0.090
广西	75.1	67.7	1.76%	−9.85%	0.076	0.071
区域均值	72.3	69.7	2.79%	−3.49%	0.079	0.075
全国均值	74.0	73.9	0.69%	−0.10%	0.077	0.094

1）数值比较。

如表 4—19 和图 4—56 所示，除海南外，2014 年弱势区域各地区的文化产业驱动力指数相比2013年均有所下降，且相互间差异进一步加大。广西在2013年的文化产业驱动力指数最高为75.1，而在2014年却为该区域内最低（67.7）。2013年该区域内驱动力指数最低的海南（68.7），在2014年上升到最高，达到71.6。整体来看，弱势区域的驱动力指数均值在2013年和2014年分别为72.3和69.7，均低于全国均值（74.0和73.9）。这说明弱势区域在文化产业驱动力方面与全国的平均水平有一定的差距，且差距有拉大的趋势。

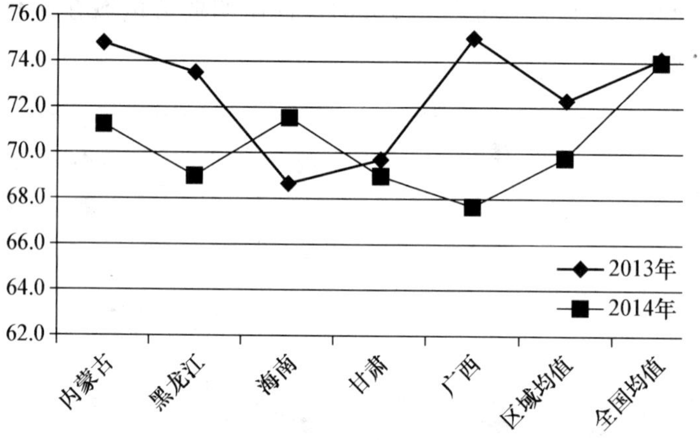

图4—56 弱势区域文化产业驱动力指数

2）增速比较。

如表4—19和图4—57所示，除海南外，2014年弱势区域文化产业驱动力指数增速相比2013年均有较大幅度的下降。2013年，甘肃驱动力指数增速最高，达到10.63%，内蒙古最低为−3.23%；2014年，海南为最高（4.22%），广西则为最低（−9.85%）。从整体上看，2013年弱势区域的平均增速为2.79%，超过全国均值的0.69%，但2014年弱势区域的增速下降到−3.49%，又低于全国平均值（−0.10%）。可见，弱势区域文化产业在驱动力的发展方面尚不稳定，与全国平均水平有一定的差距。

3）变异系数比较。

如表4—19和图4—58所示，2014年弱势区域文化产业驱动力指数变异系数较2013年有一定变化。2013年海南变异系数最高为0.097，最低是内蒙古（0.065）；2014年最高则为甘肃（0.090），最低是黑龙江（0.054）。整体上看，2013年弱势区域的变异系数均值（0.079）略高于全国平均值（0.077），但在2014年弱势区域均值（0.075）则远低于全国均值（0.094），说明弱势区域的文化产业驱动力均衡度略优于全国平均水平。

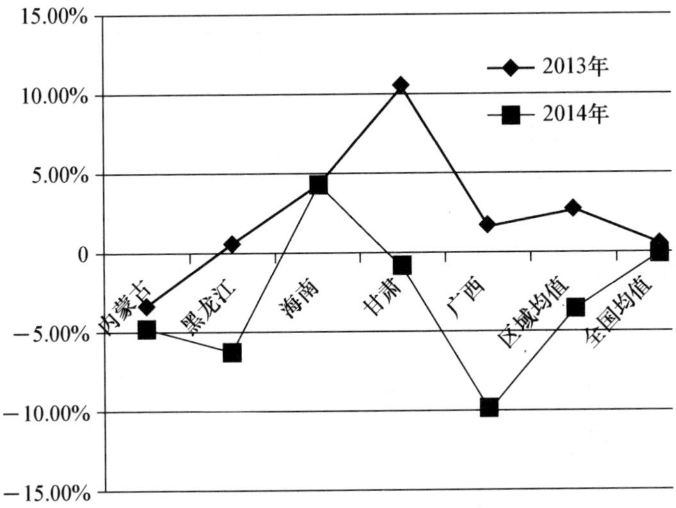

图 4—57　弱势区域文化产业驱动力指数增速

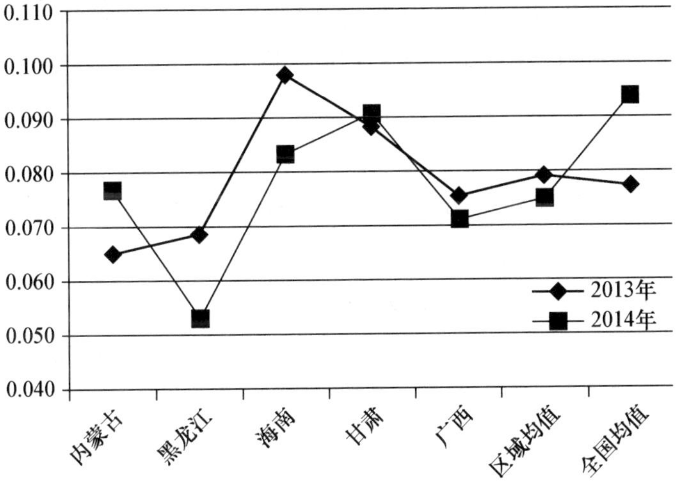

图 4—58　弱势区域文化产业驱动力指数变异系数

3. 弱势区域二级指标分析

本书中文化产业发展指数体系包括 8 个二级指标，表 4—20 反映的是弱势区域二级指标指数值及区域均值和全国均值的相关数据。

表 4—20　　弱势区域二级指标指数值及区域均值和全国均值

地区	时间	文化资源	文化资本	人力资源	经济影响	社会影响	市场环境	公共环境	创新环境
内蒙古	2013 年	66.5	75.1	67.2	70.2	72.6	79.9	74.1	70.2
	2014 年	66.7	74.9	66.2	68.4	71.8	76.4	71.7	65.5

续前表

地区	时间	文化资源	文化资本	人力资源	经济影响	社会影响	市场环境	公共环境	创新环境
黑龙江	2013年	68.8	75.5	68.2	69.0	65.9	76.2	76.7	67.7
	2014年	68.9	74.3	68.0	64.8	75.7	72.2	69.7	64.9
海南	2013年	63.9	70.5	65.6	67.5	71.7	72.9	72.2	61.0
	2014年	63.7	71.9	65.2	69.1	70.6	76.0	74.1	64.8
甘肃	2013年	67.3	71.9	67.3	66.6	69.8	76.6	67.6	64.8
	2014年	66.6	74.6	67.3	63.7	74.1	75.6	68.4	63.2
广西	2013年	66.8	74.6	68.4	70.5	66.2	79.0	77.6	68.5
	2014年	66.8	74.9	67.5	66.6	72.7	72.7	67.2	63.1
区域均值	2013年	66.7	73.5	67.3	68.8	69.2	76.9	73.6	66.4
	2014年	66.5	74.1	66.8	66.5	73.0	74.6	70.2	64.3
全国均值	2013年	70.9	75.6	72.1	74.2	72.0	78.4	75.5	68.2
	2014年	70.8	76.7	71.8	73.3	76.3	78.2	76.4	66.9

由2014年的数据可知，弱势区域二级指标的平均值均低于全国平均值，而且区域内部的省份指数值也均低于全国平均值。因此，下文将对这8个二级指标依次进行分析。

（1）文化资源。

表4—21显示的是2013年和2014年弱势区域文化产业文化资源指数的相关数据。

表4—21　　弱势区域文化资源指数

地区	文化资源指数		文化资源指数增速	
	2013年	2014年	2013年	2014年
内蒙古	66.5	66.7	−6.21%	0.30%
黑龙江	68.8	68.9	−3.23%	0.15%
海南	63.9	63.7	−7.12%	−0.31%
甘肃	67.3	66.6	−3.72%	−1.04%
广西	66.8	66.8	1.21%	0
区域均值	66.7	66.5	−3.81%	−0.18%
全国均值	70.9	70.8	−0.37%	−0.06%

1）数值比较。

如表4—21和图4—59所示，2014年弱势区域各地区文化资源指数分布情况与2013年基本一致。黑龙江在2013年和2014年的文化资源指数分别为68.8和68.9，都位列该区域第一；而海南在2013年和2014年的文化资源指数都在该区域垫底（63.9和63.7）。整体来看，2013年和2014年弱势区域文化资源指数均值分别为

66.7 和 66.5，都低于全国均值（70.9 和 70.8）。这说明弱势区域文化资源水平落后于全国平均水平，弱势区域的文化资源匮乏是其发展文化产业的短板因素，是亟待解决的问题。

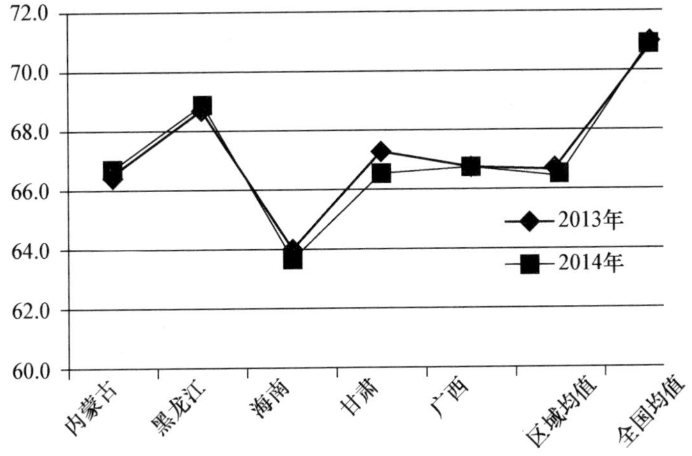

图 4—59 弱势区域文化资源指数

2）增速比较。

如表 4—21 和图 4—60 所示，2014 年弱势区域的文化资源指数增速较 2013 年变化较大，区域内各地区增速在 2013 年差异较大，但在 2014 年趋于相近。2013 年广西增速最高，达到 1.21%，而海南最低为 −7.12%。2014 年内蒙古最高为 0.30%，甘肃最低为−1.04%。整体来看，2013 年和 2014 年弱势区域文化资源指数增速均值为−3.81%和−0.18%，都低于全国均值（−0.37%和−0.06%）。这说明，弱势区域在文化资源方面的发展落后于全国平均水平，但这一差距有缩小的趋势。

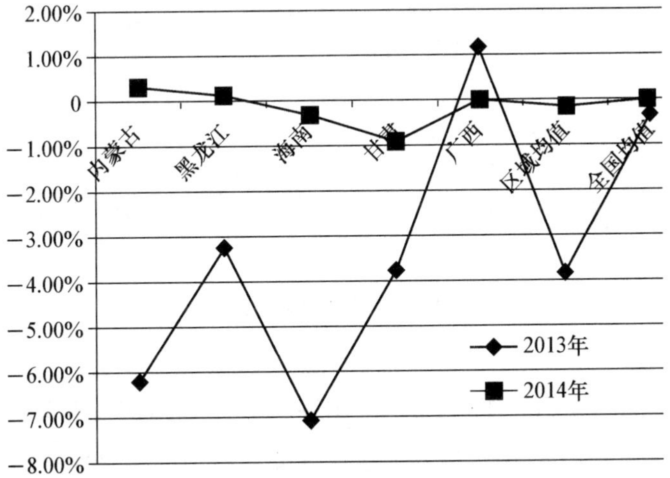

图 4—60 弱势区域文化资源指数增速

（2）文化资本。

表4—22显示的是2013年和2014年弱势区域文化资本指数的相关数据。

表4—22　　弱势区域文化资本指数

地区	文化资本指数		文化资本指数增速	
	2013年	2014年	2013年	2014年
内蒙古	75.1	74.9	3.16%	−0.27%
黑龙江	75.5	74.3	14.39%	−1.59%
海南	70.5	71.9	−18.12%	1.99%
甘肃	71.9	74.6	11.30%	3.76%
广西	74.6	74.9	9.71%	0.40%
区域均值	73.5	74.1	4.09%	0.86%
全国均值	75.6	76.7	8.17%	1.38%

1）数值比较。

如表4—22和图4—61所示，2014年弱势区域文化资本指数较2013年有一定变化。海南在两年中的文化资本指数分别为70.5和71.9，都在该区域中垫底。整体来看，弱势区域文化资本指数的均值在2013年和2014年都低于全国均值（75.6和76.7）。这说明，弱势区域应增加文化资本的投入，以追赶全国的平均水平，更好地发展文化产业。

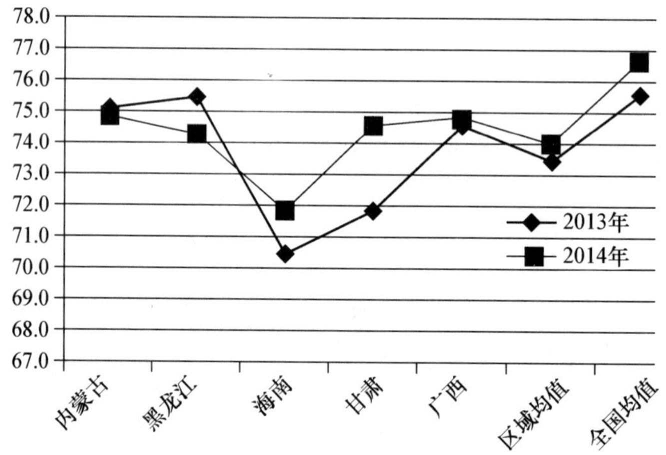

图4—61　弱势区域文化资本指数

2）增速比较。

如表4—22和图4—62所示，2014年弱势区域各地区文化资本指数增速相比2013年变化较大；2013年该区域各地区增速差异较大，但2014年这一差异有所减小。2013年海南文化资本指数增速在该区域中最低为−18.12%，黑龙江最高达到

14.39%，但黑龙江在2014年却下降为最低（－1.59%），而2014年甘肃增速则最高为3.76%。整体来看，2014年全国和弱势地区的文化资本指数增速均值相比2013年都有所下降，但全国两年的均值（8.17%和1.38%）都高于弱势地区（4.09%和0.86%）。可以看出，弱势区域在增加文化资本投入方面与全国平均水平尚有一定差距，但这一差距有缩小的趋势。

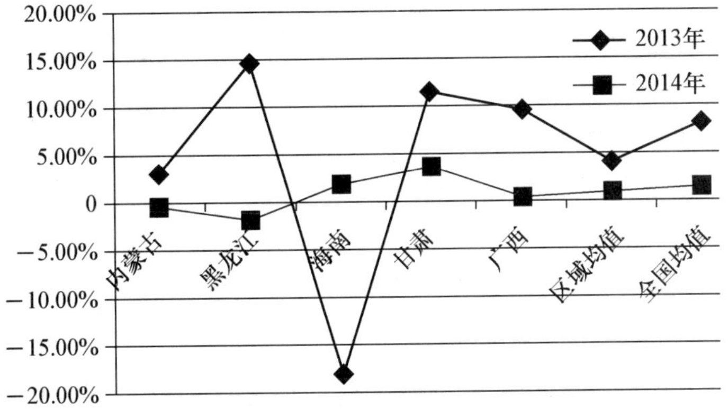

图4—62 弱势区域文化资本指数增速

（3）人力资源。

表4—23显示的是2013年和2014年弱势区域人力资源指数的相关数据。

表4—23 **弱势区域人力资源指数**

地区	人力资源指数		人力资源指数增速	
	2013年	2014年	2013年	2014年
内蒙古	67.2	66.2	7.69%	－1.49%
黑龙江	68.2	68.0	6.90%	－0.29%
海南	65.6	65.2	8.25%	－0.61%
甘肃	67.3	67.3	7.34%	0
广西	68.4	67.5	7.21%	－1.32%
区域均值	67.3	66.8	7.48%	－0.74%
全国均值	72.1	71.8	6.19%	－0.34%

1）数值比较。

如表4—23和图4—63所示，2014年弱势区域的人力资源指数值与2013年基本一致。海南在两年中人力资源指数在该区域中均为最低（65.6和65.2）。整体来看，弱势区域人力资源指数均值在2013年和2014年分别为67.3和66.8，都低于全国平均值（72.1和71.8）。这表明，弱势区域的文化产业人力资源水平落后于全国平均水平，该区域内各地区政府应积极采取措施吸引文化产业优秀人才，为发展文化产业打好基础。

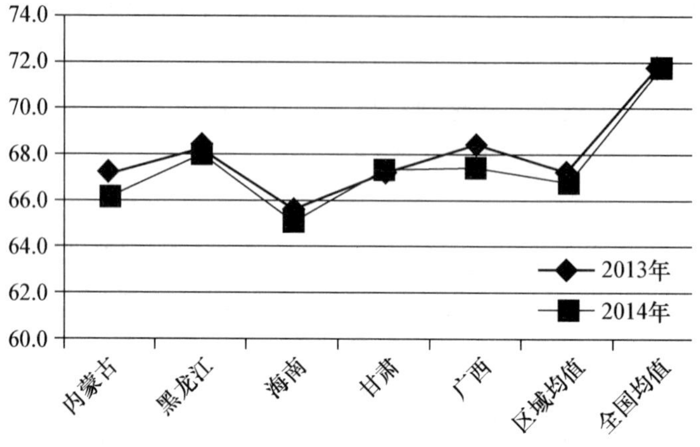

图 4—63 弱势区域人力资源指数

2）增速比较。

如表 4—23 和图 4—64 所示，2014 年弱势区域人力资源指数增速相比 2013 年有较大幅度的下降。2013 年海南增速最高为 8.25%，黑龙江最低但也达到 6.90%。2014 年弱势区域除甘肃增速最高为零增长外，其余地区增速都为负值，内蒙古最低为－1.49%。整体上看，弱势区域 2013 年的人力资源指数增速均值为 7.48%，超过全国的平均值 6.19%；但在 2014 年弱势区域的增速均值仅为－0.74%，略低于全国的平均值－0.34%。这说明弱势区域在人力资源增长方面与全国平均水平差距较小，但尚不稳定。

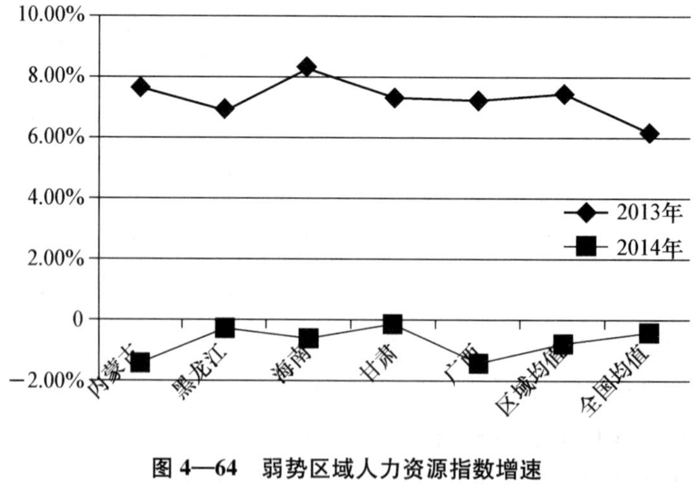

图 4—64 弱势区域人力资源指数增速

(4) 经济影响。

表 4—24 显示的是 2013 年和 2014 年弱势区域经济影响指数的相关数据。

表 4—24　　弱势区域经济影响指数

地区	经济影响指数		经济影响指数增速	
	2013年	2014年	2013年	2014年
内蒙古	70.2	68.4	0.14%	−2.56%
黑龙江	69.0	64.8	1.92%	−6.09%
海南	67.5	69.1	2.27%	2.37%
甘肃	66.6	63.7	7.42%	−4.35%
广西	70.5	66.6	1.00%	−5.53%
区域均值	68.8	66.5	2.55%	−3.23%
全国均值	74.2	73.3	1.24%	−1.36%

1）数值比较。

如表 4—24 和图 4—65 所示，除海南外，2014 年弱势区域各地区文化产业经济影响指数较 2013 年都有所下降。2013 年广西经济影响指数最高为 70.5，甘肃最低为 66.6；2014 年经济影响指数最高的是海南（69.1），甘肃仍最低为 63.7。从整体上看，2013 年和 2014 年弱势区域经济影响指数均值分别为 68.8 和 66.5，都低于全国均值（74.2 和 73.3）。可以看出，弱势区域在文化产业经济影响方面与全国平均水平有较大差距，当地政府应积极努力提高文化产业的经济效益。

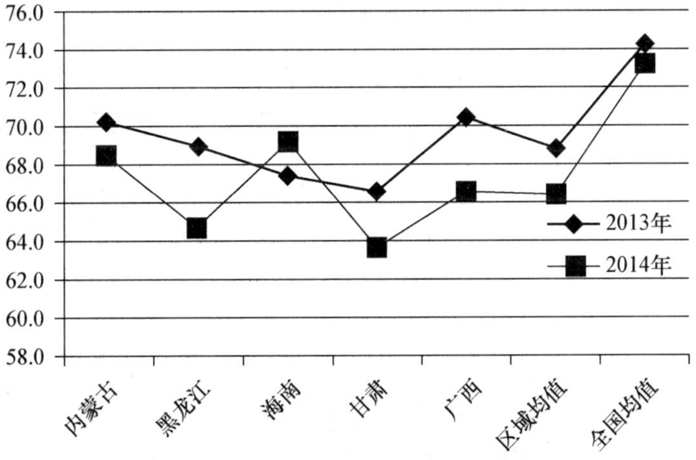

图 4—65　弱势区域经济影响指数

2）增速比较。

如表 4—24 和图 4—66 所示，除海南外，2014 年弱势区域各地区经济影响指数增速较 2013 年都有较大幅度的下降，且都为负值。2013 年甘肃的经济影响指数增速最高为 7.42%，内蒙古最低为 0.14%。2014 年经济影响指数增速最高的是海南（2.37%），最低的是黑龙江（−6.09%）。整体上看，2013 年弱势区域经济影响指数的增速均值为 2.55%，高于全国均值 1.24%；而 2014 年弱势区域经济影响指数增速均值为-3.23%，低于全国平均水平（-1.36%）。可以看出，弱势区域在经济影响方面的发展尚不稳定。

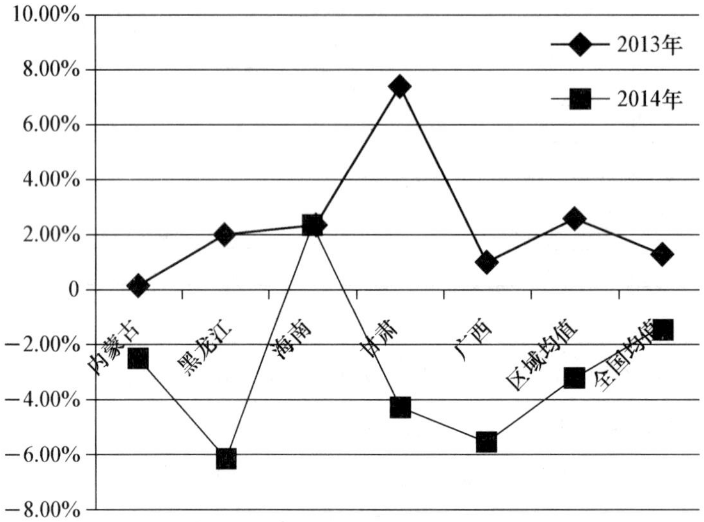

图 4—66　弱势区域经济影响指数增速

（5）社会影响。

表 4—25 显示的是 2013 年和 2014 年弱势区域社会影响指数的相关数据。

表 4—25　　弱势区域社会影响指数

地区	社会影响指数		社会影响指数增速	
	2013 年	2014 年	2013 年	2014 年
内蒙古	72.6	71.8	11.01%	-1.10%
黑龙江	65.9	75.7	-4.63%	14.87%
海南	71.7	70.6	2.28%	-1.53%
甘肃	69.8	74.1	-2.65%	6.16%
广西	66.2	72.7	-7.41%	9.82%
区域均值	69.2	73.0	-0.28%	5.64%
全国均值	72.0	76.3	-0.26%	6.13%

1）数值比较。

如表 4—25 和图 4—67 所示，2014 年弱势区域社会影响指数较 2013 年有一定差异。2013 年弱势区域内社会影响指数最高的是内蒙古（72.6），最低的是黑龙江（65.9）；但 2014 年黑龙江的指数上升到 75.7，达到该区域最高，最低则为海南（70.6）。从整体上看，2013 年和 2014 年弱势区域的社会影响指数均值分别为 69.2 和 73.0，分别低于全国均值的 72.0 和 76.3。这说明，弱势区域在社会影响方面落后于全国平均水平，该区域各地区政府应在鼓励群众参与文化活动、营造文化氛围、塑造文化形象等方面积极努力，从而促进文化产业的发展。

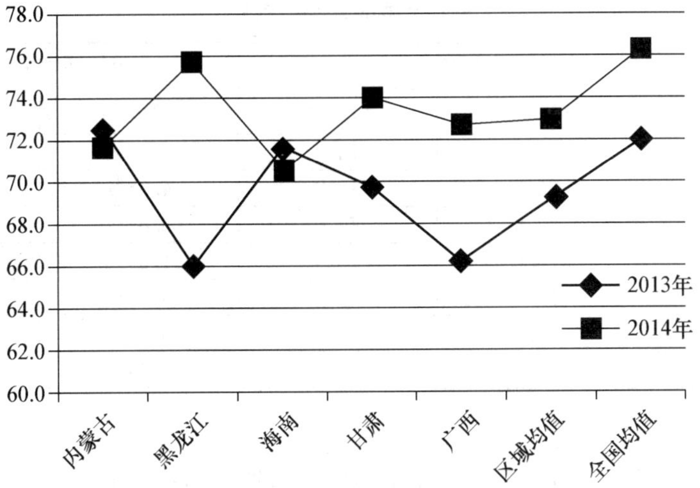

图 4—67 弱势区域社会影响指数

2）增速比较。

如表 4—25 和图 4—68 所示，2014 年弱势区域社会影响指数增速较 2013 年有很大的变化，且区域内各地区间差异继续拉大。2013 年内蒙古的社会影响指数增速最高为 11.01%，广西最低为－7.41%。2014 年黑龙江的社会影响指数增速最高为 14.87%，而海南最低为－1.53%。从总体上看，弱势区域文化产业社会影响指数增速均值在 2013 年和 2014 年分别为－0.28%和 5.64%，分别低于全国均值的－0.26%和 6.13%。可以看出，弱势区域在社会影响方面的发展速度略弱于全国的平均水平，在文化产业的社会影响发展方面应加大投入力度。

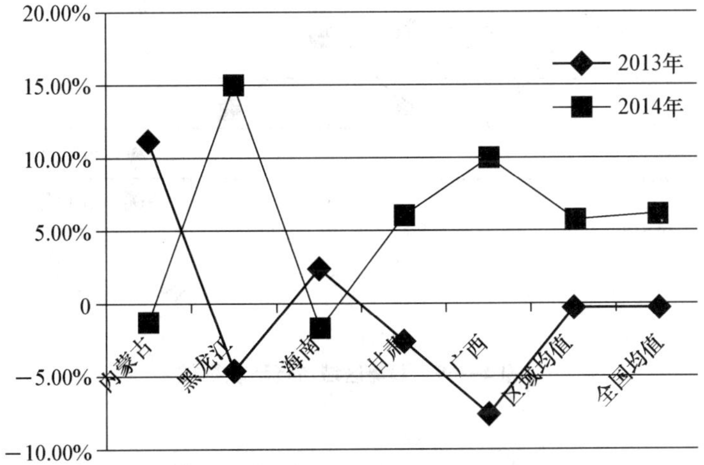

图 4—68 弱势区域社会影响指数增速

(6) 市场环境。

表 4—26 显示的是 2013 年和 2014 年弱势区域市场环境指数的相关数据。

表 4—26　　弱势区域市场环境指数

地区	市场环境指数		市场环境指数增速	
	2013 年	2014 年	2013 年	2014 年
内蒙古	79.9	76.4	1.52%	−4.38%
黑龙江	76.2	72.2	4.38%	−5.25%
海南	72.9	76.0	8.64%	4.25%
甘肃	76.6	75.6	21.59%	−1.31%
广西	79.0	72.7	6.18%	−7.97%
区域均值	76.9	74.6	8.46%	−2.93%
全国均值	78.4	78.2	5.44%	−0.11%

1) 数值比较。

如表 4—26 和图 4—69 所示，2014 年除海南外，弱势区域各地区市场环境指数较 2013 年都有所下降。2013 年和 2014 年该区域中内蒙古市场环境指数均为最高，分别达到 79.9 和 76.4；海南 2013 年为该区域内最低（72.9），而黑龙江 2014 年为该区域内最低（72.2）。从总体上看，2013 年和 2014 年弱势区域市场环境指数均值分别是 76.9 和 74.6，都低于全国平均值（78.4 和 78.2）。这说明弱势区域市场环境相对较差，与全国平均水平有较大差距，且差距有拉大的趋势，是制约该区域文化发展的重要因素。

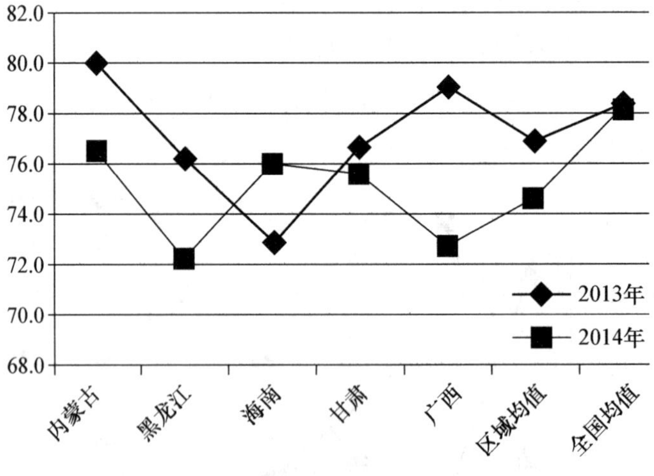

图 4—69　弱势区域市场环境指数

2) 增速比较。

如表 4—26 和图 4—70 所示，2014 年弱势区域各地区市场环境指数增速相比

2013 年都有较大幅度的下降。2013 年，甘肃市场环境指数增速在该区域内最高，达到 21.59%，内蒙古为最低（1.52%）。2014 年，除海南指数增速最高为正值（4.25%）外，弱势区域其他地区增速均为负值，其中广西最低（−7.97%）。从总体上看，2013 年弱势区域市场环境指数增速均值（8.46%）曾超越全国均值（5.44%），而 2014 年弱势区域的增速均值降为 − 2.93%，低于全国均值（−0.11%）。可以看出，相比其他方面，弱势区域各地区在市场环境的改善速度方面表现较好，与全国的平均水平差距较小。

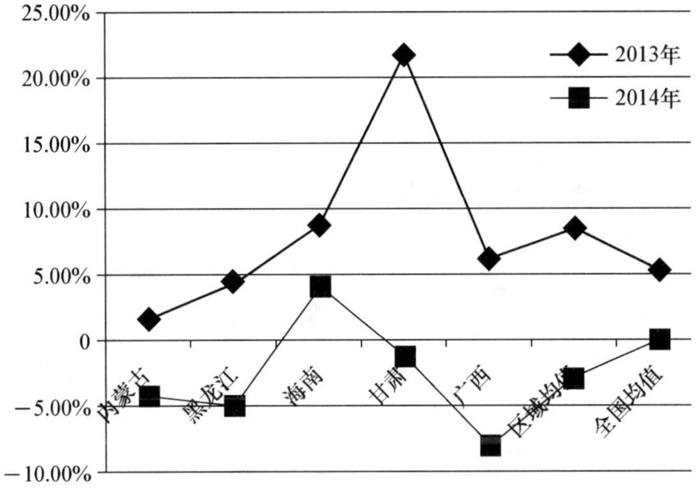

图 4—70 弱势区域市场环境指数增速

（7）公共环境。

表 4—27 显示的是 2013 年和 2014 年弱势区域公共环境指数的相关数据。

表 4—27 弱势区域公共环境指数

地区	公共环境指数		公共环境指数增速	
	2013 年	2014 年	2013 年	2014 年
内蒙古	74.1	71.7	−6.56%	−3.24%
黑龙江	76.7	69.7	3.09%	−9.13%
海南	72.2	74.1	3.88%	2.63%
甘肃	67.6	68.4	16.96%	1.18%
广西	77.6	67.2	2.24%	−13.40%
区域均值	73.6	70.2	3.92%	−4.39%
全国均值	75.5	76.4	1.20%	1.53%

1）数值比较。

如表 4—27 和图 4—71 所示，2014 年弱势区域公共环境指数较 2013 年变化较大。2013 年，甘肃在该区域中公共环境指数最低为 67.6，广西达到最高为 77.6；但在 2014 年广西却下降为该区域中公共环境指数最低（67.2），海南则为最高（74.1）。从整体上看，2013 年和 2014 年弱势区域的公共环境指数均值分别为 73.6 和 70.2，都低于全国均值的 75.5 和 76.4。可以看出，弱势区域在文化产业的公共环境方面与全国的平均水平有一定差距，且这一差距不断拉大，是制约弱势区域文化产业发展的重要因素之一。该区域各地区政府应加大文化产业专项资金支持力度，积极提供政策支持，提高文化产业的公共服务满意度，从而更好地促进文化产业的发展。

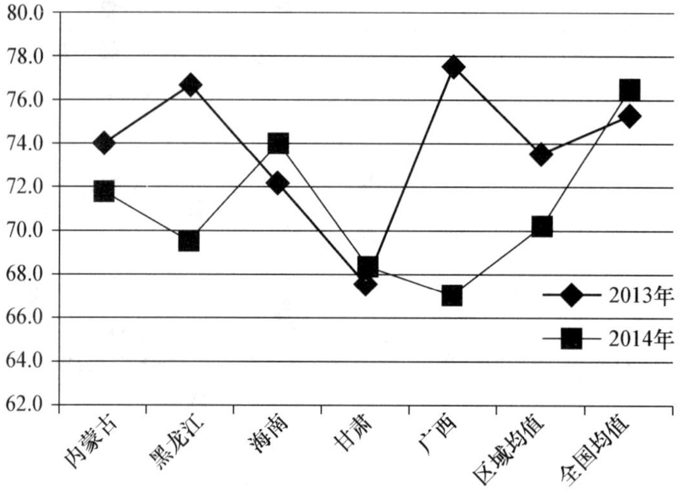

图 4—71　弱势区域公共环境指数

2）增速比较。

如表 4—27 和图 4—72 所示，除内蒙古外，2014 年弱势区域各地区公共环境指数增速较 2013 年均有一定幅度的下降，且区域内各地区间增速差异明显。2013 年甘肃在该区域内公共环境指数增速最高达到 16.96%，内蒙古最低仅为−6.56%，也是该区域内唯一一个负增长的地区。2014 年该区域内公共环境指数增速最高的则是海南（2.63%），最低的是广西，为−13.40%。从整体上看，2013 年弱势区域公共环境指数均值为 3.92%，高于全国均值 1.20%；但 2014 年弱势区域的公共环境指数均值下降到−4.39%，远落后于全国均值 1.53%。可以看出，弱势区域在文化产业公共环境方面的发展尚不稳定，与全国平均水平有较大差距。各地区政府应持续发力，使该区域文化产业稳步提升。

（8）创新环境。

表 4—28 显示的是 2013 年和 2014 年弱势区域创新环境指数的相关数据。

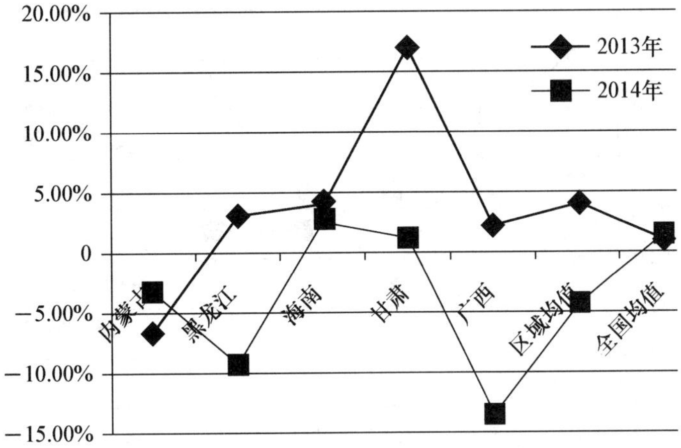

图 4—72　弱势区域公共环境指数增速

表 4—28　　**弱势区域创新环境指数**

地区	创新环境指数		创新环境指数增速	
	2013 年	2014 年	2013 年	2014 年
内蒙古	70.2	65.5	−4.88%	−6.70%
黑龙江	67.7	64.9	−5.84%	−4.14%
海南	61.0	64.8	−0.33%	6.23%
甘肃	64.8	63.2	−4.99%	−2.47%
广西	68.5	63.1	−3.52%	−7.88%
区域均值	66.4	64.3	−3.91%	−2.99%
全国均值	68.2	66.9	−4.54%	−1.89%

1）数值比较。

如表 4—28 和图 4—73 所示，除海南外，2014 年弱势区域创新环境指数与 2013 年相比均有一定幅度的下降，但区域内各地区间的差异有所缩小。其中，内蒙古在 2013 年和 2014 年的创新环境指数在该区域中都名列第一，分别为 70.2 和 65.5；而海南和广西的创新环境指数（61.0 和 63.1）则分别于 2013 年和 2014 年在该区域中排名垫底。从整体上看，2013 年和 2014 年弱势区域的创新环境指数均值分别为 66.4 和 64.3，都低于当年的全国均值（68.2 和 66.9）。这表明，弱势区域文化产业发展的创新环境与全国平均水平有一定差距，是该地区文化产业落后的重要制约因素之一，该地区的政府应积极采取措施增加科研经费的投入，优化科研环境，促进文化创意产业的发展。

2）增速比较。

如表 4—28 和图 4—74 所示，2014 年弱势区域创新环境指数增速相比 2013 年

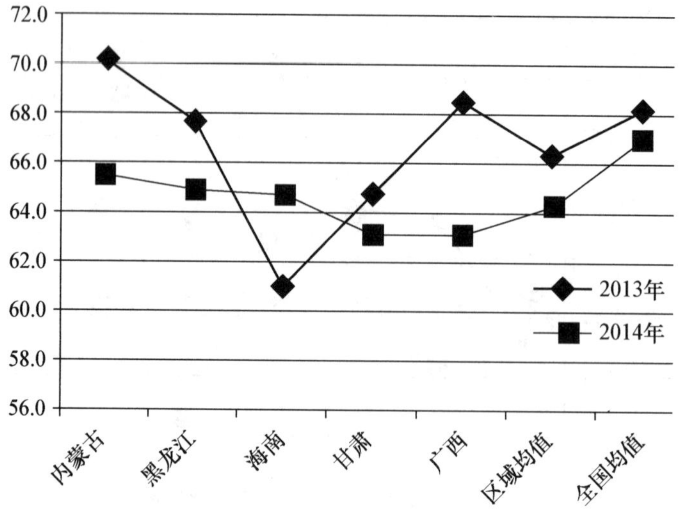

图 4—73　弱势区域创新环境指数

变化较大，且区域内各地区增速差异继续拉大。其中，海南在 2013 年和 2014 年的创新环境指数增速均为该区域内最高，分别为－0.33％和 6.23％，而海南也成为该区域内 2014 年唯一一个增速为正的地区。2013 年黑龙江的创新环境指数增速最低，为－5.84％，而 2014 年最低的则是广西（－7.88％）。从整体上看，2013 年弱势区域创新环境指数增速均值为－3.91％，略高于全国均值（－4.54％）；但 2014 年弱势区域的增速下降为－2.99％，又落后于全国均值（－1.89％）。由此看出，弱势区域在文化产业创新环境的优化方面发展尚不稳定，距离全国平均水平有一定差距。

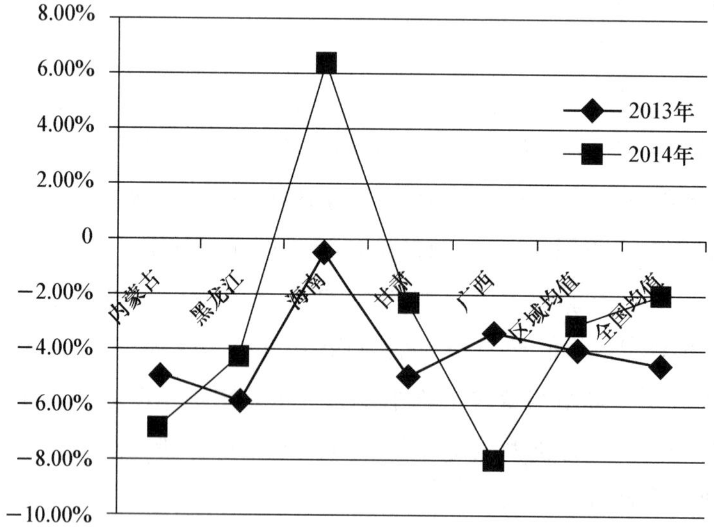

图 4—74　弱势区域创新环境指数增速

（二）中国文化产业发展弱势区域决定因素

弱势区域文化产业发展落后于全国平均水平，主要影响因素既有先天条件的不足，又有后天环境的不完善，主要体现在文化产业基础薄弱、文化产业人力资源匮乏和创新环境不佳。

1. 文化产业基础薄弱

我国文化产业发展的弱势区域一般来说经济发展水平落后，这些地区受制于其经济发展状况，文化产业起步较晚，文化基础设施建设相应滞后。这几年，虽然各地加强了文化基础设施的建设，但是由于缺乏资金，后续投入不足，建设缓慢。例如，海南、广西在文化场馆、演出次数等文化基础要素上都在全国范围内排名垫底。这也进一步造成了居民文化生活的单调、居民对文化消费的需求较低，这对于文化市场的发展也起到了制约作用。因此，弱势区域文化产业在市场环境和经济影响方面的表现都缺乏活力，与全国平均水平差距较大。

2. 文化产业人力资源匮乏

由于弱势区域文化产业发展水平落后，文化产业从业人员的工资待遇和职业发展前景等与文化产业发达地区差距很大，导致该区域对文化产业人才的吸引力较弱。文化产业发达地区的从业人员不愿到弱势区域工作，弱势区域优秀的文化产业人才流向了文化产业发达地区，使得弱势区域内人力资源严重不足，一些文化产业领域尤其是高科技文化产业由于缺少专业人才而发展缓慢，文化产业结构不平衡。人力资源短缺成为制约文化产业发展的瓶颈。

3. 文化产业创新环境不佳

文化产业弱势区域人均科研投入相较其他地区普遍不足，企业缺乏对创新产品核心技术的掌握和控制，难以吸引具有较强实力的龙头企业或者创意创新型人才，造成自主创新产品数量不多，缺乏创新性和核心竞争力。尤其如内蒙古、广西、海南等地区拥有历史、自然等独具特色的文化传统和底蕴，如何利用创新的商业模式，用创意的方式将这些宝贵的文化资源赋予新的文化商业价值，推广到更广阔的文化市场，是亟须思考和跟进的发展课题。

（三）中国文化产业发展弱势区域典型省份分析

1. 内蒙古自治区

（1）文化产业发展现状与优势。

自2003年至今，内蒙古文化产业经过十余年的发展呈现出规模由小到大、吸纳就业能力逐步增强、对经济增长的贡献率不断上升的总体态势。截至2012年底，内蒙古已建成5家国家级文化产业示范基地、34个自治区级文化产业示范基地，在建21个自治区级重点文化产业园区，正在产生集约效应和规模效应。截至2013年底，已成功举办10届的内蒙古草原文化节、呼和浩特昭君文化节等各盟市的文化节庆活动，成为促进本地区文化产业发展的重要平台和抓手，有力带动了本地区文化产业的发展。与此同时，《草原豆思》《国家的孩子》《中华德育故事》等新兴动漫品牌，为动漫文化产业的发展开辟了新路。根据《内蒙古文化产业发展的报告》[①]，该区有各类文化企业单位41 374个，其中企业法人单位3 635家，占全部文化企业总数不到9%。这些文化企业法人单位创造的文化产业增加值占到全区文化产业增加值比例达90%以上。资产过亿的大企业50家左右，它们创造的文化产业增加值占全区文化产业增加值的44%左右。

（2）文化产业发展中存在的主要问题。

总体来看，内蒙古在文化资源、人力资源、经济影响、社会影响、市场环境、公共环境等方面都远远落后于全国平均水平（见图4—75）。在文化资源方面，内蒙古作为草原文化的主要发祥地和承载地，拥有宝贵的文化宝藏，文化保护单位和非物质文化遗产较多，但综合保护利用明显不够。文化产业起步晚，对文化资源挖掘、提炼、包装不够，服务功能单一，具有民族特色的文化产品没有形成规模和品牌效应，受产业规模小和集约化程度低的限制，许多具有民族和区域特色的优秀文化资源未能得到

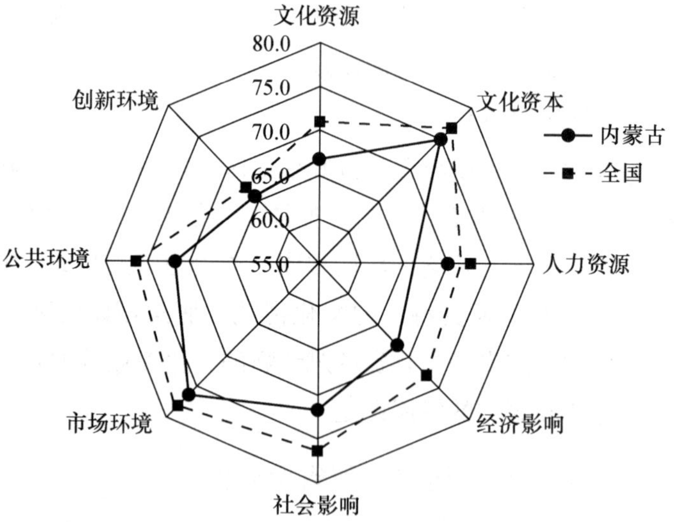

图4—75　2014年内蒙古自治区文化产业二级指标雷达图

① 参见《内蒙古文化产业发展的报告》，见 http://www.hhhtnews.com/2014/0301/1539323.shtml。

充分的挖掘和创新。地域特色和品牌市场竞争力较弱，缺少具有核心竞争力的知名品牌产品。文化产品有效供给不足，与居民文化消费需求脱节。市场主体规模偏小，目前尚无经营规模过亿元的文化企业，实力不强，难以吸引同类企业集聚。专业创作人才不足，文化产业人才队伍建设严重滞后于文化产业发展的需要，懂经营、懂文化的优秀经营和管理人才更是凤毛麟角。

在公共环境方面，近年来内蒙古自治区政府虽制定了一系列促进发展的政策，但各盟市各级部门对文化产业发展仍存在重视与落实程度不够的问题，特别是发展文化产业涉及的财政、税收、土地等政策的执行和落实受到很大程度的制约。一些地区文化产业发展缺乏统一规划，发展的随意性比较大，加之人才和技术支撑明显不足的现实问题，满足不了文化产业发展的需求。[①]

2. 黑龙江省

(1) 文化产业发展现状与优势。

黑龙江省文化体制改革逐步开展，文化产业取得了跨越式发展。2013 年全省文化产业增加值实现近 500 亿元，比上年增长 25%，实现了“三年翻一番、五年翻两番”的阶段目标。省内已建成文化旅游园区基地 15 个，重点建设哈尔滨伏尔加庄园、太阳岛俄罗斯风情小镇、黑龙江中俄国际艺术产业基地、黑龙江中俄民族风情园等 10 个俄罗斯元素文化旅游园区，投资总额 121.84 亿元。另外，黑龙江动漫产业基地在册动漫企业 124 家，年动画生产能力超过 30 000 分钟，完成招商引资签约额 5.7 亿元，与 2012 年同期相比销售收入增长 17%，利税增长 15%。[②]

在文化资源、文化资本、社会影响和创新环境几方面，黑龙江发展态势良好，与全国平均水平的差距逐步缩小（见图 4—76）。文化资源方面，2013 年末共有艺术表演团体 28 个，文化馆 131 个，公共图书馆 107 个，博物馆 106 个。全省共有档案馆 159 个，已开放各类档案 380 万卷。广播综合人口覆盖率 98.6%，电视综合人口覆盖率 98.8%。有线电视用户 625.9 万户，比 2012 年增长 2.1%；有线数字电视用户 560.9 万户，增长 50.7%。全年出版报纸 72 592 万份，比 2012 年下降 8.1%；出版杂志 5 728 万册，出版图书 8 553 万册（张），二者分别比 2012 年增长 1.6%和 34.6%。[③] 2013 年共有 41 个省重点推进文化产业项目和文化创意产业重点项目开

① 参见《内蒙古文化产业发展的报告》，见 http://www.hhhtnews.com/2014/0301/1539323.shtml。

② 参见《黑龙江省文化产业增加值实现“三年翻一番五年翻两番”目标》，见 http://www.hlj.gov.cn/zwdt/system/2014/07/22/010671709.shtml。

③ 参见《黑龙江省 2013 年国民经济和社会发展统计公报》，见 http://www.tjcn.org/tjgb/201409/27527-3.html。

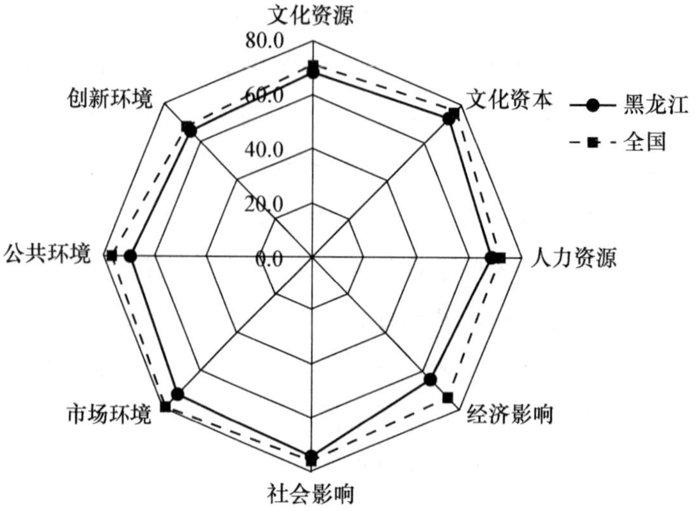

图 4—76　2014 年黑龙江省文化产业二级指标雷达图

复工，完成投资 45 亿多元，哈尔滨师范大学现代文化艺术产业园、黑龙江省新华书店图书配送等 18 个项目建成使用。文化资本方面，2014 年黑龙江省开始设立财政专项资金，用于扶持文化产业重点项目建设，并出台《黑龙江省文化产业重点项目扶持资金管理办法（试行）》，对 46 家符合奖励条件的重点文化企业给予 2 490 万元资金扶持，对 11 个建成投产的文化产业重点项目给予 6 710 万元资金支持[①]，有效激励文化企业发展和文化项目建设。创新环境方面，黑龙江科技资源富集，有较强的科技实力。

（2）文化产业发展中存在的主要问题。

虽然黑龙江省近年来文化创意产业发展态势良好，但因基础较差，与其他省市还有一定差距。在市场环境方面，黑龙江虽然有 3 800 万省内人口和每年 2 000 多万人的游客市场，但文化产业氛围仍相对较淡，居民对于文化消费的需求偏低。公共环境方面，政府也应着力为群众提供更加普及的公共文化服务，提高人民群众喜闻乐见的文化服务项目水平。政府应加强对文化力和新经济形态的研究，合理配置公共资源和优秀人力资源，扶持重点文化产业项目，努力创造更大的经济效益。

3. *海南省*

（1）文化产业发展现状与优势。

近年来，海南省加快推进文化产业发展的政策和措施，逐步改善体量、规模、

---

① 参见《黑龙江省：2014 近亿元支持文化产业发展》，见 http://www.chinairn.com/news/20150119/135313986.shtml。

分布“小散弱”的旧貌，文化产业发展保持良好势头，已实现文化产业增加值连续 9 年保持两位数增长，增幅位居全国前列。[①] 海南充分利用自身的优势特点，形成了以生态旅游产业、科技创意产业和影视动漫产业为三大板块的文化产业发展布局。

在文化产业驱动力上，海南文化产业的发展已接近全国平均水平（见图 4—77）。在融合发展文化产业与旅游业上，海南已初步形成了产业特色和优势，大大推动了其文化市场的消费。例如，被列为第五批国家文化产业示范基地的天涯海角景区，2014 年接待游客量 412 万人次，同比增长 19.4%，营业收入达 3.4 亿元。政府政策的支持和资金的投入推动海南形成较好的公共环境和科研环境。2011 年，海南出台《关于支持文化产业加快发展的若干政策》，从土地、财政税收、投融资、市场准入、人才等几个方面支持文化产业的发展；2013 年，《海南省文化产业园区和示范基地评选命名管理办法》《海南省文化产业重点项目认定管理暂行办法》等一系列配套文件也不断完善。2014 年，《海南省现代服务业扩大开放审批改革措施》允许适度引进境外资本投资国内旅游演出市场；《海南省人民政府印发关于加快发展服务业若干政策的通知》为经国务院有关部门认定的动漫企业提供所得税和进出口关税优惠的政策。[②] 2014 年文化产业发展专项资金的投入也从 2011 年的 2 000万元增加到 1.1 亿元。

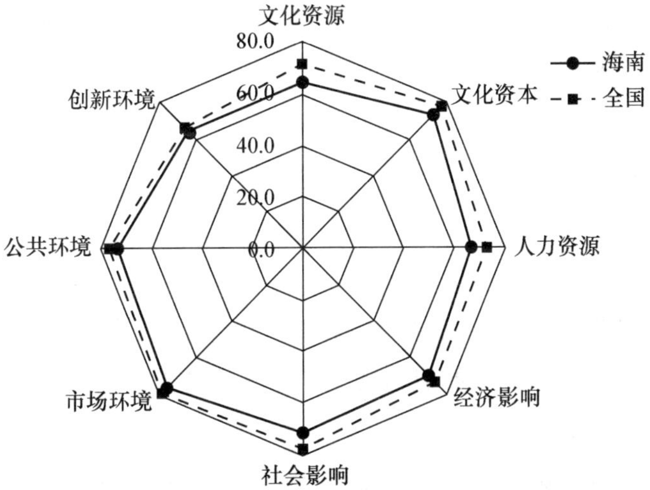

图 4—77　2014 年海南省文化产业二级指标雷达图

① 参见《海南文化产业风生水起：产业增加值连续 9 年以两位数增长增幅居全国前列》，见 http://www.hnntv.cn/html/2015/hnxwlb_0131/46979.html。

② 参见《盘点 2014：海南允许外资投资国内旅游演出市场》，见 http://www.ce.cn/culture/gd/201412/29/t20141229_4222609.shtml。

（2）文化产业发展中存在的主要问题。

文化资源方面，截至2013年，海南省建有国家级特色文化产业重点项目1个，国家级文化产业示范基地4家，省级文化产业示范园区2家，省级文化产业示范基地11家。根据《2014年海南省国民经济和社会发展统计公报》，截至2014年末，海南省共有各类艺术表演团体（含社会民营团体）67个，文化艺术馆21个，档案馆38个，公共图书馆21个；全省有线电视用户达117.80万户，比上年增长7.1%；广播综合人口覆盖率和电视综合人口覆盖率分别达96.49%和95.47%。截至2014年末，全省共有报社17家，出版报纸2.5亿份，比上年减少1.4%；杂志社44家，出版杂志795.34万册，比上年增长0.3%。文化场馆资源方面远落后于全国平均水平。2013年，海南文物业藏品数仅有40 063件，在全国排名末位，而博物馆机构数也仅有18家，排名倒数第三。

人力资源方面，海南省总人口量较小，高等教育机构较少，文化艺术科研机构数也较少，在培养和吸引文化创意经营领域管理人才和科技创新人才方面存在一定困难。尽管近年来国内外高端设计企业及机构入驻海南带动了一些创新型产业人才的集聚，但依旧难以满足文化产业领域高科技的迅速发展和现代管理的需要。

社会影响方面，海南省在组织群众文化活动和艺术表演活动方面均在全国处于较为落后的地位。海南省需要进一步建设和健全文化艺术场馆和文化消费类设施，丰富人民群众的精神文化生活，从而进一步提高居民的文化参与性，增强全省的文化消费氛围；同时，应积极利用海南的自然资源和传统文化，鼓励文化创意企业在国内外传播海南的文化形象。

4. 甘肃省

（1）文化产业发展现状与优势。

2014年，甘肃省文化产业实现增加值132.91亿元，连续三年保持25%以上的增速。[①] 其中，“文化集市”开始成为文化产业新的增长点，文化园区基地聚集示范作用开始逐步显现。

在文化资本、社会影响、市场环境方面，甘肃省文化创意产业发展水平接近全国平均水平（见图4—78）。甘肃省着力建设华夏文明传承创新区，全面启动敦煌国际文化旅游名城建设、飞天文化产业园、丝绸之路文化旅游小镇、天水汉唐艺术苑、华夏收藏文化博览园、嘉峪关华强文化科技产业基地、陇东南国家中医药养生

① 参见《2014年甘肃省文化产业实现增加值132.91亿元》，见http://gs.cnr.cn/gsxw/kx/20150131/t20150131_517592597.shtml。

保健旅游创新区、通渭书画城、夏河藏文化产业园、文化集市等一批重大项目。2014年开建亿元以上重大文化产业项目100个，总投资达700多亿元；签订文化产业合同总金额达1 490.76亿元，当年到位资金185.59亿元。[①] 这些文化项目对于提升甘肃文化形象、增强文化氛围都具有积极意义。

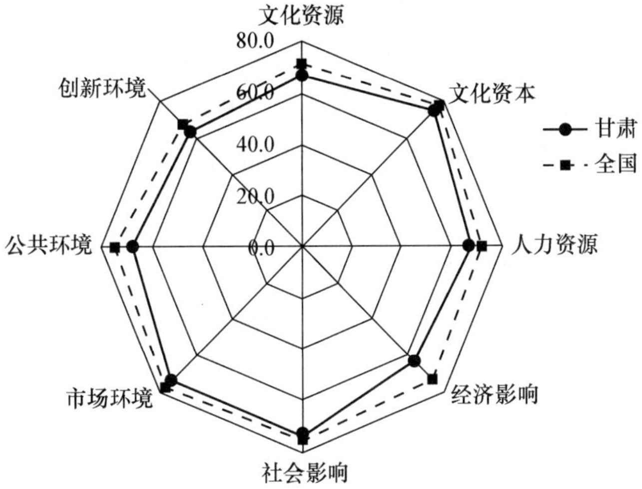

图4—78　2014年甘肃省文化产业二级指标雷达图

（2）文化产业发展中存在的主要问题。

近年来，甘肃在文化创意产业发展中取得了一定的成绩，但在文化资源、人力资源、经济影响、公共环境、创新环境等方面仍然存在问题，与全国平均水平存在一定差距。

文化资源方面，甘肃在基础设施建设上表现尚可，根据《2013年甘肃省国民经济和社会发展统计公报》，截至2013年末，全省共有文化馆103个，公共图书馆103个，博物馆（含纪念馆）143个，国有艺术表演团体69个。广播和电视综合人口覆盖率分别为97.69%和98.04%，分别比上年提高0.80和0.48个百分点。有线电视用户207.34万户，增长3.06%；有线数字电视用户196.09万户，增长21.22%。省级报纸出版5.12亿份，比上年增长3.0%；期刊出版1.16亿册，增长2.0%；图书出版6 819万册（张），增长3.0%。但甘肃在文化产业基地数量上落后于全国平均水平。

人力资源方面，由于甘肃总体经济水平偏低，对人才的吸引力不足，又缺乏文化创意人才的培养机构，使得文化创意产业人力资源短缺，制约了其企业深度和广

① 参见《建大平台 招大商 引大资 建大项目》，见http://gansu.gansudaily.com.cn/system/2015/02/02/015389791.shtml。

度的发展。

经济影响方面，尽管甘肃近年来已加强了文化产业聚集区的建设，但文化产业总产出和从业人员人均收入仍旧比较落后。这与甘肃本身金融水平有限，难以吸引大型企业投资，居民文化需求偏低，文化消费水平较低都有直接的关系。

公共环境方面，如何落实有操作性的文化产业政策是甘肃面临的主要问题。特别是应鼓励中小型企业进行创新，吸引民营文化产业的重点或特色项目，吸引金融资本投资，拓展融资渠道，建设区域性文化产业中心，促进包括人力资源、技术资源和资金融合在内的合作平台建设，以改善甘肃民营文化产业弱小的局面。

5. 广西壮族自治区

(1) 文化产业发展现状与优势。

2010年以来，广西壮族自治区文化产业增加值连续4年增长20%。2012年，广西文化产业增加值356.67亿元，占GDP的比重达到2.74%，其中法人单位文化产业增加值为327.79亿元，占GDP的比重为2.51%；2013年，文化产业增加值突破400亿元，其文化产业发展呈现良好的态势。

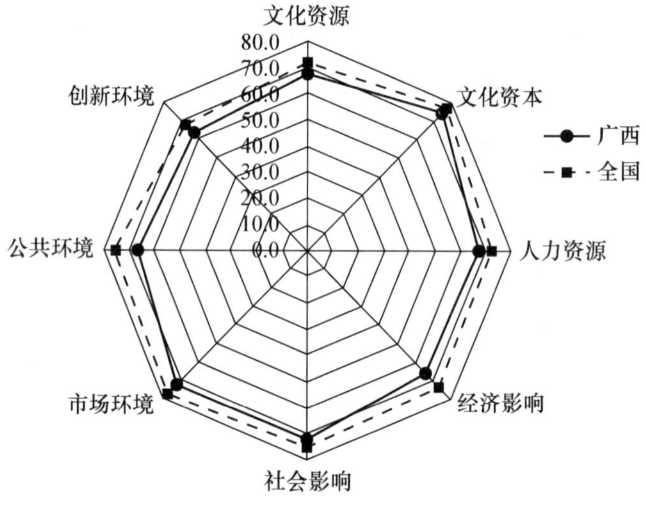

图4—79 2014年广西壮族自治区文化产业二级指标雷达图

广西在文化资本和创新环境方面，与全国平均水平的差距较小。近年来，广西先后命名了5批共103家自治区文化产业示范基地和2批18家动漫骨干企业，大大增加了对文化产业重点企业的扶植力度。在引进文化资本方面，《自治区文化厅关于鼓励和引导民间资本进入文化领域的实施意见》提出了鼓励和引导民营资本进入文化领域的27条措施，使民营文化企业和国有文化企业享有一致的政策条件。广西是在全国率先出台鼓励和引导民间资本发展文化产业政策文件的省区之一。在广西文化产业项目中，民营文化企业项目达 2/3，其中包括保利、万达、阿里巴巴、深圳华侨等文化企业巨头，实现了良好的经济效益。[①]

创新环境方面，2013 年自治区安排科学研究与技术开发计划项目 1 879 项，资助经费 5 亿元。其中，技术研究与开发经费 33 100 万元，科技成果转化资金 9 900 万元，自然科学基金 6 500 万元，自治区主席科技资金 500 万元。取得省部级以上登记科技成果 716 项，其中，应用技术成果 648 项，软科学研究成果 9 项，基础理论成果 59 项。全年获广西科技进步奖项目 154 项，其中，特别贡献奖 1 项，自然科学奖 21 项，技术发明奖 11 项，科学技术进步奖 121 项。全年专利申请量 23 249 件，同比增长 70.9%，其中发明专利申请量 14 380 件，同比增长 121.0%。[②] 此外，广西积极拓展文化与教育的对接联动，借助教育的科研、人力、智力等优势资源，鼓励在高校建立文化产业创业基地和培训实习基地，努力创造良好的科研环境。

（2）文化产业发展中存在的主要问题。

虽然近年来广西壮族自治区文化创意产业发展势头良好，但应该看到，其在文化资源、人力资源、经济影响、市场环境、公共环境等方面距离全国平均水平有较大差距。

文化资源方面，根据《2013 年广西壮族自治区国民经济和社会发展统计公报》，截至 2013 年末，广西共有县级以上公共图书馆 112 个，文化馆 123 个，博物馆 81 个，档案馆 125 个，已开放各类档案 81 万卷又 162 万件；国有艺术表演团体 16 个，娱乐场所 4 152 个，互联网上网服务营业场所（网吧）4 786 个。截至 2013 年末，全区共有 37 个项目列入国家级非物质文化遗产名录，349 个项目列入自治区级非物质文化遗产名录，文化产业示范（试验）园区和产业示范基地 51 个。按机构分，年末全区共有广播电台 8 座，电视台 7 座，广播电视台 83 座。有线广播电视用户 623.44 万户，有线数字电视用户 370.73 万户。年末广播综合人口覆盖率为 96.2%，电视综合人口覆盖率为 98%。全年制作电视剧 87 集。出版各类报纸 7.01 亿份，各类期刊 0.46 亿册，图书 2.90 亿册。相比全国其他地区的各项指标，广西文化基础设施建设比较落后。

人力资源方面，广西文化创意产业对于人才的吸引力亟待加强。2012 年广西文化服务业企业、事业单位、规模以上文化产品制造业以及限额以上文化产品批发零售企业共有 1.38 万家，从业人员 35.07 万人，平均每个企业从业人员 25.35 人，

---

① 参见《广西文化产业增加值连续 4 年增长 20% 以上》，见 http://www.ce.cn/culture/gd/201403/24/t20140324_2539111.shtml。

② 参见《2013 年广西壮族自治区国民经济和社会发展统计公报》，载《广西日报》，2014-03-31。

比同期以上行业平均数少11.7人。此外，在全部1.9万家文化产业单位中，“三上企业”仅527家，只占全部文化产业单位的2.77%。缺乏大型且具有市场竞争力的文化创意企业对于吸引文化企业经营管理和创意创新人才都极为不利。尽管广西近年来加强了文化创意产业拓展文化与教育的对接联动，在诸如广西大学、广西艺术学院、梧州学院等高校建立了文化产业创业基地和培训实习基地，但文化创意人才培养尚需时间才能彰显效果。

经济影响方面，广西文化产业基础较弱，虽在近年发展态势良好，但文化创意产业总收入仍相对较低，与西部文化大省四川相比还有较大差距。

市场环境方面，广西在促进文化教育、增强文化需求、鼓励居民文化消费方面仍有较长的路要走。此外，广西在知识产权保护满意度方面指数较低，政府应建立健全文化创意成果保护体系，进一步鼓励创新。

公共环境方面，政府还应进一步发挥积极作用，应出台更有操作性和针对性的政策措施，努力搭建文化产业企业吸引投资和与其他相关行业融合发展的平台，完善文化产业公共服务体系。

第五章　中国省市文化产业发展建议

发展文化产业是培育区域经济新的增长点、实施区域可持续发展的重要举措，也是满足人民群众文化需求、体现以人为本、构建社会主义和谐社会的内在要求，但目前，我国文化产业的发展尚不完善。本章将从整体分析我国各省市地区文化产业发展存在的现实问题，并从问题出发，为今后文化产业的发展提供意见和建议。

一、中国省市文化产业发展存在的现实问题

尽管全国各地对发展文化产业越来越重视，纷纷加大文化设施建设投入，积极推动文化体制改革，把发展文化产业作为应对国际金融危机、调整经济结构、培育新型业态的重要措施来抓，取得了显著的成效，但应该看到，我国文化产业发展依旧存在问题，如文化产业发展不均衡、文化资源低效开发、文化创意产业人才缺乏、科技创新有待加强、资金问题依旧困扰文化产业企业等。

（一）部分地区产业发展不均衡

1. 变异系数总体呈下降趋势，但幅度减小

从 2010 年到 2014 年，中国省市文化产业发展指数的变异系数从 0.087 降低至 0.039（见图 5—1），年均下降 16.32%，其中 2013 年曾下降至 0.035，说明我国文化产业发展总体趋于均衡，大部分地区文化产业生产力、影响力和驱动力发展速度较快，并逐步趋向均衡。但应该看到，2012 年以来，均衡度每年的下降幅度有所放缓，2012 年至 2014 年，均衡系数保持在 0.035 至 0.040 之间。

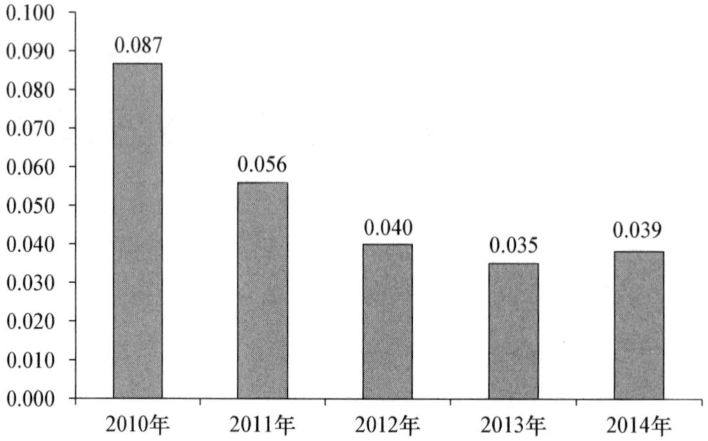

图 5—1　2010—2014 年中国省市文化产业发展指数变异系数

2. 西部地区发展均衡度较低

从2014年中国东中西部的变异系数来看，西部地区变异系数在2014年为0.044，中部地区为0.028，东部地区为0.041（见图5—2），可见西部地区在文化产业生产力、影响力和驱动力方面的均衡度依旧落后于东部地区和中部地区，因此应注意克服短板因素，全面提升产业链各个环节，才能更有效地提升文化产业发展水平。

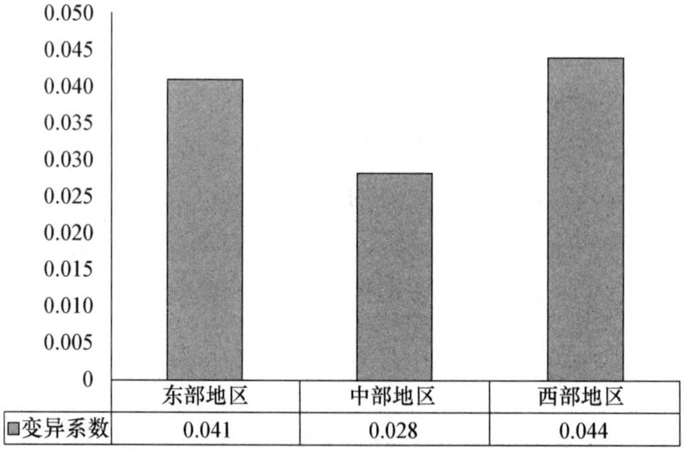

图 5—2　2014 年中国省市文化产业发展指数分地区变异系数

3. 东西部文化产业发展失衡

与我国的经济发展格局类似，“东高西低”的区域发展失衡问题在文化产业发展中也存在。相较于东部地区，西部地区的文化产业不管是在资源、资本、人力、技术以及产业规模方面，还是在市场、价值创造、品牌和品质上，由于自然条件、观念意识、经济水平、人才积累、技术创新和管理体制等因素导致的问题在短期内还很难得到实质性的解决。

4. 区域文化产业发展的同质化倾向

近年来，国家确立了文化产业的重要地位，各地区纷纷积极响应，为本地区发展文化产业树立了明确的目标。然而，从各地文化产业发展规划中不难发现文化产业区域发展同质化现象愈加严重，在一定程度上存在脱离实际或者违背产业发展规律的观念。比如，忽略地区本身文化和资源特点，盲目建设产业园区，包括西藏在内的全国 31 个省市都在准备建设和已经建成动漫产业园区总数达到 13 000 个，但总体在国际市场上的份额不足 1%，实际产值和收入并不乐观。大部分省市文化产业结构大同小异，地区比较优势和协作效益不明显，重点不突出，重复建设严重，没有有效实现资源互补。

（二）文化资源低效开发

1. 粗放经营文化资源

一些地区，特别是经济欠发达地区并未认清本地文化资源的特色优势，没有精心规划、细致制作或包装、创造出品牌和竞争优势，而是粗制滥造、浅尝辄止、随意应付，贪图短时有限的经济收益。以景德镇为例，遍布其全市的大小作坊，大多都是粗放经营、跟风模仿生产，产品附加值低，这种低端仿制、低价倾销的不可持续的方式在浪费资源的同时也制约了陶瓷文化创意产业竞争力的提升。① 有些地区盲目跟风文化产业热潮，试图将一切与文化沾边的内容都开发成为文化产品，但又缺乏足够的耐心以及人力、物力、财力，将其发展成具有市场前景的、特色的文化品牌。这种情况不仅导致了资源的浪费，也挫伤了本对当地文化有兴趣的文化消费者的积极性，扰乱了当地的文化产业市场秩序。

另外，一些地区目前经济社会发展水平还比较低，现代文化产业发展的基础还不牢固、条件还不成熟，只能先走传统的资源依赖型道路。在这种缺乏现代化生产技术和手段、创意能力不足的条件下，生产出来的文化产品必然大多属于附加值较低的初级产品，导致浪费，破坏一些市场潜力很高的文化资源，甚至失去再次开发的可能性。这一局面不改变，文化产业的整体实力就很难有实质性的提高。

2. 文化资源开发缺乏特色

尽管我国地域广阔、历史悠久、文化璀璨，具有丰富的可供开发利用的文化资

① 参见黄书生：《景德镇文化旅游创意产业的发展路径研究》，载《中国商贸》，2011 (3)。

源，但目前存在两个主要问题：一是大量特色文化资源尚未被认可，更遑论保护、开发和利用；二是我国文化创意产业的创新性不足，丰富的文化资源并没有被深刻理解并赋予创意的思维和创新的技术加以开发，推向市场，从而转变为文化创意产业发展的资本。一些地方既因模仿抄袭陷入发展困境，又使本地文化资源的特色优势受到限制，失去核心竞争力，造成大量财力、人力浪费，难以达到预期效果。

3. 开发和保护不协调

在文化产业发展中，普遍存在着文化资源开发利用的短期行为，导致对文化资源不同程度的破坏。例如，很多文物古迹被重新包装，改头换面，丧失了文物古迹的原貌；很多民间的风俗习惯、舞蹈、仪式被简单化、庸俗化，丧失了其原本的神韵；甚至有些地方，在开发利用的名义下严重破坏或是毁灭性地破坏一些文化、古迹和古建筑等，这些都是在开发利用过程中必须从根本上杜绝的。没有保护的掠夺式开发，无异于涸泽而渔，最终必然会导致文化资源的枯竭。

（三）文化创意产业人才缺乏

1. 文化产业人才供需矛盾和结构性失衡

文化创意产业的发展离不开丰富的人力资源，其中包括原创力人才、行业领军人才、经营管理人才等。无论是文化产业专家、大师级人物，还是民间艺人、能工巧匠，无论是高新技术人才还是文化营销人才，无论是高端服务型人才还是经营管理型人才，都是现阶段我国文化创意产业发展所需的重要力量。从人才从业状况来看，当前从事传统文化产业生产经营的人员较多，从事新兴产业的较少；产业下游服务业的从业人员较多，上游创意型的人才较少；从事低端的资源依赖型行业的人员较多，而能够运用高新技术、创造高附加值的创新型人才较少。从专业结构上看，跨学科、跨领域、跨行业的复合型人才严重不足，尤其是横跨创意、外语、计算机和营销领域的人才更少。因此，如何解决文化产业快速发展和文化创意产业人才队伍结构失衡之间的矛盾，是我国亟须解决的问题。

2. 文化产业人才培养机制不完善

文化产业的人才短缺源于人才培养机制的不健全，人才的市场配置效能未能充分发挥，尚未构建起契合文化产业发展需要的选人用人机制。一是文化创意产业学历教育和文化创意产业市场需求脱节。由于我国文化创意产业起步较晚，高校还没有在文化创意方面形成一个独立的学科体系，文化和创意并没有进入高校的学科目录，而只是附属在其他各个学科之下。文化创新产业作为一个新兴的产业，政府、高校和社会机构对于文化创意产业相关专业人才的培养方式还处于摸索阶段，完整的培养方法和培养系统仍在酝酿中。[①] 很多学校在未对文化产业人才市场进行很好研究的情况下，受利益驱使，盲目开设文化产业专业，但并未对培养文化创意人才起到实质的促进作用。二是文化创意产业学校教学要求和师资脱节。由于文化创意产业是一个新兴产业，文化产业专业出身以及具备文化产业背景、拥有相关知识的专业师资队伍至今尚未形成。此外，文化产业专业人才更偏重实战性，而高校教师并非一线的文化产业从业人员，多是重学术、轻运用，重科研、轻教学。因此，应结合社会实践，充分发挥产业基地园区的作用，开辟文化产业人才资源的配置路径。

(四) 科技创新有待加强

1. 自主研发核心技术缺失

文化产业作为我国国民经济的重要组成部分，其经济总量高速增长和产业规模持续扩大实属正常，但大并不等于强。中国的高经济增长多数依靠技术含量偏低的资金拉动，经济增长中科技贡献率较低，与发达国家水平有较大差距。可以说，科技落后是制约我国经济增长的最大瓶颈。历史表明，文化的每一次革命性进步，都是重大技术创新和扩散的结果。如无线电技术的运用带来了广播和电视的新生，网络技术的发展引发了文化传播方式的革命。在新技术革命浪潮中，传统文化内容与信息技术、网络技术、数字技术对接，派生出网络游戏、数字视听、三维动画等一系列新兴业态，使文化内容更加吸引人、文化传播更加快捷、文化的影响力更加深远。不仅如此，信息技术和网络技术还催生了物联网等新兴产业的发育和发展。科技和产业革命对文化产业发展影响的深度和广度愈发凸显。[②] 因此，在数字化、网络化、多媒体化等高新技术迅速发展的今天，如何促进文化创意产业充分发展和利用，促进文化创意产业带来新的发展，是各级政府和文化创意产业从业人员应思考的问题。

2. 文化创意成果知识产权保护体系有待完善

相比传统行业，文化创意企业最宝贵的资产之一就是文化创意成果，一个有市场潜力的创意成果往往需要企业在人力、物力和财力上较大的前期投入，因此完善的知识产权保护体系对于鼓励自主研发、鼓励创意创新具有十分重要的意义。应当看到，我国在知识产权保护方面起步比较晚，无论是在立法还是在行政查处机制上

① 参见王丽琦：《文化创意产业亟待突破人才瓶颈》，载《中国人才》，2010 (5)，14～15 页。

② 参见《以科技创新推动文化产业大发展》，见 http://xh.xhby.net/mp2/html/2012-01/17/content_496950.htm。

都存在问题，是薄弱环节。此外，由于创意成果本身的特点，权利人通过诉讼途径维护权益的成本相对较高，比如诉讼程序烦琐，调查取证常常造成延迟，导致同类竞争产品可能占领市场，给权利人的利益造成更大的损害，因为重新打入市场的成本和风险是难以估量的。此外，由于在知识产权事实认定中当事人需要举证质证，很可能导致商业秘密被公众知悉，而事实上也存在一方当事人以诉讼为策略企图套取对方商业秘密的可能。另一方面，知识产品不同于有形资产，由于缺乏教育和经验，权利人自身避免和防止被侵权的意识和能力也不足。

（五）资金问题困扰文化产业企业

1. 文化产业融资受约束

由于消费市场的不确定性和投入产出的不对称性，文化产业具有典型的“高投入、高风险、高回报”的特征，因此，无论是在直接融资方面，还是在间接融资方面，都面临着严重的融资约束问题。

从直接融资来看，由于绝大部分文化企业的财务业绩和商业模式很难达到上市融资的要求，因而上市直接融资并不是普遍适合文化企业的融资路径。文化企业除了走 IPO 通道外，暂无更好的直接融资渠道。而文化创意企业无形资产较多，转制时间短，规模较小，难以达到上市要求，获得银行贷款的机会也少，因此，文化企业普遍面临融资难的困境。

从间接融资来看，一方面，文化企业拥有的多是无形资产，而无形资产价值评估体系尚不完善。另一方面，文化产业项目或者为文化企业提供贷款仍属银行等金融机构较新的业务服务领域，能够借鉴的风险参考体系和业务经验很少，并且文化企业本身多为中小型企业，拥有的市场风险抵御能力比较有限，无形中更增加了银行等金融机构面临的信贷风险。

2. 文化创意产业版权资产体系不完善

版权资产是文化创意产业及其产品的核心资产和价值载体，并且与物权、股权以及债券等财产权利相联系，拥有典型的所有权属性、财富属性以及高附加值属性，而这些属性恰恰是版权资产成为文化创意企业重要生产要素和财富来源的原因。但是，国内很多文化企业更多是把拥有的无形资产作为一种资源，而不是传统意义上的资产，并且文化创意企业本身和银行等金融机构对于知识产权等无形资产都缺乏清晰的认识和有效的管理。因此，如何将知识产权等无形资产资本化，包括无形资产产权的归属和流转，如何严格和明确地保护、评估知识产权等无形资产的商业价值，都是版权等无形资产开发和运用亟待解决的问题。

二、中国省市文化产业的发展建议

针对以上评述的我国文化创意产业存在的问题，本节将从整体上为今后我国文化产业的发展提供意见和建议。

(一) 克服短板，全面发展

1. 全面提升产业链各环节的发展水平

应充分了解文化产业市场规律。从源头抓起发展文化创意产业，保证在资源、资本、政策、人才、法规、科研等诸多方面协同配合，使文化产业在驱动力、生产力和影响力方面共同发展。同时，加大政府在文化产业链各环节的支持力度，既要保障文化创意产业的生产环境，也要丰富能满足人民群众需求的文化消费产品，增加文化需求，使产业均衡可持续发展。

2. 提高西部地区产业发展均衡度

相比经济发达地区，西部欠发达地区文化产业有着“先天不足”的劣势，主要表现在：人民文化需求低，文化消费市场尚未形成；配套政策、服务、设施和条件跟不上；人才、技术资源短缺，以技术、创意等为核心要素的现代文化产业和新兴业态发展受阻。由于这些条件的限制，尽管短时间内政府在文化产业驱动力方面做出了很大的努力，但仍与东部发达地区有较大差距。西部地区应明确自身条件，对弱势和不足集中力量进行弥补，积极克服短板因素，提高产业发展的均衡度。同时，利用自身的优势资源，找准自己文化产业发展的重心，而不是一味跟风，投资在并无竞争优势的产业方向上。比如，2014 年由文化部与财政部实施的藏羌彝文化产业走廊工程①和正在重点规划的“一带一路”文化产业即将成为协调区域文化产业发展的有力抓手。

3. 加强文化产业区域布局的统筹规划

实施差异化的区域文化产业发展战略，加强分类指导，鼓励和引导各地在推动文化产业发展上的地方特色，体现文化差异，避免重复建设和同质竞争，努力形成东中西部优势互补、相互促进、共同发展的良好局面。针对东部、中部和西部自身

① 参见《特色文化产业工程和藏羌彝文化产业走廊启动实施》，见 http://www.gov.cn/xinwen/2014-03/28/content_2648824.htm。

的优劣势特点，应采取不同的产业发展策略。利用东部地区文化创意基地多、人才和资源集中的特点，应倡导文化创新，提升文化品质，加快发展如创意设计、网络文化、数字文化服务等行业，培育科技型文化产业集群。而中部地区应完善产业政策，扩大文化消费，规范市场秩序，加快产业崛起，引导西部地区发挥资源优势，突出区域特色，培育消费市场，带动产业发展。对于西部地区，则应重点发展文化旅游、传统演艺、工艺美术、艺术品、节庆会展等文化产业。同时，统筹城乡文化产业发展，支持中小城市利用当地特色资源打造文化产业亮点和品牌，鼓励资源型城市在转型过程中将文化产业作为结构调整的重要着力点，培育一批特色文化产业乡镇和文化产业特色村。

4. 因地制宜，着力培养地方特色主导产业

文化产业具有很强的地域性，根据不同的地域文化特色也应发展出不同特色的文化产业。根据十七届六中全会和《国家“十二五”时期文化改革发展规划纲要》的要求，应“发掘城市文化资源，发展特色文化产业，建设特色文化城市”“鼓励各地积极发展依托文化遗产的旅游及相关产业，发展特色文化服务，打造特色民族文化活动品牌”。诚然，文化生产直接面对当地的消费者，因此作为公共服务类的文化设施和产业门类要尽可能地齐全，以此来丰富当地居民的文化生活和文化市场，但这并不意味着十几个行业齐头并进、同步发展，从客观上来看这也不现实。不同地区应根据本地区的资源禀赋和发展现状，精心选择具有比较优势和发展潜力的产业作为本地区的主导产业，对主导产业实行政策倾斜，重点突破，做大做强，使其在全国甚至国际上具有竞争力。主导产业在区域文化产业竞争中具有明显的竞争优势和领袖地位，能在较长时期内影响该行业在全国发展的走向和力量格局变动，是地区文化竞争力的突出标志，也是落后地区实现文化产业战略，缩小、赶超区域差距的一个捷径。一个地区的主导产业不宜过多，而各地区选择什么作为主导产业，应充分考虑当地的资源丰度、市场容量、技术成熟性、经济及产业关联性、周边的竞争形势以及自身优势等因素。主导产业的形成与发展，既是文化产业内部各行业相互竞争、相互作用下市场选择的结果，也是政府引导和扶持的结果。各地区应把特色发展放在首位，以特色求生存、谋发展、赢市场、保优势。

（二）细致梳理文化资源，坚持开发与保护并重

1. 加强规划与管理

一是在调查研究的基础上科学规划。文化旅游是我国很多文化产业发展相对滞

后的地区发展的重心，其在对文化资源的开发、利用、保护上，基础设施建设，景点与景点的沟通，综合性和专题性的旅游形式，特色旅游产品的开发，客源构成和接待能力等各个方面要进行周密考虑、妥善安排、协调发展。二是理顺管理体制。就地方而言，各部门应紧紧围绕总负责人的部署安排，在明确职责、合理分工的前提下，统一步调，各司其职，充分协作，在旅游、文化、文物、园林、宗教等各个方面开展工作。在文化资源密集的地区可专设管理区，由主管领导牵头，相关部门派员参加，设置共同管理委员会，由此加强领导、协调关系、完善管理。

2. 科学梳理文化资源，打造具有地方特色的文化品牌

对各地区文化资源进行科学梳理和归类，准确把握各类文化资源的特性，是合理开发文化资源、打造文化特色品牌的前提。在对文化资源进行梳理和归类时，一方面要分析该资源产业化的开发价值，即其可持续发展空间的大小、产品市场半径和容量的大小，并且据此确定其开发投入力度以及预期发展规模。另一方面，需分析哪些资源本身并不具备产业化开发的价值，其价值仅仅在于维系一个地区的文化形象。对于这样的文化资源，要加强保护，而不是勉强开发。否则，最终不但生产出无市场的文化废品，还破坏了当地的文化资源原貌，造成了人力、财力和物力的浪费。

而对于具有产业化开发价值的文化资源，应进行细致分析、精确定位、深度挖掘、综合提炼、精心加工、悉心打磨。在真正理解当地文化内涵的基础上，独具慧眼、采珍拾英；更有针对性地出台符合本地发展特色的政策，有选择、有目标、特色化、专业化地发展本地文化产业。此外，根据比较优势原理，一个地区的资源、资金都有限，只有发展优势文化产业，才能集中资源，发挥集聚效应，形成行业带头示范作用。因此，要充分培育地区文化品牌中有威望的企业，扶助优势文化产业，塑造具有当地特色的文化品牌。①

3. 坚持开发与保护并重

文化资源在很大程度上存在可循环利用、反复开发的特点，尽管如此，保护的问题同样重要，比如各类文化遗产的传承和保护。首先，确立科学开发的观念。所谓科学开发，就是要尊重文化的发展规律，不破坏文化资源，谋求文化资源的可持续发展。通过科学的开发，文化资源能够以文化产品为载体在大范围内快速传播，引起人们的关注，为文化资源的保护创造更为良好的社会氛围。其次，保护与开发

① 参见谢京辉：《文化品牌：文化产业的灵魂——基于上海文化产业发展的问题》，载《探索与争鸣》，2014(7)，52～55页。

结合，正确处理保护与开发的关系，做到在保护中开发、在开发中保护，形成保护与开发并举，以保护为重的良好局面。同时，还要在文化资源开发过程中强调“谁开发、谁受益、谁保护”的原则，将部分开发受益应用到资源的保护上。

（三）优化机制，加强文化产业人才培养

1. 制定和调整相关人才政策

制定和调整有关文化产业人才的政策是解决人才结构性失衡、高端复合人才缺乏问题的关键。应加大文化产业人力资本投入，实施好文化产业的人才战略，建立文化产业人才支撑体系，真正认识到文化产业是人力资本主导。在有限的人力资本投入中，应该保证人才培养的重点，即坚持以高层次人才培养为重点，着力抓好以学术科技带头人为代表的人才队伍建设，形成一支在国际竞争中阵容强大的文化产业“国家队”；坚持以高新技术创新人才为重点，培养一支能在文化产业前沿拓进的“人才尖兵”；坚持以培养年轻人才的创新能力为重点，抓紧培养善于开拓文化新领域的拔尖创新人才、掌握现代传媒技术的专门人才。应该加速培养文化产业方面的国际化经营人才、国际文化商务谈判人才、电子商务人才、高端外语人才、国际国内法律通识人才、金融保险人才、国际旅游人才、文化产业创意与研究人才等。其中，培养既懂文化又懂市场、既懂创意又懂经营、既懂国际贸易又精通英语的外向型、创新型、复合型、协作型人才，则是文化产业人才建设的重中之重。

借鉴美国、日本、韩国等文化创意产业大国的人才经验，不难发现从国家层面，通过教育、资助、营造外部环境、政策利好等多种方式为本国的文化创意人才吸纳和培养提供支持是建设并壮大文化产业人才的共同道路。我国应在认真评估现有政策利弊的基础上，制定能够满足不同行业领域、不同类别、不同层次文化产业人才培养需求的合理可行的政策体系。在具体措施上，可以在大城市适当放宽户籍限制或在小城市提供额外福利，来积极引进优秀文化创意人才；设立文化创意奖励，对做出贡献的集体和个人给予表彰和鼓励；教育部门可对文化创意型人才的海外培训，海外专家和大学生的工作、创业予以资助；人事部门可对文化创意企业引进国外专家、留学人员或建立博士后科研工作站给予立项、经费资助等方面的支持；建立行业公共服务平台和人才数据库，搭建人才和企业沟通的桥梁和平台，等等。[1]

2. 建立产学研用相结合的文化产业人才培养培训机制

首先，应立足于文化产业的特点，积极构建开放、共赢、互补、高效的文化产

---

① 参见旋天颖、王玉晶、杨程：《我国文化产业人才培养模式的现状分析及其改进策略》，载《中国人民大学教育学刊》，2014（2）。

业产学研相结合模式，培养既拥有理论知识又具备实践经验的文化产业人才。在课程设置上要正确处理“通识”与“专业”、“文化素养”与“产业能力”的关系，实现创意想法与实践管理应用水平的平衡。同时，加强课程资源的开发与系统化，培育相关专业的精品课程，实现教学资源的创新与升级。在培养文化产业科研人才的同时，将学校资源、行业资源、企业资源结合在一起，以实践教学为主要方式，以满足社会和行业需要为导向，为用人单位提供理论扎实、实践能力强的创新性应用人才。① 建立实习基地，鼓励学生从申请立项、确定计划到实施项目都亲身参与，将实践教学的理念渗透到教学过程的每一个环节。同时，加强“复合型”“双师型”师资队伍建设，使其能够通过“工作室”等教学模式将文化产业实际运行过程中的创意策划、生产加工、市场营销、延伸开发等内容内涵于教学过程，让学生对于“文化增值”有直观的认识和客观的体验，学习和掌握将文化创意转化为实际产品的能力，养成职业规范。

其次，应交叉培养，有所倚重。文化产业是一个系统性、综合性、交叉性突出的业态，范畴非常广泛，需要整合多学科教学资源，加强交叉型、复合型、应用型人才培养。但在众多学科专业的课程设置中，高校要根据自己的长处，或是根据学生本身的兴趣或优势，选择重点，突出特色，而不能面面俱到，造成培养目标不明确、人才无专长。总之，应在使学生全面了解文化创意产业各有关知识和能力的基础上，在某一领域培养学生的一技之长，让他们在某一方面掌握具有竞争优势的就业能力和创业门径。

（四）完善制度，鼓励创新

1. 加快完善相关政策和扶植体系

文化产业以创作、创造、创新为根本手段，是科技应用最广泛、科技创新最活跃的领域之一。因此，政府相关部门应为文化产业技术创新提供系统制度保障，加大文化科技资金投入；积极推动和扶持文化科技融合园区基地和骨干企业发展，实施包括数字文化产业工程在内的一些重大项目，在支持文化产业关键技术研发、推广和应用，加强文化科技创新体系建设和既懂文化又懂科技的复合型人才培养等方面开展相应的工作。

2. 加大对知识产权的保护和扶持力度

文化创意产业的创新，不仅仅是指文化领域科学技术的创新，也是文化创意产

---

① 参见旋天颖、王玉晶、杨程：《我国文化产业人才培养模式的现状分析及其改进策略》，载《中国人民大学教育学刊》，2014（2）。

业链上各环节的创新，包括文化产品内容的创新、传播方式和途径的设计创新，以及商业模式的创新。对于鼓励和促进这些文化创意成果的产生和应用，知识产权的保护机制和相应措施起到了关键性的作用。因此，一是应加大对知识产权的保护力度，实行属地管理和层级管理，强化市区（县）各级的知识产权监督管理责任，形成层级联动，实现执法指导与执法监管相结合，保证有法可依，并以较高的效率解决知识产权纠纷。除此之外，文化企业应建立健全知识产权管理制度，如采取保密措施、与员工签订保密协议及竞业禁止协议、细化和拆分开发项目环节等方式加强商业秘密保护。相关部门或协会应提供知识产权认知及维护方面的知识培训，提高文化企业的知识产权管理水平；提供知识产权纠纷调解服务，接受会员纠纷调解请求；对于恶意侵权企业或者恶意跳槽人员进行行业内通报等。① 二是加大对知识产权的扶持力度，提高高新技术型文化企业以知识产权出资人入股的比例。对于文化企业知识产权研发费用、知识产权转化和实施费用等准予纳入企业研发费用予以抵扣，成果优异者给予适当奖励。建立知识产权评估程序和标准，探索文化企业以自主知识产权等无形资产进行质押或登记融资的模式与途径。

3. 加快科技服务公共平台建设

一是建立文化产业科技服务中心，构建政务受理、科技服务、政务信息三大服务系统。二是成立文化产业科技转化交易中心，为文化产业科技项目搭建一个集招商、引资、推荐等为一体的公共服务平台。三是设立文化产业科技创新项目库，定期更新各类文化科技招商引资项目，并为入库项目提供多种推介服务。四是由政府引导、企业高校科研院所积极参与，搭建文化产业科技创新政产学研平台。五是建设文化科技创新专门网站，网站提供文化产业科技发展的最新状况、文化产业科技项目投融资机会、文化产业科技人才双向交流信息和网上培训等服务。

（五）文化与金融相融合，建立多元化资本参与的产业发展体系

1. 充分发挥政府作用，完善文化企业融资配套服务体系

一方面，作为投资者，政府应通过税收、财政补贴、政府采购、文化发展专项资金等鼓励政策，支持企业自主创新，引导资金流向文化企业。例如，设立文化产业投资基金，对新兴文化产业进行引导性、示范性投资，进而带动民间资本和外资进入。另一方面，政府应积极吸收非文化部门和社会的投资。政府作为文化产业的

① 参见于雯雯：《文化创意产业知识产权保护法律问题研究——以北京市为例》，载《贵州师范大学学报》（社会科学版），2013（5），85～89页。

组织者和管理者，应鼓励有实力的企业投资文化产业；提供融资担保和优惠信贷资金，可以设立贷款风险补偿基金，对符合政策导向的文化产业贷款给予贴息支持，对银行贷款损失给予一定补偿，引导信贷资金向文化产业倾斜；制定减免税等优惠政策，吸引国内外企业积极参与文化设施建设和经营；引导多种经济成分参与国有文化企业股份制改造等。[①] 通过设立专门从事文化企业无形资产评估与咨询的评估机构、建立知识产权交易市场、建立文化产业融资担保机构等方式，化解企业无形资产评估、处置难题，以消除资本对进入文化产业领域的后顾之忧。

2. 强化文化企业融资环境建设

首先要健全法制环境。针对文化产业无形资产易复制、易模仿的特点，尤其要强化产权保护的立法与执行，加大对盗版等侵权行为的打击力度，保障文化企业对知识产权的现实享有。

搭建公共服务平台，促进信息沟通。一是设立信息交流服务平台。建立文化产业信息交流服务中心，建设文化企业信息数据库，推出优秀文化企业评选标准，提供重点支持的文化企业名录，定期向金融机构推荐文化企业贷款项目，着手开发信用风险评估体系。二是设立金融联动服务平台。联合包括创投企业、证券公司、基金公司、天使投资机构、风险投资机构等在内的各类机构，建立文化产业金融服务战略联盟，借助专业研究团队，为文化企业提供综合性金融服务。

创新文化产业的融资机制。一是放开银行业金融机构开展科技型中小企业私募股权投资试点，以便金融机构获得更高的投资收益，补偿所承担的高风险。二是创新文化产业融资模式，吸引社会资本。比如文化创意产业发达的英国，通过发行彩票来筹集文化基金，从而在鼓励企业赞助文化艺术的同时，促使全体公民自愿支持文化事业。

提升金融服务水平，拓宽金融服务范围。一是积极引导银行业金融机构不断推进适应文化产业大发展大繁荣的信贷管理制度创新，推动适应文化产业特点的金融产品创新。二是鼓励扩大经营范围。鼓励银行业金融机构在文化创意类园区内设立专门为中小型文化企业服务的支行、信贷中心等金融服务机构。三是有机串联金融网络。鼓励文化产业基金、商业银行、证券公司、保险机构、担保公司、信托公司、创投企业构建服务文化产业的金融链条。[②]

推行知识产权证券化，实现金融资本与文化产业资本的有机融合。知识产权证

---

① 参见《国外文化产业融资机制的启示》，见中国金融新闻网。

② 参见《借鉴国际经验破解文化产业融资难》，见 http://www.financialnews.com.cn/wh_138/jrwh/201401/t20140103_47448.html。

券化是以金融技术为依托、以知识产权作担保、以证券化为载体的融资方式，它具有融资成本低、实施难度小、不影响知识产权权属等优点。参照美国的成功经验，知识产权证券化已运用于文化产业的各个领域，包括电子游戏、音乐、电影、休闲娱乐、主题公园等与文化产业关联的知识产权，几乎都已成为证券化的对象。我国文化企业应积极利用这种先进的融资方式，变现债权来改善现金流状况，优化企业的资产负债结构，提高资金周转效率。①

总之，政府不论是在资本的筹集上，还是在资本的运作过程中，都应加强对金融市场体系的规范管理，提供规范、健康、有序的金融环境，为文化产业企业，特别是中小企业融资创造便利条件。

① 参见《借鉴国际经验破解文化产业融资难》，见 http://www.financialnews.com.cn/wh_138/jrwh/201401/t20140103_47448.html。

附件一　文化及相关产业分类（2012）

一、目的和作用

（一）为深入贯彻落实党的十七届六中全会关于深化文化体制改革、推动社会主义文化大发展大繁荣的精神，建立科学可行的文化及相关产业统计制度，制定本分类。

（二）本分类为界定我国文化及相关单位的生产活动提供依据，为当前的社会主义文化建设、文化宏观管理提供参考，为文化及相关产业统计提供统一的定义和范围。

二、定义和范围

（一）定义

本分类规定的文化及相关产业是指为社会公众提供文化产品和文化相关产品的生产活动的集合。

（二）范围

根据以上定义，我国文化及相关产业的范围包括：

1. 以文化为核心内容，为直接满足人们的精神需要而进行的创作、制造、传播、展示等文化产品（包括货物和服务）的生产活动；

2. 为实现文化产品生产所必需的辅助生产活动；

3. 作为文化产品实物载体或制作（使用、传播、展示）工具的文化用品的生产活动（包括制造和销售）；

4. 为实现文化产品生产所需专用设备的生产活动（包括制造和销售）。

三、分类原则

（一）以《国民经济行业分类》为基础

本分类以《国民经济行业分类》（GB/T 4754—2011）为基础，根据文化及相关单位生产活动的特点，将行业分类中相关的类别重新组合，是《国民经济行业分类》的派生分类。

（二）兼顾部门管理需要和可操作性

根据我国文化体制改革和发展的实际，本分类在考虑文化生产活动特点的同时，兼顾政府部门管理的需要；立足于现行的统计制度和方法，充分考虑分类的可操作性。

（三）与国际分类标准相衔接

本分类借鉴了联合国教科文组织的《文化统计框架—2009》的分类方法，在定义和覆盖范围上可与其衔接。

四、分类方法

本分类依据上述分类原则，将文化及相关产业分为五层。

第一层包括文化产品的生产、文化相关产品的生产两部分，用“第一部分”、“第二部分”表示；

第二层根据管理需要和文化生产活动的自身特点分为10个大类，用“一”、“二”……“十”表示；

第三层依照文化生产活动的相近性分为50个中类，在每个大类下分别用“（一）”、“（二）”、“（三）”……表示；

第四层共有120个小类，是文化及相关产业的具体活动类别，直接用《国民经济行业分类》（GB/T 4754—2011）相对应行业小类的名称和代码表示。对于含有部分文化生产活动的小类，在其名称后用“＊”标出。

第五层为带“＊”小类下设置的延伸层。通过在类别名称前加“—”表示，不设代码和顺序号，其包含的活动内容在表 2 中加以说明。

五、文化及相关产业分类表

表 1　　**文化及相关产业的类别名称和行业代码**

类别名称	国民经济行业代码
第一部分　文化产品的生产	
一、新闻出版发行服务	
（一）新闻服务	
新闻业	8510
（二）出版服务	
图书出版	8521
报纸出版	8522
期刊出版	8523
音像制品出版	8524
电子出版物出版	8525
其他出版业	8529
（三）发行服务	
图书批发	5143
报刊批发	5144
音像制品及电子出版物批发	5145
图书、报刊零售	5243
音像制品及电了出版物零售	5244
二、广播电视电影服务	
（一）广播电视服务	
广播	8610
电视	8620
（二）电影和影视录音服务	
电影和影视节目制作	8630
电影和影视节目发行	8640
电影放映	8650
录音制作	8660
三、文化艺术服务	
（一）文艺创作与表演服务	
文艺创作与表演	8710
艺术表演场馆	8720

续前表

类别名称	国民经济行业代码
（二）图书馆与档案馆服务	
图书馆	8731
档案馆	8732
（三）文化遗产保护服务	
文物及非物质文化遗产保护	8740
博物馆	8750
烈士陵园、纪念馆	8760
（四）群众文化服务	
群众文化活动	8770
（五）文化研究和社团服务	
社会人文科学研究	7350
专业性团体（的服务）*	9421
—学术理论社会团体的服务	
—文化团体的服务	
（六）文化艺术培训服务	
文化艺术培训	8293
其他未列明教育 *	8299
—美术、舞蹈、音乐辅导服务	
（七）其他文化艺术服务	
其他文化艺术业	8790
四、文化信息传输服务	
（一）互联网信息服务	
互联网信息服务	6420
（二）增值电信服务（文化部分）	
其他电信服务 *	6319
—增值电信服务（文化部分）	
（三）广播电视传输服务	
有线广播电视传输服务	6321
无线广播电视传输服务	6322
卫星传输服务 *	6330
—传输、覆盖与接收服务	
—设计、安装、调试、测试、监测等服务	
五、文化创意和设计服务	
（一）广告服务	
广告业	7240
（二）文化软件服务	
软件开发 *	6510
—多媒体、动漫游戏软件开发	

续前表

类别名称	国民经济行业代码
数字内容服务 *	6591
—数字动漫、游戏设计制作	
（三）建筑设计服务	
工程勘察设计 *	7482
—房屋建筑工程设计服务	
—室内装饰设计服务	
—风景园林工程专项设计服务	
（四）专业设计服务	
专业化设计服务	7491
六、文化休闲娱乐服务	
（一）景区游览服务	
公园管理	7851
游览景区管理	7852
野生动物保护 *	7712
—动物园和海洋馆、水族馆管理服务	
野生植物保护 *	7713
—植物园管理服务	
（二）娱乐休闲服务	
歌舞厅娱乐活动	8911
电子游艺厅娱乐活动	8912
网吧活动	8913
其他室内娱乐活动	8919
游乐园	8920
其他娱乐业	8990
（三）摄影扩印服务	
摄影扩印服务	7492
七、工艺美术品的生产	
（一）工艺美术品的制造	
雕塑工艺品制造	2431
金属工艺品制造	2432
漆器工艺品制造	2433
花画工艺品制造	2434
天然植物纤维编织工艺品制造	2435
抽纱刺绣工艺品制造	2436
地毯、挂毯制造	2437
珠宝首饰及有关物品制造	2438
其他工艺美术品制造	2439

续前表

类别名称	国民经济行业代码
（二）园林、陈设艺术及其他陶瓷制品的制造	
园林、陈设艺术及其他陶瓷制品制造 *	3079
—陈设艺术陶瓷制品制造	
（三）工艺美术品的销售	
首饰、工艺品及收藏品批发	5146
珠宝首饰零售	5245
工艺美术品及收藏品零售	5246
第二部分　文化相关产品的生产	
八、文化产品生产的辅助生产	
（一）版权服务	
知识产权服务 *	7250
—版权和文化软件服务	
（二）印刷复制服务	
书、报刊印刷	2311
本册印制	2312
包装装潢及其他印刷	2319
装订及印刷相关服务	2320
记录媒介复制	2330
（三）文化经纪代理服务	
文化娱乐经纪人	8941
其他文化艺术经纪代理	8949
（四）文化贸易代理与拍卖服务	
贸易代理 *	5181
—文化贸易代理服务	
拍卖 *	5182
—艺（美）术品、文物、古董、字画拍卖服务	
（五）文化出租服务	
娱乐及体育设备出租 *	7121
—视频设备、照相器材和娱乐设备的出租服务	
图书出租	7122
音像制品出租	7123
（六）会展服务	
会议及展览服务	7292
（七）其他文化辅助生产	
其他未列明商务服务业 *	7299
—公司礼仪和模特服务	
—大型活动组织服务	
—票务服务	

续前表

类别名称	国民经济行业代码
九、文化用品的生产	
（一）办公用品的制造	
文具制造	2411
笔的制造	2412
墨水、墨汁制造	2414
（二）乐器的制造	
中乐器制造	2421
西乐器制造	2422
电子乐器制造	2423
其他乐器及零件制造	2429
（三）玩具的制造	
玩具制造	2450
（四）游艺器材及娱乐用品的制造	
露天游乐场所游乐设备制造	2461
游艺用品及室内游艺器材制造	2462
其他娱乐用品制造	2469
（五）视听设备的制造	
电视机制造	3951
音响设备制造	3952
影视录放设备制造	3953
（六）焰火、鞭炮产品的制造	
焰火、鞭炮产品制造	2672
（七）文化用纸的制造	
机制纸及纸板制造 *	2221
—文化用机制纸及纸板制造	
手工纸制造	2222
（八）文化用油墨颜料的制造	
油墨及类似产品制造	2642
颜料制造 *	2643
—文化用颜料制造	
（九）文化用化学品的制造	
信息化学品制造 *	2664
—文化用信息化学品的制造	
（十）其他文化用品的制造	
照明灯具制造 *	3872
—装饰用灯和影视舞台灯制造	
其他电子设备制造 *	3990
—电子快译通、电子记事本、电子词典等制造	

续前表

类别名称	国民经济行业代码
（十一）文具乐器照相器材的销售	
文具用品批发	5141
文具用品零售	5241
乐器零售	5247
照相器材零售	5248
（十二）文化用家电的销售	
家用电器批发 *	5137
—文化用家用电器批发	
家用视听设备零售	5271
（十三）其他文化用品的销售	
其他文化用品批发	5149
其他文化用品零售	5249
十、文化专用设备的生产	
（一）印刷专用设备的制造	
印刷专用设备制造	3542
（二）广播电视电影专用设备的制造	
广播电视节目制作及发射设备制造	3931
广播电视接收设备及器材制造	3932
应用电视设备及其他广播电视设备制造	3939
电影机械制造	3471
（三）其他文化专用设备的制造	
幻灯及投影设备制造	3472
照相机及器材制造	3473
复印和胶印设备制造	3474
（四）广播电视电影专用设备的批发	
通讯及广播电视设备批发 *	5178
—广播电视电影专用设备批发	
（五）舞台照明设备的批发	
电气设备批发 *	5176
—舞台照明设备的批发	

表2　对延伸层文化生产活动内容的说明

序号	类别名称及代码		文化生产活动的内容
	小类	延伸层	
1	专业性团体（的服务）(9421)	学术理论社会团体的服务	包括党的理论研究、史学研究、思想工作研究、社会人文科学研究等团体的服务。
		文化团体的服务	包括新闻、图书、报刊、音像、版权、广播、电视、电影、演员、作家、文学艺术、美术家、摄影家、文物、博物馆、图书馆、文化馆、游乐园、公园、文艺理论研究、民族文化等团体的服务。

续前表

序号	类别名称及代码		文化生产活动的内容
	小类	延伸层	
2	其他未列明教育（8299）	美术、舞蹈、音乐辅导服务	包括美术、舞蹈和音乐等辅导服务。
3	其他电信服务（6319）	增值电信服务（文化部分）	包括手机报、个性化铃音、网络广告等业务服务。
4	卫星传输服务（6330）	传输、覆盖与接收服务	包括卫星广播电视信号的传输、覆盖与接收服务。
		设计、安装、调试、测试、监测等服务	包括卫星广播电视传输、覆盖、接收系统的设计、安装、调试、测试、监测等服务。
5	软件开发（6510）	多媒体、动漫游戏软件开发	包括应用软件开发及经营中的多媒体软件和动漫游戏软件开发及经营活动。
6	数字内容服务（6591）	数字动漫、游戏设计制作	包括数字动漫制作和游戏设计制作等服务。
7	工程勘察设计（7482）	房屋建筑工程设计服务	包括房屋（住宅、商业用房、公用事业用房、其他房屋）建筑工程设计服务。
		室内装饰设计服务	包括住宅室内装饰设计服务和其他室内装饰设计服务。
		风景园林工程专项设计服务	包括各类风景园林工程专项设计服务。
8	野生动物保护（7712）	动物园和海洋馆、水族馆管理服务	包括动物园管理服务，放养动物园管理服务，鸟类动物园管理服务，海洋馆、水族馆管理服务。
9	野生植物保护（7713）	植物园管理服务	包括各类植物园管理服务。
10	园林、陈设艺术及其他陶瓷制品制造（3079）	陈设艺术陶瓷制品制造	包括室内陈设艺术陶瓷制品、工艺陶瓷制品、陶瓷壁画、陶瓷制塑像和其他陈设艺术陶瓷制品的制造。
11	知识产权服务（7250）	版权和文化软件服务	版权服务包括版权代理服务，版权鉴定服务，版权咨询服务，海外作品登记服务，涉外音像合同认证服务，著作权使用报酬收转服务，版权贸易服务和其他版权服务。文化软件服务指与文化有关的软件服务，包括软件代理、软件著作权登记、软件鉴定等服务。
12	贸易代理（5181）	文化贸易代理服务	包括文化用品、图书、音像、文化用家用电器和广播电视器材等国际国内贸易代理服务。
13	拍卖（5182）	艺（美）术品、文物、古董、字画拍卖服务	包括艺（美）术品拍卖服务，文物拍卖服务，古董、字画拍卖服务。

续前表

序号	类别名称及代码		文化生产活动的内容
	小类	延伸层	
14	娱乐及体育设备出租（7121）	视频设备、照相器材和娱乐设备的出租服务	包括视频设备出租服务，照相器材出租服务，娱乐设备出租服务。
15	其他未列明商务服务业（7299）	公司礼仪和模特服务	公司礼仪服务包括开业典礼、庆典及其他重大活动的礼仪服务。模特服务包括服装模特、艺术模特和其他模特等服务。
		大型活动组织服务	包括文艺晚会策划组织服务，大型庆典活动策划组织服务，艺术、模特大赛策划组织服务，艺术节、电影节等策划组织服务，民间活动策划组织服务，公益演出、展览等活动的策划组织服务，其他大型活动的策划组织服务。
		票务服务	包括电影票务服务，文艺演出票务服务，展览、博览会票务服务。
16	机制纸及纸板制造（2221）	文化用机制纸及纸板制造	包括未涂布印刷书写用纸制造，涂布类印刷用纸制造，感应纸及纸板制造。
17	颜料制造（2643）	文化用颜料制造	包括水彩颜料、水粉颜料、油画颜料、国画颜料、调色料、其他艺术用颜料、美工塑型用膏等制造。
18	信息化学品制造（2664）	文化用信息化学品的制造	包括感光胶片的制造，摄影感光纸、纸板及纺织物制造，摄影用化学制剂、复印机用化学制剂制造，空白磁带、空白磁盘、空盘制造。
19	照明灯具制造（3872）	装饰用灯和影视舞台灯制造	包括装饰用灯（圣诞树用成套灯具、其他装饰用灯）和影视舞台灯的制造。
20	其他电子设备制造（3990）	电子快译通、电子记事本、电子词典等制造	包括电子快译通、电子记事本、电子词典等电子设备的制造。
21	家用电器批发（5137）	文化用家用电器批发	包括电视机、摄录像设备、便携式收录放设备、音响设备等的批发。
22	通讯及广播电视设备批发（5178）	广播电视电影专用设备批发	包括广播设备、电视设备、电影设备、广播电视卫星设备等的批发。
23	电气设备批发（5176）	舞台照明设备的批发	包括各类舞台照明设备的批发。

附件二　中国省市文化产业发展水平调研问卷

一、文化产业发展水平调查问卷（居民部分）

致受访者

您好，这里是中国人民大学创意产业技术研究院，我们正在进行一项中国省市文化产业发展水平的调查，请您对所在城市的以下生活现象给以评价，您的回答无所谓对错，谢谢您的合作！

甄别题

S1. 您目前居住在＿＿＿＿＿省＿＿＿＿＿市。

S2. 请问您是否在所在城市居住一年以上？＿＿＿＿＿

①……是（继续访问）　　　　②……否（终止访问）

S3. 您是否知道文化产业的概念？＿＿＿＿＿

①……是　　　　②……否

（注：文化产业可以被理解为向消费者提供精神产品或服务的行业，包括新闻出版、广播电影电视服务、文化艺术服务、网络服务、休闲娱乐服务等。）

S4. 您的年龄＿＿＿＿＿

①16～20岁　②21～29岁　③30～39岁　④40～49岁　⑤50～65岁

问卷主体

1. 请您为本市的文化氛围打分。（注：文化氛围是指对居民所在地区开展文体活动的次数、从事文化产业的企事业单位数量、文化产品和服务集散地与居民居住地间的距离、当地文化底蕴、文化环境、居民精神文化状况以及文化产业参与度等能反映一个城市文化氛围的一些因素的综合评价。)

几乎没有	1　2　3　4　5	非常浓厚

2. 一个城市应该包容多种文化，请您对这种说法的认同度打分。

非常不满意	1　2　3　4　5	非常满意

3. 请您为本市文化包容度打分。(注：一个城市的文化包容度就是一个城市是否包容多种文化元素，是否尊重和理解他人习惯传统、价值观等。)

非常不满意	1　2　3　4　5	非常满意

4. 据您所知，本市是否有象征性的文化符号（如雕塑、建筑、文化景观等能代表该城市文化形象的文化符号)?

①……是　　②……否　　③……不知道

5. 与全国其他城市相比，请您为本市的文化形象打分。(注：城市文化形象，指一个城市文化环境、城市行为方式以及从中所反映出的城市思想观念、价值体系、意识形态等文化现状在社会公众心目中所产生的综合印象。)

几乎没有	1　2　3　4　5	非常浓厚

6. 您认为当前本市文化产业的发展状况如何？请您打分：__________分。

市场不成熟，举步维艰	1　2　3　4　5	发展迅速，潜力巨大

基本信息

H1. 您的性别：__________

①男　　②女

H2. 您的文化程度__________

①小学及以下　　②初中　　③高中及中专

④大学专科　　⑤大学本科　　⑥研究生及以上

H3. 您的邮箱__________（选填）

H4. 您的联系电话__________（必填）

二、文化产业发展水平问卷（企业部分）

导语（经理及以上级别）

您好！这里是中国人民大学创意产业技术研究院，我们受文化部委托，正在进行一项中国城市文化产业发展水平的研究，想了解一下贵公司的意见，我们的访问仅作统计研究之用，我们承诺对您公司的资料绝对保密，所有资料只用做统计分析。谢谢您的支持和配合！

甄别部分

S1. 公司所在城市为__________省__________市。

S2. 贵公司是否从事文化产业相关业务？（注：文化产业可以被理解为向消费者提供精神产品或服务的行业，如生产与销售图书、报刊、雕塑、影视、音像制品的行业，戏剧舞蹈的演出、体育娱乐策划经纪业，装饰形象设计文化旅游行业。）

①……是　　②……否（终止访问）

S3. 贵公司的主要产品，大致属于下列哪一类型？（单选）__________

①新闻出版发行服务　②广播电视电影服务　③文化艺术服务

④文化信息传输服务　⑤文化创意和设计服务　⑥文化休闲娱乐服务

⑦工艺美术品的生产　⑧文化产品生产的辅助生产

⑨文化用品的生产　⑩文化专用设备的生产

S4. 您的姓名：__________　电话：__________（必填）

职务：__________（经理以下级别判断无效）E-mail：__________（选填）

问卷主体

1. 本市文化产业集聚效应如何？请您打分：__________分。（注：集聚效应包括两个方面的内容，一是在地域上的集聚，如形成一定规模的文化产业园区；二是企业间相互合作，资源共享，形成成熟的产业链或产业网。）

产业分散，规模效应非常差	1	2	3	4	5	规模效应很强

2. 本市文化产品和服务的市场需求情况如何？请您打分：__________分。

需求很小	1	2	3	4	5	需求巨大

3. 本市文化产业发展融资渠道是否满意？请您打分：__________分。

渠道单一	1　2　3　4　5	渠道多样

4. 本市针对文化产业的专项资金支持力度如何？请您打分：__________分。

力度非常小	1　2　3　4　5	力度非常大

5. 对本市文化产业政策支持的满意度，请您打分：__________分。

非常不满意	1　2　3　4　5	非常满意

6. 对本市知识产权保护的满意度__________分。

非常不满意	1　2　3　4　5	非常满意

7. 本市为文化产业提供服务的行业协会组织，起到了多大作用？请您打分：__________分。

作用非常小	1　2　3　4　5	作用非常大

8. 总体而言，贵公司对文化产业公共服务的满意度？请您打分：__________分。

非常不满意	1　2　3　4　5	非常满意

9. 本市文化企业与国外交流（包括对外贸易、项目合作、出国培训等）是否频繁？请您打分：__________分。

交流很少	1　2　3　4　5	交流频繁

基本信息

H1. 贵公司资产规模为？__________

①10 万～100 万元（含 100 万元）　②100 万～500 万元（含 500 万元）

③500 万～1 000 万元（含 1 000 万元）　④1 000 万～5 000 万元（含 5 000 万元）

⑤5 000 万～1 亿元（含 1 亿元）　⑥1 亿元以上

H2. 贵公司员工规模为__________人（范围）

联络人：__________电话：__________

职务：__________（经理以下级别判断无效）

E-mail：__________

H3. 公司所在城市为__________

参考文献

[1] 王琳. 中国大城市文化产业综合评价体系研究. 长沙：湖南人民出版社，2003

[2] 北京统计年鉴 2014. 北京：中国统计出版社，2014

[3] 中国文化文物统计年鉴 2014. 北京：国家图书馆出版社，2014

[4] 郭永，郝渊晓，任伯虎. 我国城市创意指数测度指标体系设计. 陕西行政学院学报，2008 (3)

[5] 瞿辉. 试论城市创意产业评价指标体系的构建. 东南传播，2009 (7)

[6] 叶丽君，李琳. 我国区域文化产业竞争力评价与差异分析. 科技管理研究，2009 (3)

[7] 张毅. 创意产业评价指标体系探索. 产业与科技论坛，2007 (12)

[8] 高波，张志鹏. 文化资本：经济增长源泉的一种解释. 南京大学学报，2004 (5)

[9] 于雯雯. 文化创意产业知识产权保护法律问题研究——以北京市为例. 贵州师范大学学报：社会科学版，2013 (5)

[10] 旋天颖，王玉晶，杨程. 我国文化产业人才培养模式的现状分析及其改进策略. 中国人民大学教育学刊，2014 (2)

[11] 谢京辉. 文化品牌：文化产业的灵魂——基于上海文化产业发展的问题. 探索与争鸣，2014 (7)

[12] 黄书生. 景德镇文化旅游创意产业的发展路径研究. 中国商贸，2011 (30)

[13] 王丽琦. 文化创意产业亟待突破人才瓶颈. 中国人才，2010 (5)

[14] 薛晓光. 文化产业影响力与评价指标体系研究. 河北理工大学硕士学位论文，2007

[15] 刘颖. 文化创意产业评价方法研究. 山东大学硕士学位论文，2007

[16] 郑玲玲. 杭州创意指数研究. 浙江大学硕士学位论文，2009

[17] 2013 年广西壮族自治区国民经济和社会发展统计公报

[18] 北京市 2014 年国民经济和社会发展统计公报

[19] 2014 年上海市国民经济和社会发展统计公报

[20] 2014 年浙江省国民经济和社会发展统计公报

[21] 2014 年广东省国民经济和社会发展统计公报

[22] 2014 年海南省国民经济和社会发展统计公报

[23] 黑龙江省 2013 年国民经济和社会发展统计公报

[24] 借鉴国际经验破解文化产业融资难. http://www.financialnews.com.cn/wh_138/jrwh/201401/t20140103_47448.html

[25] 以科技创新推动文化产业大发展. http://xh.xhby.net/mp2/html/2012-01/17/content_496950.htm

[26] 我国文化产业发展的政策基础与取向. http://www.bjqx.org.cn/qxweb/n187714c637.aspx

[27] 上海文化创意产业从业人员约 130 万人. http://sh.eastday.com/m/20140609/u1a8138131.html

[28] 特色文化产业工程和藏羌彝文化产业走廊启动实施. http://www.gov.cn/xinwen/2014-03/28/content_2648824.htm

[29] 2014 年北京动漫游戏产业产值占全国近三分之一. http://district.ce.cn/newarea/roll/201501/06/t20150106_4274965.shtml

[30] 2014 年江苏文化产业增加值占 GDP 比重首达 5%. http://js.people.com.cn/culture/n/2015/0217/c360308－23939904.html

[31] 江苏省 2013 年度文化发展情况统计分析. http://www.jscnt.gov.cn/gk/zd/tj/201407/t20140714_23779.html

[32] 盘点 2014：江苏推进体育产业基地发展. http://www.ce.cn/culture/gd/201412/25/t20141225_4203219.shtml

[33] 浙江省文化创意产业政策. http://www.zgsxzs.com/a/news/zhaoshang-dongtai/shengquzhengce/2014/0225/594544.html

[34] 未来 5 年浙江文化产业获银行授信额达 1 150 亿元. http://www.ccitimes.

com/yejie/caijing/2014-02-13/9935499354. html

［35］秦时明月领跑动漫次世代 《君临天下》呼之欲出. http://www. cci-times. com/yejie/huodong/2014-02-10/9917199171. html

［36］2013 年广东文化及相关产业法人单位情况分析. http://www. gdstats. gov. cn/tjzl/tjfx/201412/t20141204_189161. html

［37］东莞文化产业实现增加值 264 亿元. http://www. ycwb. com/ePaper/ycwb/html/2014-08/21/content_523100. htm? div＝－1

［38］2014 年深圳文化创意产业增加值实现 1 560 亿元. http://www. gdwh. com. cn/gdwh/2015/0204/article_68685. html

［39］2014 年上海文化产业发展报告. http://shcci. eastday. com/c/20150128/u1ai8558349. html

［40］内蒙古文化产业发展的报告. http://www. hhhtnews. com/2014/0301/1539323. shtml

［41］黑龙江省文化产业增加值实现“三年翻一番五年翻两番”目标. http://www. hlj. gov. cn/zwdt/system/2014/07/22/010671709. shtml

［42］盘点 2014：海南允许外资投资国内旅游演出市场. http://www. ce. cn/culture/gd/201412/29/t20141229_4222609. shtml

［43］2014 年甘肃省文化产业实现增加值 132. 91 亿元. http://gs. cnr. cn/gsxw/kx/20150131/t20150131_517592597. shtml

［44］增加值占 GDP 比重首达 5％ 江苏文化产业破茧成蝶. http://jsnews. jschina. com. cn/system/2015/02/17/023770170. shtml

［45］建大平台 招大商 引大资 建大项目. http://gansu. gansudaily. com. cn/system/2015/02/02/015389791. shtml

［46］国外文化产业融资机制的启示. http://www. financialnews. com. cn/wh_138/jrwh/201210/t20121026_18859. html

图书在版编目（CIP）数据

中国省市文化产业发展指数报告. 2015/彭翊主编. —北京：中国人民大学出版社，2015.12
（中国人民大学研究报告系列）
ISBN 978-7-300-21939-4

Ⅰ.①中… Ⅱ.①彭… Ⅲ.①文化产业-产业发展-指数-研究报告-中国-2015 Ⅳ.①G124

中国版本图书馆 CIP 数据核字（2015）第 226135 号

中国人民大学研究报告系列
中国省市文化产业发展指数报告 2015
主编　彭翊
Zhongguo Shengshi Wenhua Chanye Fazhan Zhishu Baogao

出版发行	中国人民大学出版社		
社　址	北京中关村大街 31 号	**邮政编码**	100080
电　话	010－62511242（总编室）		010－62511770（质管部）
	010－82501766（邮购部）		010－62514148（门市部）
	010－62515195（发行公司）		010－62515275（盗版举报）
网　址	http://www.crup.com.cn http://www.ttrnet.com（人大教研网）		
经　销	新华书店		
印　刷	北京宏伟双华印刷有限公司		
规　格	185 mm×260 mm　16 开本	**版　次**	2015 年 12 月第 1 版
印　张	13.25 插页 1	**印　次**	2015 年 12 月第 1 次印刷
字　数	241 000	**定　价**	39.50 元